厚生书系

教育改革系列丛书

国家"万人计划"青年拔尖人才资助项目
"当代中国高等教育转型研究"成果

教育改革系列丛书

重估高等教育改革

王建华 著

南京师范大学出版社
NANJING NORMAL UNIVERSITY PRESS

图书在版编目(CIP)数据

重估高等教育改革 / 王建华著. — 南京:南京师范大学出版社,2018.10

(教育改革系列丛书)

ISBN 978-7-5651-3813-3

Ⅰ. ①重… Ⅱ. ①王… Ⅲ. ①高等教育-教育改革-研究-中国 Ⅳ. ①G649.21

中国版本图书馆 CIP 数据核字(2018)第 186991 号

丛 书 名	教育改革系列丛书
书 名	重估高等教育改革
著 者	王建华
责任编辑	丁 婧
出版发行	南京师范大学出版社
地 址	江苏省南京市玄武区后宰门西村 9 号(邮编:210016)
电 话	(025)83598919(总编办) 83598412(营销部) 83598297(邮购部)
网 址	http://www.njnup.com
电子信箱	nspzbb@163.com
照 排	南京理工大学资产经营有限公司
印 刷	南京玉河印刷厂
开 本	710 毫米×1000 毫米 1/16
印 张	22.75
字 数	303 千
版 次	2018 年 10 月第 1 版 2018 年 10 月第 1 次印刷
书 号	ISBN 978-7-5651-3813-3
定 价	58.00 元

出 版 人 彭志斌

南京师大版图书若有印装问题请与销售商调换

版权所有 侵犯必究

序

今年是"改革开放"政策实施以来的40周年。40年来,改革、开放成为我国社会发展的主旋律,深刻影响着社会的方方面面、各个领域。1985年,《中共中央关于教育体制改革的决定》的发布,开启了包括高等教育在内的教育领域持久、深入的改革进程。时至今日,伴随着发展的高等教育改革的全面实施,我国的高等教育与40年前相比,发生了许多具有历史意义的深刻变化。在计划经济向市场经济转型的大背景下,高等教育制度发生了根本性的改变,人才培养由计划走向市场,缴费上学、自主择业、市场机制在高校专业设置、人才培养方案制定、学生选择学校与专业等方面发挥着重要的导向作用;学校办学由单一经费渠道走向多元经费筹措,高校在"政府·社会·大学"的三角关系中寻求生存与发展的路径;高等教育管理体制由"集权"逐步向"分权"发展,"条块分割"被"以块为主"所替代,地方政府统筹高等教育发展成为分权管理体制的主要特征,扩大高校办学自主权的改革不断深入;高校内部管理长期形成的"行政化"模式,从理念到实践都受到愈来愈多的质疑与批判,寻求行政权力与学术权力的平衡成为大学内部治理结构改革的关键所在。

总之,改革伴随着40年来的高等教育发展,而且改革还将持续下去。我们在回顾40年改革促进发展的同时,也应清醒地认识到,不是所有的改革措施都是正确的,都为高等教育发展提供了良好的促进作用,譬如某省高考改革方案的频繁变动给高中教育与高等教育所带来的负面效应,人们仍然记忆犹新。因此,有必要加强对高等教育改革自身的研究,提高对高等教育改革如何发挥促进发展的机制、功能之认识。王建华教授近年来就我国高等教育改革问题进行了深入的研究,发表了不少高质量的论文,这本《重估高等教育改革》就是他系统思考、认真分析高等教育改革的又一力作。

《重估高等教育改革》全书由"为了高等的教育""高等教育改革的议题"和"变革中的高等教育景观"三部分组成,全书的逻辑思路如作者所言:"以改革为'隐线',围绕着高等教育的改革和价值张力展开论述,尝试对高等教育的改革及其价值进行重估。其主旨在于,阐明高等教育自身存在的价值是为了追寻高等的教育,'为了高等的教育'是重新估价高等教育改革的准则。"王建华教授在书中对什么是真正的高等教育、为什么要进行高等教育改革、应该如何实施高等教育改革、高等教育改革将向何处去等问题进行了深入的理论思索与分析研究。

尤其在书的第二部分"高等教育改革的议题"中,王建华教授"弹出"了"重思大学的治理""重温教学与科研相统一""重启高等教育改革的理论思考""重申高等教育体制改革""重塑高等教育改革:从计划教育到思想市场"的"五重奏",鲜明地突出了"重估高等教育改革"这一全书的主题。

重思大学的治理:在大学治理成为近年来的"热词"之时,有必要对什么是大学治理、治理与大学的关系等问题做进一步深入的思考,"绝不能因为我们重视大学的治理或需要重视大学的治理,就把治理的实践边界与理论内涵过度泛化或普遍化,更不能把现代大学改革和发展中的所有问题都归结成治理的问题或治理结构问题"。王建华教授在对大学治理的重新思索中提出了大学的"可治理性":理想的可治理性,是大学善治的实现;正常的可治理性,是在治理理念指导下以规则为核心进行治理;如果在治理过程中规则和理念滞后,就会出现大学可治理性的缺失;在可治理性缺失时,如果我们不能成功地重建秩序理念,就会导致大学可治理性的危机;最坏的局面当然就是出现了不可治理性,即大学治理的失灵。毫无疑问,追求理想的可治理性、避免大学治理失灵是大学治理实践改革与理论研究的重要课题。

重温教学与科研相统一：200余年前洪堡提出教学与科研相结合，科研正式进入大学之后，成为推动大学发展的重要因素，尤其在现代大学，没有科研是不可想象的。不过，科研进入大学之后，与教学的矛盾不断显现，"不出版，就出局"影响着大学教师的价值取向。问题的关键在于教学与科研如何结合，教学与科研能否统一。王建华教授对此进行了深入的分析，他认为："教学与科研相统一是大学的理念，只有在理念的层面才能真正理解教学与科研相统一的永恒价值。""教学与科研相统一所针对的主体是理念层面的大学而非个体层面的教师。教学与科研的统一关注的是大学人的生活方式和大学的存在方式而不是教学与科研的具体效果。"因此，"对于教学与科研的统一，大学只能追求不能放弃。追求教学与科研的统一未必真的能够实现教学与科研的统一，但若放弃了教学与科研的统一，大学之所以为大学的底线就会失守。对于现代大学，重温'教学与科研相统一'的经典理念，某种意义上也就意味着要'知其不可而为之'"。

重启高等教育改革的理论思考：40年来的高等教育改革深刻影响着我国高等教育的制度、体制及其发展。40年来的高等教育改革既有对高等教育发展发挥正向作用的，也有产生负面影响的，原因很多，其中之一或许如王建华教授所分析的，"我国高等教育的改革所缺少的主要不是'顶层设计'和'总体规划'，而是基层的活力"，因此，"重启高等教育改革必须强化大学自身勇于创新的积极性和主动性，而非政府关于高等教育改革的总体方案、路线图和时间表"。

重申高等教育体制改革：高等教育体制改革是《中共中央关于教育体制改革的决定》颁布30余年来我国高等教育改革的重头戏，扩大高校办学自主权、调整中央与地方管理高等教育的权限、完善现代大学制度等对我国高等教育体制的变革产生了深刻的影响。但是高等教育体制改革一直在路上的事实说明高等教育体制仍然存在着不少难点与问题，体现出这一改革的艰深性。王建华教授在深入分析高等教育体制改革的困难性时认为："当前我国高等教育体制的症结所在,就是计划在资源配置中起决定性作用。"即计划经济时代的高等教育体制具有历史的惯性,其基本结构仍然在发挥着功能作用。因此,"体制的变革或重新设计决策系统的规则,要求高等教育治理权的转移和重新分配,意味着一些原本集中于政府的权力要下放到其他利益相关者手中"。"推进高等教育体制改革必须致力于转变政府职能,改变大学与国家的关系,在新的高等教育治理结构中,引入不同的制度化机构,比如学会、专业团体、基金会、第三方评价机构、大学联盟等,通过这些不同制度主体和行动者之间的互动,才能形塑出新的高等教育治理模式,才能开创大学与政府关系的新局面。"

王建华教授在《重估高等教育改革》这本专著中诠释了真正的高等教育(高等的教育),分析了影响高等教育改革的因素,提出了如何进一步深入推进高等教育改革的方略。这本专著不仅反映出王建华教授分析高等教育问题的理论深度,也体现了高等教育研究者应有的实践情怀。

是为序。

胡建华
2018 年秋

目 录

序 /001

引 言
一、创新的匮乏及中国特色 /002
二、从大学之用到大学之思 /006
三、大学作为一种制度安排 /010
四、重建高等教育的合法性 /014

上编　为了高等的教育

第一章
什么是高等教育 /019
第一节　教育与高等教育 /021
第二节　高等教育与大学 /026
第三节　理解高等教育 /032

第二章
高等教育的理想类型 /036
第一节　作为通识教育的高等教育 /039
第二节　作为专业教育的高等教育 /044
第三节　作为学术教育的高等教育 /049

第四节　作为职业教育的高等教育 /054

第三章
高等教育是否需要高等教育学 /061

第一节　高等教育研究的中国模式和美国模式 /062

第二节　重新理解高等教育与高等教育学的关系 /066

第三节　高等教育的发展需要高等教育学的支撑 /071

第四章
论高等教育的教育学 /073

第一节　高等教育学的类与型 /075

第二节　教育学视角的必要 /083

第三节　高等教育的教育学旨趣 /088

第五章
高等教育学的危机与改造 /097

第一节　高等教育理论与实践的关系 /098

第二节　高等教育学科定位的偏颇 /103

第三节　高等教育学如何改造 /107

中编　高等教育改革的议题

第六章
重思大学的治理 /115

第一节　治理与大学的关系 /117

第二节　大学的可治理性 /122

第三节　大学治理的失灵 /126

第四节　大学治理的治理 /129

第七章
重温教学与科研相统一 /135

第一节　教学与科研相统一的迷思 /138

第二节　教学和科研的教育性危机 /144

第三节　重申教学和科研的统一 /152

第八章
重启高等教育改革的理论思考 /157

第一节　我们的高等教育改革改到哪了 /159

第二节　为什么要重启高等教育改革 /166

第三节　中国需要什么样的高等教育改革 /172

第九章
重申高等教育体制改革 /179

第一节　高等教育体制改革的紧迫性 /181

第二节　高等教育体制改革的困难性 /186

第三节　如何推进高等教育体制改革 /193

第十章
重塑高等教育改革：从计划教育到思想市场 /199

第一节　计划教育：高等教育改革的难言之隐 /201

第二节　思想市场：重启改革的必由之路 /206

第三节　改革再出发：以自由思想纾解计划思维 /211

下编　变革中的高等教育景观

第十一章
资本主义视野中的大学 /219

第一节　如何理解资本主义 /221

第二节　资本主义与大学的关系 /228

第三节　从学术管理资本主义到学术资本主义 /234

第十二章
大学之用途与滥用 /240

第一节　警惕强国民族主义 /242

第二节　遏制大学职能膨胀 /246

第三节　重申思想创作 /251

第十三章
高等教育适应论的省思 /258

第一节　高等教育：从适应到适应论 /260

第二节　高等教育适应论的合理性与局限性 /268

第三节　增强高等教育理论的包容性 /277

第十四章
政策驱动改革及其局限——兼议"双一流"建设 /284

第一节　政策驱动改革的表现 /285

第二节　政策驱动改革的局限 /290

第三节　回归改革之道 /294

第十五章
如何建设促进政策创新的高校智库 /299

第一节 智库建设的计划性 /300

第二节 政策研究的科学性 /306

第三节 大学智库的独立性 /311

第四节 大学智库的公共性 /315

第五节 政策创新的协同性 /318

结　语 /325

主要参考文献 /338

后　记 /349

引 言

从演化的角度看,每一时代的高等教育都在不断演化;但从建构的角度看,每一个时代的高等教育又都在重建。当然,无论演化还是建构都只是一种理论视角或分析框架,实践中无论哪个时代的高等教育都绝对无法分清哪些是演化而来的,哪些又是重建的。一般而言,演化理论适用于分析长时段的高等教育发展,而建构主义则适用于分析短时段的高等教育改革。当今时代仍是一个国家主义的时代,以国家为主体的建构主义主导着高等教育的发展和改革,尤其在我国,以政策驱动改革,以改革促进发展已经成为高等教育实践中的常态。基于此,当前我国高等教育改革与发展的核心命题,亦即如何重建我们时代的高等教育。

一、创新的匮乏及中国特色

对当今时代而言,最大的挑战就是创新。如果说在农业时代,社会的发展主要依靠人口的增长来驱动;工业时代,社会的发展主要依靠资源驱动;那么在后工业时代,社会的发展将主要依靠创新来驱动。但作为一种生产要素,创新具有显著的不确定性,它既不同于人口的可再生性,也不同于某些资源的不可再生性。人类社会中创新的产生既受社会需求的影响,又具有历史的偶然性。在以千年为尺度的大视野下,真正意义上的创新绝对是小概率事件。漫长的历史进程中,绝大部分的时间里,人类的思想、制度与技术都是停滞的或极其缓慢的演进。以西方为例,根据克鲁伯和格雷的统计,公元前500年是西方文明创造性的顶峰;从公元850年到公元1935年中间还有三次创造性突发期,分别是1620年代,1830年代,1900年代。创新的第一次大量涌现出现在雅典城邦时期;第二次大致在文艺复兴时期;第三次和第四次分别在19世纪初以及19世纪和20世纪的交替处,与资本主义兴起的过程大致重叠①。无论在理论上还是实践中,创新的匮乏都有其历史和现实合理性。毕竟对人类而言,日常生活的持续需要相对的确定性。无论思想、制度还是技术的创新都极易引起社会的革命和不稳定,进而可能造成民众心理的恐慌。毕竟创新的发生或天才的存在总是体现为对现有秩序的反抗或破坏。因此,传统社会的制度安排会自动地抑制天才人物的原始创新的产生。"与现代社会形成鲜明对照,在一切都依照惯例的传统社会里,科层、级别、地位、教养、服从命运、抑制个体创新的冲动,这些因素联系支撑

---

① 汪丁丁.经济学思想史进阶讲义——逻辑与历史的冲突和统一[M].上海:上海人民出版社,2015:216-218.

着传统社会的意识形态和社会秩序,很自然,传统社会的经济生活只有缓慢的发展。"① 人类历史上,直到资本主义兴起才打破了传统社会的种种桎梏,创新才真正受到激励。正是在资本主义制度下,凭借科学与大学的互动,在19世纪到20世纪的两百年里,人类迎来了自身创造性的黄金时代。

作为时代精神的反映,创新一直是我国政府实施高等教育改革的重要政策目标,但对于原始创新或创新创业而言,既有高等教育体制仍有可以完善的空间。长期以来,我国高等教育制度由于种种原因,"条块分割、条条分割、块块分割"的问题虽经多次改革,仍然没有彻底解决。在高等教育系统内部因行政管理而造成的隔离体系依然存在。不同类型、不同层级、不同水平、不同产权制度的高校之间缺乏有机联系,而且高校系统与科学院系统、企业系统、政府系统之间也缺乏完善的"立交桥"或"螺旋"结构。由于组织内与组织间的相互隔离已经制度化,高等教育的每一次改革都只能是局部的变革,而每一次局部的变革又会促使高校之间的隔离进一步制度化。在高等教育重点建设政策的驱动下,我们的很多改革表面上看是要打破这种相互隔离的体制,但在客观上又强化了这种隔离体系的自足性。无论是历史上的重点学科建设,还是"211工程""985工程""2011计划"均是如此。即将实施的世界一流大学和一流学科建设也是着眼高等教育系统的"塔尖"部分。回顾我国最近几十年的高等教育改革,增加经费或资源投入一直是政府部门最主要的政策工具或改革抓手,制度的变革或体制的创新比较有限。由于体制变革的成本过高,且充满不确定性,那些具有深远影响的制度问题往往被悬置或搁置。改革主要是为了使大学想方设法增加经费来源而不是创新根本的制度安排。在既有体制不变的前提下,为了实现可能的创新,从政府到大学制订了种种计划,希望通过实施创新计划带来计划中的创新。但本质上,创新与计划具有矛盾性。尤其是那些原始创新,往往具有不可计

---

① 汪丁丁.经济学思想史进阶讲义——逻辑与历史的冲突和统一[M].上海:上海人民出版社,2015:49.

划性，而可以被计划的又很难称之为真正的创新。创新需要所有人在所有可能的方向上进行自由的探索。改革开放40年来，我国高等教育改革和发展主要以政府为主导，试图通过各种"计划"或"工程"来推动高等教育培养创新人才，并产生具有创新性的科研成果。但改革实践表明，短期内通过资源的汇聚或联合攻关或许能够带来部分"创新"，但成本或代价必定是高昂的。在国家主义的改革框架下，政府的计划有时会助长大学的惰性，而惰性体制和观念一旦扎根又会严重阻碍或抑制创新行为的发生，最终会导致种种创新计划有名无实。相反，若将办学自主权和改革自主权更多地赋予大学，或许暂时会导致某种无序或低效率，但由于大学本身具有自组织的特性和追求卓越的传统，而以知识分化和交叉为主导的学科制度又可以自动拓展知识分工的范围，学者们为了得到学术共同体的认可和社会的承认，会不断开拓新领域。其结果就是，随着大学主体性的建立及大学组织制度从无序向有序的转化，高等教育中的创新将自动涌现，并具有可持续性。

现有体制中的部分制度安排对于高等教育创新的约束是客观的事实，但我们的改革有时不是正面应对，而是倾向于以"中国特色"或"中国模式"来搪塞。学理上，对于"中国特色"的理解大致有两个不同层面，一个是事实层面，一个是价值层面。所谓的"中国特色，世界一流"兼有事实与价值双重判断，即我国的高等教育不仅在办学水平上是世界一流的（事实层面），而且也可以在制度或理念方面为其他国家提供借鉴（价值层面）。作为一种常识，任何一个国家的高等教育的发展与变革与其他国家都必然会存在不同之处，但除非能够证明这种事实层面上的客观差异背后隐含有价值层面的优劣或高下之别，否则不能也不宜称之为"某某特色"，不然就有"把自然事实当作目的加以接受"[①]的嫌疑。当年布卢姆在批评美国高等教育时曾指出："我们的思想轮廓完全被德国思想家改变了，其剧烈程度甚至远超过德

---

① 布卢姆.美国精神的封闭[M].战旭英,译.南京:译林出版社,2011:34.

国建筑师对我们城市轮廓的有形改变。有着丰富精神生活的民族会对精神生活天赋相对不足的国家发挥巨大影响,即使后者的军队强大无比,这在人类历史上并不鲜见。"①在我国高等教育改革与发展过程中,由于思想和制度原始创新的相对不足,所谓的"特色"有可能沦为一种拒绝或阻碍深化改革的"借口"。如果把那些因为利益原因不想改变的制度安排称之为"特色",无疑是对于"中国特色"的误解。实事求是地讲,当前我国高等教育实践中很多"特色"的做法,可能正是我们需要进一步深化改革的对象,而绝非是值得大力宣传的成就。

---

① 布卢姆.美国精神的封闭[M].战旭英,译.南京:译林出版社,2011:106.

二、从大学之用到大学之思

当今时代,随着高等教育规模的扩大,社会对于大学的需求也随之增加。社会对大学的需求大致有两种:一种是实质性需求,即培养专业人才、提供具有创新性的科学知识和技术;另一种则是象征性的,即大学要证明自己足够卓越或优秀,以满足普通消费者的心理期待和资金提供者的绩效评估。当下全球范围内愈演愈烈的科研评估与大学(学科)排名主要就是为了满足社会对于大学的象征性需求而不是实质性需求。在市场化的语境中花样翻新的学科与大学排名与企业界的品牌排行榜没有本质的不同。当下无论是学科的排名还是大学的排行基本上都与大学的教育使命无关,而是科研至上或干脆就是"论文挂帅"。表面上看,对于科研或论文发表的重视反映了当今时代社会对于创新的期望或渴望,即以大学为基础,通过科技创新来驱动社会经济的发展;但实质上,由于成果转化的困难,科研至上经常沦为研究型大学范式下的一种学术迷思,即论文主义。如张五常所言:"任何思想创作对人类文化与科学发展的重要性,一般要到多年之后才知道,算文章数量与排名高下属无聊竞争,偏于鼓励产出形式上好看但时日的蹂躏会判为废物的学术作品。"[①]自第二次世界大战以来,世界范围内,美国研究型大学的成功使研究型成为现代大学的"黄金典范"。就像科学范式会束缚科学的想象力、阻碍科学的进步一样,研究型大学的范式也会束缚大学的想象力,模糊大学的本质。研究型大学范式下,由于论文发表的偏好被过分强调,除论文发表或获奖之外,我们已不知如何评价一所大学或一个学科的好

---

① 张五常.科学与文化:论融合中西的大学制度[M].北京:中信出版社,2015:74.

坏。无论何时,大学重视科研没有错,科研原本就是大学的必选项;但重视科研不等于为科研而科研或为发表而科研,更不等于仅仅重视自然科学的研究或应用性研究。毕竟大学不是纯粹的研究机构或科学院,而是一个综合性的高等教育机构。说到底,大学的科研应是人类追求真理的一种方式而不应是"追名逐利"的一种新途径。

当今时代,研究型大学的崛起促成了自然科学在大学里的繁荣,而那些自由学科和自由教育却陷入了危机。伴随专业教育的凸显和思想创作的淡出,"大学失去了它过去拥有的那种类似于城邦的性质,它变得像是一只客船,乘客们只是偶然的同路人,不久就会下船各奔东西。自然科学、社会科学和人文科学之间的关系只是行政性的,没有任何实质性的思想内容"[1]。传统上,大学的精华是自由教育,而自由教育的根基则是自由学科;而在研究型大学的范式下,现代大学成为世界一流的必要条件则是在 Nature 和 Science 等权威期刊上的卓越表现。自由学科之于自由教育的重要性及自由大学之于民主社会的重要性已经降格为研究型大学之于知识经济和知识社会的重要性。科学的帝国主义正在超越政治意识形态和文化传统重塑现代大学。虽然当前无论在哪个国家,短期内科学的成果尚不能控制政党的政治行动,但实践中如果自然科学成果与政治意识形态发生了摩擦,从长远来看,自然科学的成果最终将胜过政党的意识形态[2]。毕竟,无论任何政体、任何政党总是无条件地需要自然科学。政党的领袖或政治家或许可以无视历史学家和政治学家的理论或学说,但自然科学揭示的规律谁也无法否认,否则必将招致规律的惩罚。现代以降,自然科学的强力表现赢得了政府的青睐,自然科学家与政权的同盟牢不可破。在自然科学范式的主导下,现代大学从思想的中心蜕变为科学的重镇顺理成章。

当前在研究型主导的现代大学里,随着人文学科式微,科学文化逐渐占

---

[1] 布卢姆.美国精神的封闭[M].战旭英,译.南京:译林出版社,2011:300.
[2] 布卢姆.美国精神的封闭[M].战旭英,译.南京:译林出版社,2011:250.

据绝对主导地位,自然科学的方法论主导着大学的运营。科研评估和大学(学科)排行中对于可测量和可量化指标的筛选,不可避免地造成了客观性对于主观性的侵蚀或压迫。现代大学的合法性基础及卓越的标准不再是哲学和社会学的,而是变成了统计学、会计学和政治经济学的。基于哲学的学术自由及基于社会学的大学自治被基于政治经济学的企业家精神取代。随着合法性基础的丧失及卓越标准的变迁,大学之为大学的底线正在不断被突破。这种局面的出现不能简单地归因于大学规模太大、管理不善、质量不高、资金不足,甚至也不能归因于制度松懈、理念不彰、道德败坏、人才匮乏,说到底还是我们时代的大学已不再重点关注人的教育、大学人也不再必然以学术为天职。我们的时代对于大学的思考掺杂了太多功利主义的东西,强国民族主义和经济帝国主义正在裹挟着大学的变革,并驱使其进行重构。在爱国主义的口号下,大学与政治结成了姻亲,甚至具有了某种类似血缘的关系。这种状态,"对国家也是有益的,但对大学无济于事。归根结底,思想才是大学的一切"[1]。现代社会中大学必须在文化创造和思想创作中扮演关键的角色,而不能仅仅是科学的发现和政治的效忠。无论何时,大学都不应仅仅成为科学史上的一个注脚或实现人的政治社会化的一个制度性场所,而应成为整个人类智识生活或思想世界的中心。毕竟,只有在思考中我们才可以获得人类发展的最大可能性。"思考的真实在于,它是美好人性和理想社会的'前显现',借'思'来展现将成为现实的东西,而这东西又要超过思考本身。"[2]某种意义上,大学就是人类的大脑,人类通过大学进行"思考",通过"思考"来创作思想(追求真理)。

  对大学而言,思想创作和科学研究有所不同。科学研究所追求的"真"通常具有唯一性、可证实性、可重复性;思想的创作也追求"真",但思想的真理不具有唯一性,亦不可重复。如果说科学发现的功用在于解释自然,进而

---

[1] 布卢姆.美国精神的封闭[M].战旭英,译.南京:译林出版社,2011:263.
[2] 雅斯贝尔斯.什么是教育[M].邹进,译.北京:生活·读书·新知三联书店,1991:10.

改造自然,那么思想创作的功用则在于阐释价值,进而张扬价值。科学研究,尤其是自然科学的基础研究或许可以躲在实验室里"成一统",而思想的创作则必须反映社会现实,积极介入政治、经济、文化的争论以及意识形态的发展。"在对现代社会的最初设计中,人们相信普遍的思想自由值得向往,是为了给哲学家和科学家的思想提供支持,严格来说只有他们才配得上'思想'二字。最初,首要的自由就是思想自由,这既是因为理性乃人类最出色的能力,也因为它是美好社会最需要的东西。若想拥有一种新型社会,为人类形成一种新的安排,就必须让霍布斯、笛卡尔、斯宾诺莎、培根、洛克和牛顿能够自由思考和宣传他们的学问。"[1]第二次世界大战以来,出于功利主义和实用主义的目的,各国政府均加大了对自然科学研究的支持,而对于人文社会科学领域的研究则多有控制或抑制。但事实上,如果人文社会科学领域的研究受到了权力的控制,思想不再自由,自然科学的研究也很难有大的突破。毕竟,制度环境具有整体性,思想领域的自由状况最终也会影响或波及自然科学家对自然的探究。"使智识自由对知识的进步起主要推动作用的根本之点,不在于每个人都可能有能力思考或写点什么,而在于任何人对任何事由或意见都可以争论。只要异议不受到禁止,就始终会有人对支配着他们同时代人的意见有所疑问,并且提出新的意见来接受辩论和宣传的考验。"[2]如果在一个国家思想不自由,一切理论都必须附和官方学说,那么在政治权力的运作下,大学在思想史上将乏善可陈;而如果一个国家的大学在思想史上乏善可陈,那么这个国家的大学也很难在科学领域取得伟大的发现。无论如何,智识自由既是思想创作也是取得科学发现的必要条件。

---

[1] 布卢姆.美国精神的封闭[M].战旭英,译.南京:译林出版社,2011:214.
[2] 弗里德里希·奥克斯特·冯·哈耶克.通往奴役之路[M].王明毅,等译.北京:中国社会科学出版社,1997:180.

三、大学作为一种制度安排

在西方,大学不仅代表一类组织,也不仅象征着某种精神,大学同时也是一种制度安排。大学作为一种制度安排与大学制度并不是一回事。大学制度是指与大学相关的制度安排,而大学作为一种制度安排则意味着在社会系统运行过程中,大学是一个不可或缺的"齿轮"。大学作为一种制度安排的存在增加了社会诸"齿轮"之间的"咬合",可以有效地避免社会制度的空转或社会本身的失范。长期以来,我们将大学作为社会的一部分,其实只是就组织层面而言;在制度的层面上,社会也是大学的一部分。在某种意义上,现代大学是现代社会的"工作母机";若失去了大学对于人的培养和规训,现代社会不可能正常运转。相比于人才培养、科学研究和社会服务这些具体的职能,大学作为一项根本制度对于现代社会的规训才是最重要的。"大学对于个体实际统治能力的培养是无效的,不过,在大学层面拓展政府治理却是最佳的场所。将知识与权威结合起来,这是所有原则的基础,大学正实现了这种需求。换言之,大学不单纯传授知识本身,它将知识的整个体系的形成与人们对世界的假设结合起来。一句话,与身为组织的大学相比,身为制度的大学更加重要(也更有效)。"[1]在实践中,大学本身作为一种制度安排是有条件的而不是无条件的,其大前提是存在自由民主的政体。一旦制度环境不允许,大学的制度含义就会消失或被遮蔽,而只是作为一种专业性组织机构而存在。一般而言,在自由民主政体下,大学易于彰显其制度价值;而在专制政体下,大学则只能作为一个专业性组织机构为政府服务。

---

[1] 帕翠西亚·冈伯特.高等教育社会学[M].朱志勇,范晓慧,译.北京:北京大学出版社,2013:191.

"大学是自由民主制度的核心和基础,它使原则保持生机,是保持这种政体运转的知识和教育的不竭源泉。……自由的大学只存在于自由民主政体之中,而自由民主政体也只存在于有自由大学的地方。法西斯制度拒绝理性并控制了大学。苏联的制度断言,人民在先锋党的呵护下已经成了理性的人民,所以大学不再需要一种特殊的地位——也就是说,它可以受党的控制。只有自由民主政体同意把理性放在第一位,尽管人们并不认为它的公民既单纯又一贯讲究理性。它保证大学享有特殊的地位,这使它不必拘泥于文明社会中的思考和言论所受到的一般道德和政治限制。"①由于政体的差异以及基于政体的差异而形成的不同的制度环境,我国世界一流大学建设主要侧重的是组织层面,即力争将大学打造成卓越的专业性组织,相关的制度建设多局限于大学内部,对于"大学本身作为一项制度"缺乏清醒的认识和必要的作为。在我国,"大学的繁荣是因为大学被认为能够按社会的需求服务于社会,而不是像苏格拉底那样服务于社会,或像泰勒斯那样不能服务于社会"②。换言之,大学的重要性建基于科学技术的实用性而非思想的深刻性或制度的公共性。

作为欧洲文明的精华,大学与民主政体有天然的亲合力。世界其他文明当中不乏有特色的高等教育机构,但与兴起于中世纪的大学相比,均有本质的差别。欧洲独特的法律制度、城市制度以及在此基础上建立起来的资本主义经济制度和政治制度铸就了欧洲大学模式的特殊性。19世纪以来,世界各地虽然纷纷引入欧洲的大学模式,但时至今日,若以文明类型来划界,世界一流大学仍然主要分布在西方(欧美)国家;而若以政体来划界,世界一流大学几乎全部位于民主国家。作为现代大学的发源地,德国的大学曾经是世界一流,然而20世纪30年代随着纳粹的上台,德国的民主政体转变为法西斯统治,德国大学很快一蹶不振,失去了世界一流的地位。作为对

---

① 布卢姆.美国精神的封闭[M].战旭英,译.南京:译林出版社,2011:213-214.
② 布卢姆.美国精神的封闭[M].战旭英,译.南京:译林出版社,2011:241.

比,亚洲的日本自明治维新以后,在制度文明上逐渐"脱亚入欧",第二次世界大战后,在美国的主导下,日本重建了民主政体,日本的大学也因此开始在全球占据显赫的地位,成为除欧美之外世界一流大学最集中的国家。基于教育体制与国家体制的相关性,可以说,民主政体是大学成长为世界一流的必要条件。如果缺乏民主制度的有力支撑,大学极易失去制度与理念上的独特性而退化为一般性的专业组织或学术机构。在一些专制国家,那里的大学偶尔也能产生伟大的发现或发明,甚至也可以帮助落后国家实现科技现代化,但那里的大学很难成为真正伟大的大学。因为,在专制国家的大学里,能够得到发展的只能是实用的自然科学和技术,思想的自由或自由的思想创作不被允许。"在专制国家,权力的领域、法律的领域和知识的领域被压缩到一起。关于社会终极目标的知识和管理社会实践的规范都为权力所有,与此同时,权力控制了对话,并随意描绘现实。"①

20世纪90年代以来,建设世界一流大学成为我国高等教育改革与发展的战略目标,我国一直通过不断增加投入或集中资源来建设世界一流大学。建设世界一流大学无疑需要巨额的经费投入,但同样毫无疑问的是,绝不是有了巨额的经费投入就一定可以建成世界一流大学。世界一流大学建设从根本上还是一个制度建设,尤其是制度环境建设。没有一流的制度(环境)很难建成一流的大学。那么,世界一流大学需要什么样的制度(环境)呢?最基本的就是政治的民主化、经济的市场化和社会的自治化。只有具备了上述条件,公民的思想自由和言论自由才会得到重视并得到保障,大学本身的制度含义才能得以彰显,大学自治和学术自由的重要性才能被全社会所理解,并受到法律的严格保护。制度环境之所以重要是因为只有一个国家的社会制度,尤其是高等教育制度有利于追求真理,学者和科学家才能被引导至学术领域,大学的发展才会具有可持续性。如果相关制度不利于学术

---

① 罗伯特·波斯特.民主、专业知识与学术自由——现代国家的第一修正案理论[M].左亦鲁,译.北京:中国政法大学出版社,2014:36.

职业的发展,遵循趋利避害的一般原则,学者和科学家会逐渐从"求真"转向"逐利"或"寻租",学术领域不可避免地将被政治或经济的逻辑所侵蚀,从而导致知识阶层的官僚化及知识本身的商品化。从常识理性出发,大学应致力于追求真理,权力和利益的过多卷入终将不利于大学和学术发展。

四、重建高等教育的合法性

20世纪80年代以来,为了回应民众对于高等教育的不安和质疑,很多大学引入了质量保障系统。但"好的教育"和"高质量的教育"仍然有所不同。质量的高低取决于质量标准的设定或评估指标体系的选择,而好的教育则着眼于人的发展,与外在的标准无关。在实践中,高等教育中的技术教育、职业教育与专业教育或许可以交由专家评估,用质量的高低来加以衡量,但涉及人性培养的通识教育或文化素质教育则只能交由学生自己体验。遗憾的是,当前高等教育中通识教育与专业教育、职业教育、技术教育的差别被忽视,对教育好坏的判定更多依据外部功利的或实用的标准而不是教育本身卓越与否,学生只是机械地修完学分以获得相应的学位,是否受到良好的教育少有人去关心。"它的实际后果便是,一方面使大学外边的庸俗现象得以在校园内泛滥,另一方面又把更严厉、更刻板的要求——由专业学科提出的那些未经通盘考虑的、专横而堂而皇之的要求——强加给学生。"[①]高等教育的工具性遮蔽了高等教育本身的重要性,大学"失去灵魂的卓越"几乎成为某种必然。

为了能够回归高等教育本身,必须转变思维方式。高等教育作为一个子系统镶嵌于社会大系统之中,高等教育问题既是教育问题也是社会问题。诚然,就高等教育谈高等教育容易忽视高等教育问题的复杂性,但若将所有的高等教育问题都归为社会问题或引出社会问题的根源也会失之偏颇。高等教育的重要源于对真实生活的表达,源于对于人性的培养与塑造。当前

---

① 布卢姆.美国精神的封闭[M].战旭英,译.南京:译林出版社,2011:288.

由于我们将高等教育的有用性作为其重要性的主要根据,现代社会只能基于工具理性来为高等教育的重要性进行辩护。其结果是,那些表面上对高等教育的重视,由于忽略了高等教育的本质,反倒更像是对高等教育功能的滥用而不是真正重视高等教育本身。在实践中,高等教育的发展既不能沉迷于个人精神层面的抽象概念,也不能因为忽视高等教育的本质而从实用主义走向滥用。高等教育的发展既要讲究成效,但也不能为了"功利"而放弃"理性"。

古典时代教育主要是精英阶层的一种精神性活动,和物质生产没有多大关系或关系较为疏远。现代社会教育逐渐世俗化,自由教育意义上的教育逐渐被技术或职业教育意义上的教育所取代,教育的精神性逐渐被生产性取代。古典高等教育以普遍知识或自由知识作为知识论和认识论基础,现代高等教育则以高深知识或专门知识作为知识论和认识论基础。以普遍知识或自由知识作为合法性基础,古典高等教育的精华为自由教育,注重无用之用;以高深知识或专门知识为基础,现代高等教育的支柱是专业教育,强调有用之用。从古典到现代,高等教育的知识基础发生了显著的变化,但知识本身始终处于高等教育系统的核心地位,高等教育系统始终围绕知识进行组织和运转。伴随现代社会向后现代社会的转型,现代高等教育面临深刻转型,高等教育与高深知识间的关系也面临调整。后现代社会仍然需要高深而专门的知识,但高等教育的主要职能将不再只是生产、传播与应用高深知识那么简单。信息技术的进步和人工智能的发展将会极大地改变高深知识的性质及其生产、传播与应用的方式。现代社会中高等教育是知识密集型的行业,但在后现代社会,高深知识的分布将更加均匀,知识的密集将不再是高等教育行业的显著特征。伴随着网络社会的崛起,后现代社会的任何一个组织机构或个人只要愿意都可以拥有丰富的知识。在此背景下,现代高等教育对于高深知识的垄断将消失,高等教育必须回归教育本身以寻求新的合法性来源。

后现代社会中高深知识若不再是高等教育的合法性基础,大学若不再以科学研究见长,那么高等教育的重点自然将转移到"为了高等的教育",即"成人"。与知识的工具性相比,成人本身即是目的。从古典到现代,高等教育之所以一直是知识中心主义,一个重要的原因就是将高等教育等同于高等教育机构(主要是大学)。以组织机构为核心,制度化的高等教育模仿工厂的运行机制,以知识为原料易于操作,诸如人性的培养、德性的养成等不易制度化的部分则被舍弃或有意无意地加以忽略。"高等教育的实现需要组织机构作为载体,但必须要超越组织机构,这就是高等教育与大学的区别。高等教育必须超越'大学校园',显示自己是最高使命的教育——即为人的一生塑造完整人格。"[1]追根溯源,古典时代高等教育就以"成人"为目的,追求人的幸福与德性,但由于经济社会条件的限制,那个时代有机会接受高等教育的人毕竟非常之少,所谓的"成人"只能是"成极少部分人"。相比之下,后现代社会中高等教育将趋于高度的普及化,接受高等教育成为绝大多数人的一种义务,此时作为"成人"的教育、"为了高等的教育"的高等教育改革将变得尤为重要。

---

[1] 徐贲.阅读经典:美国大学的人文教育[M].北京:北京大学出版社,2015:3.

上编

为了高等的教育

第一章
什么是高等教育

作为一个概念,"高等教育"充满了争议和歧义。"高等教育这个概念本身可以说是模棱两可的。在一些国家,如奥地利和意大利,它是与大学教育共同发展的。在其他国家如英国和澳大利亚,这一术语的含义包括了一个以上的具有相对特色的高等教育部门。此外,一些国家具有广泛的属于第三级教育的学院系统,这些学院在高等教育中的地位是有争议的:其中一些学院设有可以获得学位的课程,而另一些基本上相似的学院则没有这样的课程。"[1]由于各国对于各自中等教育后机构所提供的教育的命名不统一(大学教育、高等教育、中学后教育、第三级教育、进一步教育),教育体制和法律制度也不相同,加之高等教育实践中"出现的变化如此繁多,连给高等教育下个定义都成了一项挑战性的工作"[2]。当前对于什么是高等教育的分歧和争议就出现了。"高等教育"到底是一个理论层面的概念还是一个实践层面的术语?"充满争议的'高等教育'还是单一概念吗?抑或是毫无共同之处的多个不同概念?它是在独特的语言游戏中使用,并代表着竞争的意识形态的一个术语吗?"[3]面对这些争议和分歧,迫切需要加强关于高等教育概念自身以及高等教育本体的理论研究。对于什么是高

---

[1] 李维.国际教育百科全书(第四卷)[M].贵阳:贵州教育出版社,1990:429.
[2] 马尔科·安东尼奥,罗德里格斯·迪亚斯.刘榜离,译.高等教育:下一世纪的幻想与行动[J].教育展望(中文版),1999(3):17.
[3] 罗纳德·巴尼特.高等教育理念[M].蓝劲松,译.北京:北京大学出版社,2012:23.

等教育的追问既要努力从理论层面上给出关于高等教育的纲领性定义,又要努力从务实的角度指明高等教育的基本任务是什么。具体而言,随着多样化的高等教育实践以及市场化的经营方式不断突破传统大学智识生活的边界,如何看待教育与高等教育的关系,如何厘清高等教育与大学的区别和联系,如何评估科研在高等教育系统中的地位,如何理解高等教育自身的本质和目的,这些都是回答或理解"什么是高等教育"或"真正的高等教育是什么"的关键所在。

第一节 教育与高等教育

教育的历史上,高等教育活动或现象产生很早,但高等教育概念却很晚才出现。"从西方教育发展的历史来看,自古希腊起,接受教育就是少数统治者之子弟的特权,因此所谓教育,在古代一直就具有高等教育的性质,教育的理论就是高等教育的理论,或者说那时的教育哲学,便是高等教育的哲学。但是等到近代民主思想勃兴,接受教育变成了每个人都该有的权利之后,普及的全民的教育理论才应运而生,教育哲学的讨论也多集中于中小学教育的问题上,似乎并未注意到高等教育所独有的问题。"[1]长期以来,无论是教育的历史上还是教育学的历史上,一直都没有"高等教育"这一概念,更没有发展出专门针对高等教育的理论。事实上,在人类历史的早期,无论是在东方文明还是西方文明中,真正的教育主要就是指高等教育,所谓的教育研究也主要是指高等教育研究。当时由于生产力发展水平的关系,非高等的教育通常在家庭或家族内部完成,一般不会引起社会或国家的关注。那时的文人、学者所从事的教育著述其实就是对高等教育问题的探讨,只是当时并没有高等教育这一概念而已。在西方,待到中世纪大学出现,尤其是以文法中学为代表的中等教育机构产生和义务教育逐渐普及以后,教育概念的内涵开始发生本质的变化,教育不再自然意味着高等教育。相反,在后来官方话语以及教育学的学科话语里,教育几乎成了学校教育或基础教育的同义词,完全失去了"高等教育"的含义。正是由于历史上教育作为一个概念的所指发生了根本性的逆转,"高等教育"作为一个专门的概念才有机会

---

[1] 卢增绪.高等教育问题初探[M].台北:南宏图书有限公司,1992:9.

登上了人类教育实践的大舞台。

高等教育概念产生以后,如何处理教育与高等教育间的关系便摆在人们面前。从语用学上讲,无论是教育,还是高等教育,都存在"一个概念、多种用法"的现象。① 这种现象的存在,既维系了教育与高等教育间千丝万缕的联系,也造成了教育与高等教育间说不清道不明的分歧与差异。对此必须给予充分的关注。米亚拉雷指出,摆在我们面前的"教育"一词至少具有四种基本的含义:① 作为一种机构的教育;② 作为活动的教育;③ 作为内容的教育;④ 作为一种结果的教育。教育的上述四种含义共同构成了一个整体,"作为一种结果的教育强调的是,在作为机构的教育的背景下,通过运用作为内容的教育,使作为活动的教育所产生的结果"②。米亚拉雷的阐述摆脱了对于教育的具体定义方式的选择,既从不同层面呈现了人们对于教育概念的多种理解,又通过整合策略给出了对于教育的整体性认识。参照米亚拉雷关于教育概念的分析,高等教育作为一个概念,其内涵也同样包含机构、活动、内容和结果四个维度。作为一种机构,高等教育是指一种以大学为主的组织制度系统,其中每一个组织机构都遵循一定的规则体系和理念,为接受高等教育者提供高等的教育。作为活动的高等教育强调在相关组织机构中,学生进行高等学习的重要性。作为内容的高等教育意味着学生赖以进行高等学习的"材料"主要是高深的知识。作为一种结果的高等教育强调其目的性,即希望培养并最终培养了什么样的人。比如,历史上,英国的高等教育曾以培养"绅士"为主,而德国的高等教育则以培养"学者"著称。

在教育学的框架下,人们一般认为,高等教育系统是教育系统的一个子系统,高等教育是教育的一个阶段或亚型,高等教育概念是教育概念的一部分或子集。但真实的情形却并非如此简单。无论在理论上还是实践中,教育学中对于教育的论述并不能直接适用于高等教育。教育概念与高等教育

---

① 瞿葆奎.教育学文集(第1卷)·教育与教育学[M].北京:人民教育出版社,1993:38.
② 瞿葆奎.教育学文集(第1卷)·教育与教育学[M].北京:人民教育出版社,1993:67,69.

概念之间也并不存在一般和特殊的关系。教育学经典著作中关于教育的很多理论很难适用于高等教育实践。有学者甚至认为,"教育概念反而是高等教育概念的一部分"。① 毕竟,实践中不是教育涵盖了高等教育,而是高等教育倒推出了教育。换言之,是高等教育的发展促进了整个教育的发展,而不是教育的发展促进了高等教育的发展。与一般意义上的教育实践不同,高等教育的合法性基础主要植根于社会学和哲学的层面,而不是心理学的理论和学科教学法。"'高等教育'之于'教育',很大程度上就像'成就'之于'任务'。它涉及具有自身一致性和目的(任务成分)的系列持续活动。"②高等教育虽然也称为"教育",也是"教育"的一种,但绝非前一阶段教育的简单持续和进一步延伸,实际上,它"已经超出'教育'通常的含义。'高等教育'可视为一个过程。它蕴含着多个教育进程。它把每个学生的个人发展提升到一个专业水平"③。由于教育概念与高等教育概念间存在显著的差异,学科话语体系中,教育研究与高等教育研究的关系也非常微妙。"高等教育研究有时被理解为教育研究的一个分主题,但其他人反对这一观点。"④当前世界各国那些声誉卓著的高等教育研究中心大多在大学里作为一个独立的跨学科研究机构而存在,通常位于传统的教育学院(系科)之外而不是之内。"绝大多数高等教育研究的核心主题都来自类似社会问题的强烈驱动,并以一个领域广泛的知识为基础,且通常会打破学科及其偏爱的主题领域之间的界限。"⑤在高等教育问题的多学科或跨学科研究中,教育学充其量不过是与经济学、社会学、心理学、历史学、管理学、高等教育学等学科并列的一个"知识面",而并非其天然的"母学科"。在伯顿·克拉克和盖伊·尼夫主编

---

① 罗纳德·巴尼特.高等教育理念[M].蓝劲松,译.北京:北京大学出版社,2012:11.
② 罗纳德·巴尼特.高等教育理念[M].蓝劲松,译.北京:北京大学出版社,2012:12.
③ 罗纳德·巴尼特.高等教育理念[M].蓝劲松,译.北京:北京大学出版社,2012:12.
④ 乌尔里希·泰希勒.叶赋桂,译.高等教育研究:一个多学科研究的案例[J].清华大学教育研究,2003(1):4.
⑤ 乌尔里希·泰希勒.迈向教育高度发达的社会:国际比较视野下的高等教育体系[M].肖念,王绽蕊,主译.北京:科学出版社,2014:10.

的《高等教育百科全书》中,托尼·比彻所编写的"高等教育的多学科研究"(Disciplinary Perspectives on Higher Education)部分共有 19 个学科,其中既有人类学、历史学、文学、哲学、经济学、社会学、法学、语言学与修辞学、心理学、政治科学等传统人文社会科学的学科,也有比较教育、政策分析、公共管理、组织理论以及"科学学"(science studies)、"妇女学"(women's studies)和"高等教育学"(higher education studies)等新兴的跨学科学科。[①]

总之,教育与高等教育的共同之处往往是表面的,而诸多的差异却是根本性的。逻辑上,高等教育要从属于教育;但实际上,高等教育概念与教育概念绝不是简单的从属关系,而是相互独立,偶尔交叉(与个体心理或教学相关的方面)。高等教育虽然具有教育的属性,但是高等教育中涉及"高等"的部分往往都超出了教育的传统范畴和教育学的学科和知识边界,需要从社会学或哲学的意义上去理解和解释。"'高等'一词蕴含着这一高级阶段的特殊性质,它期望学生学会质疑流行的规则和工具,理解理论、方法和'学术'知识的实质。高等教育机构和教育的其他部门完全不同的一点还在于它有两方面的功能:它不仅强调教与学,还强调'研究',也就是创造和保存系统的知识。"[②]高等教育与教育的主要交集在于人的发展或个体解放,相关研究的交集是教与学的问题。但同样是为了人的发展或个体解放,同样是为了教与学,高等教育与教育所需要的内外部条件以及最终所能起到的作用也有根本的差异。因为为了人的全面发展,实践中的高等教育必须要超越教与学。此外,高等教育赖以实现人的解放的手段也绝不仅仅是"教育",还包括"科研""自由""理性"和"文化"。为了能实现人的自由和解放,高等教育不仅通过传播高深知识进行高等教育,而且还通过科研活动追求真理、

[①] Tony Becher. Disciplinary perspectives on higher education[M]//Clark B. R., Neave, G. R. The encyclopedia of higher education. Oxford:Pergamon Press,1992:1763-1976.

[②] 乌尔里希·泰希勒.迈向教育高度发达的社会:国际比较视野下的高等教育体系[M].肖念,王绽蕊,主译.北京:科学出版社,2014:8.

创造文化,通过自治与自由的制度安排来维护人的理性和尊严。如果仅仅从学校教育的视角出发,单纯地强调人才培养,将无法正确理解什么是"高等的教育"。在实践中,作为现代社会结构的重要组成部分,高等教育的重要性也已超出了一般的教育范畴,与政治、经济、科学、技术、文化,甚至是文明融为一体,成为一个国家和社会核心竞争力的重要支柱。因此,无论在哪个国家,高等教育的发展战略都不会局限于一般的教育政策,而是要站在国家战略的高度进行政治决策。

第二节　高等教育与大学

除了教育概念的所指发生了逆转之外,高等教育概念的出现还与传统大学之外的非大学机构的不断出现密切相关。"'高等教育'这一词语到底何时开始使用,现在仍不能确断。据现有资料看,较早出现在1874年瑞士邦联通过的《邦联宪法》中。该宪法第一章第27条规定:'邦联有权建立除现行综合技术学校以外的一所邦联大学及其他高等教育机构,或资助此类性质的机构。"另外,"在拉什达尔于1895年出版的《中世纪欧洲大学》一书里,也出现了'高等教育'这个词。在该书第二卷二编703~712页中,作者说:'十四、十五世纪期间大学急剧增加,在很大程度上是由于对受过高等教育的法学家和管理人员的直接需要。"[1]无论"高等教育"作为一个术语最早出现于何时,可以肯定的是,在整个19世纪,由于传统的大学仍然实际统治着整个高等教育,高等教育这一概念产生之后并没有能够迅速普及,当时至少在欧洲,大学仍然是一个比高等教育更普遍的用语,拥有更高的社会认同。20世纪以来,尤其是第二次世界大战以后,全球范围内非大学类高等教育机构迅速增多,高等教育的规模也急剧扩大,大众化和普及化最终成为世界各国高等教育发展的大趋势。与之相应,"20世纪的后半叶,'高等教育'成了一个流行词汇,用以描述无论在哪个国家都是要求最高的职前教育(pre-career education)阶段"[2]。当前伴随数量和规模的持续增长,高等教育已经成为人类社会现代化生活、国家发展及跨国政策的重要组成部分。无论是在日常

---

[1] 潘懋元.多学科观点的高等教育研究[M].上海:上海教育出版社,2001:41.
[2] 乌尔里希·泰希勒.迈向教育高度发达的社会:国际比较视野下的高等教育体系[M].肖念,王绽蕊,主译.北京:科学出版社,2014:8.

用语、学术研究还是政策文本当中,高等教育作为一个概念都在逐渐取代大学,开始占据主导地位。

尽管高等教育作为一个学术概念和政策话语逐渐流行,但在高等教育系统内部,人们对什么是高等教育的理解仍然缺乏必要的共识,经常要在相互冲突的高等教育概念中追求所谓"真正的高等教育"。在实践中,由于英才教育情结及传统大学概念的根深蒂固,作为一种制度化后果,高等教育的本质经常被忽视,"偷换概念"的现象层出不穷。一方面,由于大众化和普及化的推进,高等教育机构逐渐平庸化和廉价化。高等教育本身逐渐退化成了"高中后"的教育而不再是"高等的"教育。由于学历和学位的不断贬值,甚至有学者认为:"大学教育的主要功能就变成使学生延迟进入不确定的劳动力市场。"[1]另一方面,随着研究型大学范式的不断蔓延,越来越多的大学在提供博士生课程,尖端的科研或大科学项目受到学校的高度重视,真正的"更高层次"的学习却很少发生,似乎也无人顾及。即便是在那些顶尖的研究型大学里,学生接受更进一步的学习也不过是为了就业时更具学历优势,而不是出于满足理智的好奇或追求客观的真理,更不要说人性的培养。"在金字塔的顶端,那些一流的研究型大学与他们假定的首要任务——教育几乎没什么关系。研究型大学的主要任务是成为知识工厂。"[2]为了能够在声望和收入竞争激烈的市场上生存下去,很多高等教育机构,包括研究型大学,会把自己的真正使命(为了高等的教育)掩蔽起来,以迎合社会的、市场的和组织自身的需要。"当前的学术体系歪曲了培训、教育以及学习之间的区别。许多学校将培训推至前台并将其称为教育。由于缺乏一个让学生能社会化于其中的统一的社会文化,以及缺少无论如何都有能力引导独立课

---

[1] 斯坦利·阿罗诺维兹.知识工厂:废除企业型大学并创建真正的高等教育[M].周敬敬,郑跃平,译.北京:高等教育出版社,2012:8.
[2] 斯坦利·阿罗诺维兹.知识工厂:废除企业型大学并创建真正的高等教育[M].周敬敬,郑跃平,译.北京:高等教育出版社,2012:35.

程的教育哲学,这个学术体系从整体上被市场逻辑所控制,即学生毕业时已经为工作做好准备。在这些要求的驱使下,学院和大学无法去实施一个使得学生为未来更为复杂的世界做好准备的教育项目。"①当前,面对高等教育实践在学术体系中的迷失,我们有必要反思高等教育的本质及其与大学的关系。大学在科学研究和社会服务方面表现再好,也远远不等于高等教育的全部。

我们知道,中世纪大学是现代高等教育的滥觞,当时的大学虽然没有科学研究的职能,但自从诞生起就与研究结下了不解之缘。"最早的大学是研究事物本质或'事物的一般概念'的机构,是由学生与教师组成的社团。"②近代大学确立了科学研究的职能,现在没有科学研究的大学根本难以称之为现代大学。作为进行高等教育的主要制度性场所,大学的学术价值观对于高等教育理念影响深远。与大学执着于科研不同,"高等教育"的重心理应在于"教育"。"高等"是就学生所要学习的知识的程度而言,其目的是为了实现"高等"的"教育"而非"高深"的"学问"。"'高等教育'中的'高等'理念意味着一种对既定意愿的超越(无论概念、理论还是行动上),而不是受制于它。"③高等教育的本质和目的就在于人的形塑、启蒙和解放。我们时代的高等教育有教育之"名",却无教育之"实"。一方面,受制于传统大学的学术价值观,在那些顶尖的研究型大学里,高等教育被科学研究所取代或成为科研的副产品;另一方面,在高等教育金字塔的庞大底部,高等教育又正在沦为"高中后"的高级培训或职业教育。其结果是,在今天的大学里人们对于高等教育本质的理解,要么受制于科学研究,强调学术性的精英主义;要么受制于专业主义或职业趋向,强调市场化的实用主义。然而"真正称得上是高

---

① 斯坦利·阿罗诺维兹.知识工厂:废除企业型大学并创建真正的高等教育[M].周敬敬,郑跃平,译.北京:高等教育出版社,2012:142.
② 中美联合编审委员会.简明不列颠百科全书(第3卷)[M].北京:中国大百科出版社,1985:408.
③ 罗纳德·巴尼特.高等教育理念[M].蓝劲松,译.北京:北京大学出版社,2012:75.

等教育的东西是学生理解所学、所做,使之概念化,在不同的情况下掌握,并对其采取批判态度的能力。"①

今天在研究型大学内部,科研与教学间的平衡被打破,这种趋势迅速波及整个高等教育系统,"重科研轻教学"遂成为流行的说法。为了体现对本科教学的关注,对于高等教育与科研的关系,有人发明了新的"说法"。有一种说法认为,人才培养是高等教育的第一职能或本质职能,科学研究和社会服务都是下位的或衍生的,不能与本科人才培养相提并论,而且科学研究与社会服务只能服务于而不能影响本科人才的培养。另一种说法认为,高等教育的本质就是教育,教育的本质就是人才的培养。科研是大学的主要功能,而不是高等教育过程本身的必要组成部分。大学可以有研究型的,但高等教育的核心就是本科教育。还有一种观点认为,大学只是诸多高等教育机构中的一种,在大学与高等教育之间不能画等号。大学可以提供高等教育,也可以进行科学研究。高等教育与科学研究可以并列为大学的两种最主要的职能。上述几种说法表面上略有差异,但其本质都是一样的,即在坚持教学与科研两分的基础上,为了突出本科教育的重要性,将大学与高等教育硬性区隔,并尽可能地窄化高等教育的内涵,将"高等教育"这一宏观的概念微观化,抽象的概念操作化,普遍的概念特殊化。事实上,高等教育是一个整体性概念,是一个大的系统,人才培养、科学研究和社会服务,甚至国际合作、文化创新等,都是其重要的不可分割的组成部分。"分析过去30年里高等教育机构的发展趋势,从中可以看到,高等教育的基本任务现在是,将来仍然是跟以下四个主要目标相联系的:产生新知识(研究功能);培养高度合格的人才(教育功能);为社会提供服务;以及伦理道德功能,包含社会批评。"②如果我们人为地将教学与科研活动相对立,将高等教育窄化为本科教

---

① 罗纳德·巴尼特.高等教育理念[M].蓝劲松,译.北京:北京大学出版社,2012:192.
② 马尔科·安东尼奥,罗德里格斯·迪亚斯.刘榜离,译.高等教育:下一世纪的幻想与行动[J].教育展望(中文版),1999(3):18.

育,将本科教育窄化为本科人才培养,高等教育将极有可能成为高级培训或研究性培训而无法实现其最终促成人的形塑、启蒙与解放的承诺。

高等教育与大学这两个概念之间虽不是完全等同(高等教育相对于中等教育、基础教育而言;大学相对于中学、小学而言;前者强调活动的性质,后者强调组织机构),但也不是完全不同。高等教育和大学作为不同的术语,有时只是对同一事物的不同表达,绝不能随意地区隔。就像教育概念一样,无论是高等教育还是大学,作为一个概念也都有多种用法。无论如何,我们既不应将高等教育作为大学的下位概念,也不应将大学作为高等教育的下位概念,更不能认为高等教育只是大学提供的诸多"服务"中的一种或诸多职能中的一个。准确地说,大学是一种最为重要的高等教育机构,大学的一切工作都是高等教育的不可分割的重要组成部分。在作为一种机构的层面上,高等教育与大学具有同等的含义。理论上,作为一种理念,高等教育"与可能实施它的任何院校形态无关"[1]。有些自称为大学的机构实际上可能与高等教育完全无关。但人类高等教育的历史和实践表明,大学作为一种组织机构更有利于高等教育理念的实现。"最终被认同的观点是,大学是高等教育的发源地,在这方面是无可比拟的,没有其他的任何学校能代替大学的地位。"[2]

总之,对于高等教育与大学的关系要历史、辩证、灵活地去理解,二者间既有区别又有联系。无论是国内还是国外,长期以来人们往往过多地沉迷于"大学的概念"而对"高等教育"这一术语在理论上的重要性和正当性没有给予必要的关注。"无论在公开演讲中,还是在学术界内部,是否真正把高等教育视为'高等教育'人们并不关注。缺乏对高等教育的反省不仅在研究教育的学术部门显而易见,在研究高等教育自身的研究者当中甚至更加习

---

[1] 罗纳德·巴尼特.高等教育理念[M].蓝劲松,译.北京:北京大学出版社,2012:256.
[2] 索尔斯坦·凡勃伦.学与商的博弈:论美国高等教育[M].惠圣,译.上海:上海人民出版社,2009:60.

以为常。"①正因为此种缘故,表面上繁荣的高等教育研究并没有发展出关于高等教育的教育理论,用以指导我们创建真正的高等教育。实践中的高等教育要么被混同于一般的教育,人们试图用一般的教育理论来解释高等教育实践;要么就被等同于具体形态的高等院校,尤其是大学,人们更喜欢用经典的大学理念来指导整个高等教育。无论前一种还是后一种做法,都不利于高等教育的发展或创建真正的高等教育。前一种做法的错误在于将高等教育"降低"为一般意义上的教育,后一种做法的错误则在于将一般意义上的高等教育"拔高"为传统的大学。大学与高等教育不是两个不同的概念,而是不同层面的概念。大学是高等教育的最主要机构,高等教育则是大学的具体内容、活动与结果。要弄清什么是真正的高等教育就必须从对大学理念的抽象论述中抽身而出,直面高等教育本身,对高等教育自身的特殊性,高等教育概念的整体性以及高等教育现实的复杂性给予充分的关注。着眼于高等教育的发展或创建真正的高等教育,需要从高等教育的概念分析着手,通过从"大学"到"高等教育"的话语转换,全面分析高等教育作为一种机构、内容、活动和结果的各个层面。"为了高等的教育"需要诉诸独特的高等教育哲学而不是传统的大学理念。

---

① 罗纳德·巴尼特.高等教育理念[M].蓝劲松,译.北京:北京大学出版社,2012:9.

第三节　理解高等教育

对于"什么是高等教育"之所以充满争议就是因为高等教育这个概念本身就包含着许多相互矛盾的现象。高等教育既是教育又强调科研,既注重传承又强调创新,既推崇科学又依赖人文,既追求真理又施行教化。真正的高等教育就是要在诸多矛盾中实现一种微妙的平衡。任何时候只要高等教育的实际状态不同于期望的状态,就会产生问题。今天随着高等教育概念的不断泛化和高等教育实践的日益多样化,对"什么是真正的高等教育"的追问不可避免地被提上议事日程。我们时代对高等教育与真正的高等教育的区分,反映了一种新的高等教育理念——"既然并不存在牢不可破的知识框架与坚如磐石的社会学习形态,那么,高等教育首先应作为一种教育形式,逐步提高并维持个体应对复杂变幻的世界的变通能力。"[①]当然,现实的高等教育与真正的高等教育(高等教育的实际状态与期望状态)之间并没有不可逾越的鸿沟。真正的高等教育需要植根于现实的高等教育,现实的高等教育也需要致力于真正的高等教育。唯有如此,高等教育发展才有希望。

当前高等教育概念的泛化与高等教育的大众化和普及化密不可分,同时也反映了高等教育供给方式的多样化和高等教育理念的多元化。高等教育供给的极大丰富,一方面暴露出了当前高等教育理念市场和认知框架的混乱,另一方面也凸显了超越高等教育危机、构建真正的高等教育的迫切性。高等教育发展过程中,其自身呈现出来的特有的危机状况为我们构建真正的高等教育提供了良好的契机。当前如何创建真正的高等教育,并促

---

① 罗纳德·巴尼特.高等教育理念[M].蓝劲松,译.北京:北京大学出版社,2012:中文版序·3.

进其可持续发展至关重要。高等教育的未来与人类的未来息息相关。遗憾的是,今天高等教育面临的特有危机状况以及"什么是真正的高等教育"这些问题并没有得到充分的关注和深度的认知;对于"什么是高等教育"也没有普遍共识,甚至也不希望达成共识。在高等教育蓬勃发展和重要性日益增加的今天,"我们全世界都处于无视'高等教育'的承诺和潜力的危险之中:恰恰在高等教育数量增长(伴随更多的大学和学生)且成为国家及跨国政策的重要部分之时,'高等教育'这个概念却消失于无形"①。究其原因,就在于高等教育是一个复杂的系统,其中既包含有坚定的信仰和理性上层建筑(rational superstructure),也包含有不同国家或民族的趣味和偏好。对于"什么是真正的高等教育"的追问,与追问"哪种宗教是人类真正的宗教"或"冰激凌的真正的味道是什么——巧克力味还是草莓味"这样的问题会非常相像。②

高等教育的发展对现代社会产生了决定性的影响。现代社会的所有方面无不打有高等教育的烙印。但今天高等教育的自利化正威胁着现代社会的正常运转。由于职业培训和科学研究日益成为现代大学活动的主要组成部分,高等教育自身已无法完成现代公民的基本训练。"上大学是积累文化资本的必要条件,但它又不是充分条件。虽然有数以百万计的人正在上大学,数百万人已经从高中以上的学府毕业,但是许多人仍缺乏获得专业竞争力的基本前提,即良好的语言能力和文化上的成熟。"③虽然高等教育为个人所接受,也会给个人带来收益,但其仍然主要是一种准公共产品,具有较强的公共性,能够为市场经济、政治民主和社会自治的实现做出决定性贡献。由于功利主义哲学泛滥,高等教育的公共性被削弱。高等教育的诸多利益

---

① 罗纳德·巴尼特.高等教育理念[M].蓝劲松,译.北京:北京大学出版社,2012:中文版序·3.
② 瞿葆奎.教育学文集(第1卷)·教育与教育学[M].北京:人民教育出版社,1993:36.
③ 斯坦利·阿罗诺维兹.知识工厂:废除企业型大学并创建真正的高等教育[M].周敬敬,郑跃平,译.北京:高等教育出版社,2012:6.

相关者成为"追求自我利益的人",高等教育关于人的自由和解放的承诺被收入和声望的最大化所取代。由于高等学校逐渐主动放弃了提供更优质的高等教育这一公共目标,所谓的高等教育质量改进或卓越目标的实现也就发生了扭曲。虽然努力改进和提高高等教育质量、追求卓越仍是所有高校的目标,但困难在于,对什么是高等教育以及什么是高等教育质量、什么是卓越,人们没有共识。由于共识的无法达成,在质量评估与大学排名的压力下,"高校被裹挟其中,陷入一场对更好的学生、更好的师资、常胜的运动队、更多的研究课题、更高的学术名望,以及最重要的,让这一切变为可能的——更多收入的——永无止境的疯狂追逐之中"[①]。从短期的效果看,激烈的竞争似乎满足了公众的高等教育需求,但从长远来看,由于忽略了高等教育的公共性和优质性,单纯的市场行为只会造成大学在各种排行榜上的虚假繁荣,真正的高等教育却会逐渐走向衰落。为名望和收入而竞争的结果可能是成百上千的大学在质量指标上都表现优秀,但真正的高等教育质量如何却一直无人问津,失去灵魂的卓越绝不是危言耸听。"几个世纪以来一直都有这样一个假定,认为高校的声望就等同于其学生可享有的学习的品质。而最近在高等教育界内部和决策者中间已有越来越多的人意识到,现行的用以指代教育品质的指标(如期刊排名、学校声望、受赠财产、学生的可选择性、图书馆馆藏等),对于在一所院校中实际进行的学习的质量而言,几乎不能说明任何问题。"[②]说到底,一所大学的教育质量如何,在校期间学生有没有接受到真正的高等教育只有学生自己最清楚,而不能由评估专家或各种排行榜说了算。

总之,在教育、高等教育和大学的比较分析框架下,高等教育不只是教

[①] 弗兰克·纽曼,莱拉·科特瑞亚,杰米·斯葛瑞.高等教育的未来:浮言、现实与市场风险[M].李沁,译.北京:北京大学出版社,2012:20.
[②] 弗兰克·纽曼,莱拉·科特瑞亚,杰米·斯葛瑞.高等教育的未来:浮言、现实与市场风险[M].李沁,译.北京:北京大学出版社,2012:152.

育的一个阶段,更不是其亚型或子集,高等教育具有教育之外的特殊含义。在教育之外,高等教育还意味着高深学问。高深学问是大学的合法性基础,但却不是高等教育的全部。大学作为一种制度化的智识生活的场所,崇尚科研、自治和自由;而高等教育作为一种教育成就,追求人的形塑、启蒙和解放。在高等教育大众化和普及化的背景下,那种认为只要进入大学或其他高等教育机构就等于接受了高等教育的观念是一个极大的误区。无论是在理论上还是实践中,接受高等教育与进入高等教育机构之间都不存在简单的对应关系,是否接受过真正的高等教育也不能简单地以是否拥有相应的高等教育文凭或学位证书来判定。斯坦利·阿罗诺维兹就曾激进地认为:"除个别例外,在美国罕有够资格称为高等教育的地方。这里的'高等教育'指的是学生在那里可以广泛地和批判性地接触到西方知识传统的遗产,以及南半球和东方的遗产。""若非如此,大学将成为戴着'高等教育'面具的13和14年级。"①换言之,相比于高等教育的实际状态,真正的高等教育应致力于人的形塑、启蒙和解放。一个接受过高等教育的人不应只是一个受过职业培训或专业教育的人,也不应只是一个预备的或潜在的科学工作者。真正的高等教育给予人的应是,对于人类智识成就的深刻理解,对于批判精神的拳拳服膺,对于公民社会的高度认同和德性伦理的躬身实践。

---

① 斯坦利·阿罗诺维兹.知识工厂:废除企业型大学并创建真正的高等教育[M].周敬敬,郑跃平,译.北京:高等教育出版社,2012:96,前言.

第二章
高等教育的理想类型

随着规模的扩大和类型的增多,今天高等教育已变得越来越复杂。一方面高等教育系统越来越庞大,甚至无所不包;另一方面高等教育的功能越来越泛化,甚至无所不能。作为高等教育主要和基本的组成部分,"现代大学是一个庞大的、四方延伸的、多面孔的机构,既从事教学,也从事研究,既包括学术科系,又包括专业学院。有些科系遵从传统的学术目标——超越利益的真理追求,还有些科系则不过是乔装打扮的职业学校"①。在此背景下,高等教育是什么开始成为一个问题,什么是真正的高等教育也充满了争议。"想要用清晰有限的术语说明'高等教育'(甚至仅仅是'大学')的目的是不可能帮助我们真正理解实际情境的。再也没有比已经持续了几个世纪的有关高等教育理想性质的争论更无意义的事情了。"②从历史到现实,从国内到国外,高等教育的内涵一直处在不断丰富和发展的过程中:从早期的职业教育到稍后的自由教育;从15世纪末开始的专业教育到20世纪中期兴起的通识教育;从近代大学对高深学问的强调到知识经济社会和高等教育大众(普及)化过程中新职业教育主义的思潮。回顾高等教育发展史,一方面是沧海桑田的变化,另一方面是矢志不渝的追求。现实虽然是复杂的,但历

---

① 刘易斯·科塞.理念人:一项社会学的考察[M].郭方,等译.北京:中央编译出版社,2001:303.
② 伯顿·克拉克.高等教育系统——学术组织的跨国研究[M].王承绪,等译.杭州:杭州大学出版社,1994:22.

史是清晰的,在变与不变的轮回中,高等教育的核心价值一直还是维系于学术与职业、通识与专业之间的微妙的平衡。"除了结构和规模的显著不同外,高等教育系统无论在过去还是在现在,都至少履行着三种完全不同的职能。第一,专业训练的职能,即为法学、医学和神学等专业提供训练的传统职能。这一职能以后扩充发展了,包括工程技术专业。第二,普通教育的职能。普通教育起先只是作为专业训练的基础,而后逐步发展成为独立的文化和理智教育的职能。第三,生产新知识的职能。在现代社会,这一职能是与科学联系在一起的。"①

当前围绕学术与职业、通识与专业,高等教育大致可以分为学术教育、职业教育、通识教育和专业教育四种理想类型。"所谓理想类型,是从一定的角度出发对现实中某类成分的抽象化,这类成分从不以纯粹的形态存在于现实之中。'理想类型'不是描述性概念,它并不对应于某个具体的经验实体。理想类型是一种'概念上的纯净体',但它不是思辨的产物;它建立在经验的基础上,又高于经验。"②学术教育、职业教育、通识教育以及专业教育作为高等教育的理想类型也同样如此。它们以高等教育发展的历史和现实经验为基础,却又超越于高等教育的历史和现实经验。在当下的高等教育实践中,大学普遍提供多科目的教学和研究,从自由学科到实用学科、从学术性学科到专业性学科、从非功利学科到职业性学科应有尽有。由于高等教育职能的多样化,大学早已不再是一个学术共同体而是一个利益相关者的松散联结。换言之,今天的大学已经成为一个由教育背景和价值追求迥然不同的教授、学生和行政管理阶层共同组成的履行着各种教育职能的松

---

① 伯顿·克拉克.高等教育新论:多学科的研究[M].王承绪,徐辉,等译.2版.杭州:浙江教育出版社,2001:210.
② 杰里·加斯顿.科学的社会运行——英美科学界的奖励系统[M].顾昕,等译.北京:光明日报出版社,1988:译者前言·3.

散联合体。面对纷繁复杂的高等教育实践,理想类型的分析方法有助于厘清高等教育职能中"科学、文化和需要高深学识的职业或专业"①之间错综复杂的关系。当前世界各国,无论政治、经济体制和意识形态有多大差异,也无论文化传统、历史经验多么不同,只要选择以"大学"作为主体的制度安排,其高等教育均能在学术教育与职业教育、通识教育与专业教育所构成的"图谱"中找到对应的"谱系"。

---

① 奥尔托加·加塞特.大学的使命[M].徐小洲,陈军,译.杭州:浙江教育出版社,2001:74.

第一节 作为通识教育的高等教育

通识教育,也称普通教育,在教育理念和教育内容上均和自由教育密切相关。自由教育最初起源于古希腊雅典的"自由民"所能享受的教育,教育内容主要包括"三艺"和"四艺"。列奥·施特劳斯认为:"自由教育是文化之中或朝向文化的教育,它的成品是一个有文化的人。""作为对完美的高贵气质和对人的优异的培育,自由教育在于唤醒一个人自身的优异和卓越。"[①]源于古希腊的自由教育传统对于欧洲中世纪大学产生了深远的影响。不过,以"七艺"为代表的自由科目虽然一直是中世纪大学文学院的主要科目,但这并没有改变中世纪大学本身职业教育的性质。如哈罗德·珀金所言:"如果有人认为,文学部与专业学部相比,较少具有功利性和职业性,那就大错特错了。因为绝大多数学生可能不再继续就学,文学部为他们在读写、辩论、思维、计算、测量和自然科学基础知识方面提供的有用训练,使他们适于承担教会和世俗政府中的种种职业。以辩论为主的教学方法使学生个个变得能言善辩。学生们正是依靠这种本事在布道、法庭听证和政府讨论中崭露头角的。"[②]在欧洲,文艺复兴运动以后,以"自由七艺"为核心的自由教育演变为大学的人文主义教育,此时大学才开始从职业教育转向人文教育;18 世纪后期又衍生出新人文主义运动,对近代大学的创立产生了积极的影响。19 世纪后期,以欧洲自由学科(Liberal Arts)为基础形成的自由教育(Liberal Education)最终在美国演变为通识教育

---

① 杨东平.大学二十讲[M].天津:天津人民出版社,2009:220,225.
② 伯顿·克拉克.高等教育新论:多学科的研究[M].王承绪,徐辉,等译.2版.杭州:浙江教育出版社,2001:31.

(General Education),以弥补专业教育可能存在的褊狭。与自由教育和人文教育一样,"普通教育意味着一个人在职业培训以外的全面发展,包括他的生活目标和文明化,情感反应的纯净化,根据我们时代最优秀的知识,对事物本质理解的成熟化"①。

通识教育是高等教育中最古老也最具生命力的一种理想类型。它之所以成为高等教育的理想类型并经久不衰,既有历史的因素也有现实的原因。历史上,由于社会分工的不发达以及科学的尚未制度化和专业化,大学一直以普遍知识和自由知识作为认识论的基础,反对专业教育和职业教育。赫钦斯就指出:"将大学职业教育化对大学而言显然是有害的。""职业性的气氛对于引导学生理解学科是灾难性的。"②坚持普遍知识和自由知识价值观的学者通常认为专业教育和职业教育是实践性的,不适合大学;一门专业或职业在实践中学习比在大学中学习要更好。纽曼从词源学的角度提出,大学(university)就是一个传授普遍(universal)知识的地方,是进行自由教育的场所,专业教育和科学研究应该在大学校园之外的科学院或研究中心进行。"在纽曼的大学中,对专业而言,是没有生存空间、也受不到尊重的。允许自然科学的存在,但处于大学的边缘。人文科学——通识的、传统的、博学的——不仅是大学的核心,而且就是大学本身。正是人文科学构成和塑造了绅士,也正是绅士——有知识的、仁慈的、深思的、开明的——界定和体现了专业。不是专业塑造了人,而是人塑造了专业。"③总之,受到经济社会发展水平和科学技术发展水平的影响,加之大学本身的保守性,相当长的时期内,高等教育的目的一直是为了追求普遍的真理而不是培养某一学科的专家。大学就是"以传播知识和推广知识而非增扩知识为目的"。"有许多

---

① 亨利·罗索夫斯基.美国校园文化——学生·教授·管理[M].谢宗仙,等译.济南:山东人民出版社,1996:86.
② 罗伯特·赫钦斯.美国高等教育[M].汪利兵,译.杭州:浙江教育出版社,2001:22.
③ 弗兰克·罗德斯.创造未来:美国大学的作用[M].王晓阳,蓝劲松,译.北京:清华大学出版社,2007:52-53.

其他机构比大学更适宜作为促进哲学探索和拓展知识界限的手段。""大学要做的事情就是要把理智的培育作为其直接范畴,或者是投身于理智的培育。"①

历史上,以理智培育为目的的自由教育在19世纪后期开始遭遇专业教育的挑战。伴随着学科制度化和学术专业化的不断推进,理智培育在现代大学里的地位逐渐式微。"与中世纪时期的大学相比,现代的大学已把专业教育这一颗大学唯一的种子演变成了一项巨大的活动,并增添了研究的功能,但现代大学完全遗弃了文化的教学或传播活动。这样的变更显然是有害的。""大学造成的过失是无法通过其向科学提供大量出色的无懈可击的服务所能补偿的。"②为了弥补专业教育在人才培养方面所造成的不足,通识教育作为自由教育的替代物被提出。根据美国的经验,"人们对所谓通识教育的理解是,它是精心设置的一系列课程,文理兼顾,在加强和提高学生心智才能的同时,也让他们熟知人类探询的知识中重大课题的主导原则"。"某些共通的知识学科,理应为受过最佳教育的人们所掌握。""那些一时不为人所重视的知识,在通识教学的课程中也几乎没有一点地位,可是随着情势变化,人们又认识到这些知识的重要性,并给予相应的关注。知识在变,教育亦应随之而变。"③从自由教育到通识教育,有继承也有发展。与早期的自由教育注重对人的理智的培育相比,通识教育重点强调高等教育中"知识"的融会贯通。与自由教育对职业教育的排斥不同,通识教育不仅可以作为专业教育的基础,其本身也可以作为一种专业教育的新模式。如果说离开了专业教育,高等教育就失去了根基,那么没有了通识教育,大学就失去了灵魂。"如果没有普通教育,我们绝不能办好一个大学。如果学生和教授(特别是教授)缺乏共同的理智训练,一个大学必定仍旧是

---

① 约翰·亨利·纽曼.大学的理想[M].徐辉,等译.节本.杭州:浙江教育出版社,2001:1,3,45.
② 奥尔托加·加塞特.大学的使命[M].徐小洲,陈军,译.杭州:浙江教育出版社,2001:56,57.
③ 理查德·雷文.大学工作[M].王芳,等译.北京:外文出版社,2004:16.

一系列不相关联的学院和系科,除了有一个共同的校长和董事会外,没有什么东西使他们统一在一起。"①

当下通识教育已经成为世界各国高等教育课程和教学改革中的重点,加强通识教育几乎是各国高等教育人才培养模式改革的共同选择。随着专业教育在高等教育中从本科向研究生阶段的不断转移,通识教育已经成为整个高等教育基础中的基础。同时,随着跨学科研究与跨学科教育的兴起,高等教育人才培养中对于通识教育的强调也成为一种必然趋势。与专才教育的人才培养模式不同,通识教育作为一种人才培养模式强调的是更加宽厚的专业基础。这种宽厚的专业基础既可以为学生今后在社会上的谋生与职业发展提供知识上的保障,也可以为学生在研究生教育阶段继续从事专业的学术和职业训练打下良好的基础。对专业教育或职业教育与通识教育关系的处理,一种做法是在本科阶段主要进行通识教育,将专业教育和职业教育放在研究生阶段进行,另一种就是将专业教育或职业教育与通识教育同时放在本科阶段进行。我国大学选择后一种做法,而美国的大学则多选择前一种做法。不过,美国的大学虽然在本科阶段一般不提供职业教育或专业教育,强调通识教育,但由于受到职业专门化的压力和就业市场的需求,"本科学位越来越要考虑到未来的专业学位。获得大学学士学位后的职业教育学位,对于原本该是自由无拘地进行智力探究的本科教育阶段提出了很多要求。对于专门职业化的关注和事业成功主义,在本科阶段一开始就产生影响,这严重损害了本科经历的多样化和活力"②。在一个高等教育职能逐渐多样化的时代,虽然高等教育与通识教育的关系已不如历史上曾经有过的那么密切,高等教育与通识教育之间也不能再简单地画等号,但是作为对传统专业教育模式的一种颠覆或补充,通识教育在高等教育中的重

---

① 杨东平.大学二十讲[M].天津:天津人民出版社,2009:230,240.
② 弗兰克·罗德斯.创造未来:美国大学的作用[M].王晓阳,蓝劲松,译.北京:清华大学出版社,2007:41.

要性仍然不容置疑。通识教育不但是高等教育的重要组成部分,也是整个高等教育赖以区别于其他机构所能提供的教育与培训的关键所在。除了通识教育,无论是专业教育、学术教育还是职业教育,社会上都有其他机构可以比大学做得更好,至少是不相上下。唯有通识教育才是高等教育的精髓所在、精华所在。当下虽然整个高等教育全部通识教育化已不可能,但至少在部分国家的部分大学(学院)里,高等教育本身就意味着通识教育仍然是一种普遍遵循的办学理念。

第二节 作为专业教育的高等教育

按专业实施教育是现代高等教育的本质特征,它的基础是学科的高度分化以及社会分工的不断细化。自19世纪以来,无论从教学还是从研究的角度看,以专业化为核心的专业教育都是现代高等教育发展的不竭动力。在知识的内在逻辑之外,现代大学存在的基本理由就是社会对专业人才的需要。为了满足社会对专门人才的需求,高等教育必须实施专业性教育。一般而言,在高等教育中"专业"一词涉及"学业"与"职业"两个领域。学业方面主要是针对学科(知识分类)而言,指高等学校学生的"专门学业"。职业方面是针对社会工作(职业分类)而言,属于社会职业谱系中区别于"普通职业"(trades)的"专门职业"(professions)[①]。高等教育中传统的专业教育主要以"专门学业"为基础,强调学科性或学术性。所谓专业就是有学问的职业,即"学问高深的专业"或"学术性专业"。以"专门职业"为基础的高等教育称之为职业教育(vocational education),强调应用性或实用性,一般不需要高深学问作为基础。今天伴随高等教育领域中"职业教育专业化"的不断推进,专业教育与职业教育之间有时很难区分。比如,医学和法学早期都是职业教育,现在已成为专业教育。

在欧洲,从"15世纪末开始,文学部开始脱离大学成为中等教育层次的文法学校(Grammar School),大学则完全由医学、法学和神学等专业学部构成,主要实施专业教育,培养医师、律师、教师、教会人员和国家官员等专业人才"[②]。19世纪开始,在学科分化过程中,学术性专业不断增多。专业教育

[①] 孟现志.高等教育的专业性[J].教育研究,2009(2):93.
[②] 黄福涛.从自由教育到通识教育——历史与比较的视角[J].复旦教育论坛,2006(4):21.

逐渐成为现代高等教育发展的一种大趋势。当前在高等教育内部,虽然专业教育开始从本科向研究生阶段转移,但在总体上专业教育仍然是高等教育无法回避的现实。在教学方面,失去了对于专业人才的培养,高等教育就有可能失去与社会的联系;在科研方面,失去了专业化的学术教育和科学研究,研究型大学会举步维艰。今天高等教育的专业化训练虽然不是个人生活的必要基础,但是对于现代社会而言,如果高等教育放弃了专业教育,必将导致灾难性的后果。毕竟具备相关专业的高等教育经历对于任何高水平的专业实践都是一个绝对不可缺少的先决条件。

作为专业教育的合法性来源,无论是专门学业(源于知识分类)还是专门职业(源于社会分工)都是一定社会结构的产物。专门学业的形成或学业分类形式作为"最初的分类形式","实际上是社会结构混合后的产物,因为正是社会结构在组织教学机构,尤其是通过学科和专业的划分来组织教学机构,此外,社会结构本身也与社会空间的结构存在着对应的关系"[①]。专业教育作为连接高深学问与社会需要之间的中介体不完全是学科逻辑的产物,因为大学的学科本身也是社会的产物,没有社会的承认学科就没有存在的合法性。正是社会领域连续不断的分工才使得知识的分类以及社会上的职业分化与高等教育系统中的专门学业之间逐渐一致。社会分工和社会需求像一架飞转的机器,不断地将社会和知识类别转化为学业类别,同时也将专门职业转化为专门学业。由于学科制度化、学术专业化的需要,现代大学按照学科和专业的类别被分成许多系科。这些专业化的系科与不同的社会需求和不同的职业分类大致对应,彼此间以条块分割的模式存在,专业之间壁垒森严。"问题不在于所有的领域中知识的迅速积累引起一定程度的专业化,而在于专业化的另一个根源,它不是源于知识的内在发展规律,而是来自现代大学中特殊的组织结构。"[②]由于学术领域和教育职能的过度专

---

① 布尔迪厄.国家精英:名牌大学与群体精神[M].杨亚平,译.北京:商务印书馆,2004:53.
② 刘易斯·科塞.理念人:一项社会学的考察[M].郭方,等译.北京:中央编译出版社,2001:311.

化,不同学科和专业的教师和学生把自己的忠诚投给了赖以寄身的系科、同事或者专业协会而不是大学。其结果是,专业教育虽然给高等教育带来了不竭的动力,但也破坏了高等教育的整体性和同一性,削弱了通识教育的可能性。"正如学生选择学科,学科也选择学生,而且它们在选择学生的同时,还向他们强制推行关于学科的,关于职业生涯的,以及关于他们自身能力的感知范畴;因此,学科在选择学生的同时,还使学生有了一种默契的意识——在不同类别的学科,或者从事这些学科的不同方式(理论的或经验的),与学生自己在学业方面建构起来的或者奉献出来的能力之间的彼此默契意识。"[1]这种对于自身所属学科、专业自我认同的期望不可避免地破坏了大学的统一性和教育的整合性,同时也加重了跨学科研究与教学的困难。因为,"无论是个人的专业化、群体的专业化还是机构的专业化,都不仅仅是与非常专门的工作有关的技能和能力的提高。它也是与其他工作相关的能力的丧失"[2]。

　　按劳动分工和知识分类来处理大学的学术研究和人才培养是高等教育发展的一种趋势。"大学根据学术专业分类来组织,每个学系都是一个全体教师的专业知识的集合,原则上讲,它有决定在本领域为本校学生提供什么教育的绝对控制权。任何系都不能侵入他人领地,尽管学生的专业和课程选择决定着学生注册的分布,学系也不得重复开设其他系已经开设的课程。在提供课程方面,各系要么是独立的,要么是互补的。理想情况下,各系的排他性避免了教师岗位和课程设置的重复。"[3]在这种体制下,有多少种专业,就会有多少种专业教师,大学就要相应地被分解成多少系科和专业。今天的大学里,每一个系科都是大学内部特定学科或专业的组织载体。在学

---

[1] 布尔迪厄.国家精英:名牌大学与群体精神[M].杨亚平,译.北京:商务印书馆,2004:32.
[2] 巴里·巴恩斯.局外人看科学[M].鲁旭东,译.北京:东方出版社,2001:34.
[3] 弗雷德里克·博德斯顿.管理今日大学:为了活力、变革与卓越之战略[M].王春春,赵炬明,译.桂林:广西师范大学出版社,2006:60.

术自治与学术自由理念的保护下,大学里的专业系科往往结成自治的学术共同体和经济共同体。在专业共同体内部,一方面通过专业教育培养学生的谋生技能以满足社会上相关职业的需要,另一方面也通过科研训练以培养本专业的从业者,延续并不断强化专业共同体的规模和影响。用伯顿·克拉克的话来讲,如今的大学"专业化趋势占尽优势"。"对于这样的现实,我们既不应感到惋惜,也不应感到遗憾。因为各种职业本身的性质要求专业化,大学为其服务对象提供的广泛服务也要求专业化。"①由于对学术专门化和专业教育的高度重视,如今的大学里专业学院和研究生院的声望越来越高。高度分化的专业教育不仅出现在职业性学科,还出现在学术性学科。通过学术的专业化和职业的专门化,大学从政府和社会上得到了丰厚的回报。通过获得更多资助,大学不但扩大了办学的规模,而且逐渐从社会的边缘走向中心。专业化或专业教育的过度强化对于高等教育同样有负面影响,最为突出的表现就是削弱了通识教育的可能性。

由于越来越多的职业趋于专门化,大学越来越喜欢传播专业知识和进行专业教育,越来越多的大学面临沦为职业培训机构的危险,越来越多受过大学教育的人却缺乏教养。"任何好处都是有代价的。专业教育的巨大发展和自由教育的专业化发展对大学有以下这样几种影响。专业化(professionalism)转变了学生的兴趣。他们不是为了教育本身的教育,而是为了找到好工作。25 年前学生将'发展系统的生活哲学'视为最高的学习目标。如今为了'找到好工作'和'取得事业上的成功'则是这一代大学生中大部分人的目标。"②专业性是现代高等教育的显著特征,但大学存在的价值绝不限于专业人才的培养或者是职业技能的训练。"专业知识为他们奠定起

---

① 弗兰克·罗德斯.创造未来:美国大学的作用[M].王晓阳,蓝劲松,译.北京:清华大学出版社,2007:38.
② 弗兰克·罗德斯.创造未来:美国大学的作用[M].王晓阳,蓝劲松,译.北京:清华大学出版社,2007:40.

步的基础,而文化则像哲学和艺术一样将他们引向深奥高远之境。"①现代高等教育发展中,围绕时间分配和课程安排,在以专业知识传授为主的专业教育和以文化熏陶为主的通识教育之间不可避免地存在紧张关系。"专业化会导致私人化或非政治化,使智能退出宽广的领域而局限于狭小的学科。"②当然,鲁莽地将二者对立起来也肯定是错误的。专业教育可以教给学生谋生的技能,通识教育可以教给学生生活的意义。没有通识教育的专业教育不可能完美,纯粹的专业人士会放弃对于公共事务的关心;没有专业教育的通识教育也不会令人满意,仅有对文化的高度热爱而没有一技之长既不符合现代社会的需要也不符合大学教育的理想。理想的大学或真正的高等教育必须既能教会学生专门知识,帮助学生毕业之后出色地完成自己的工作任务,又保留学生向其他方向发展的可能。

总之,虽然有许多批评,也面临着转型,但目前专业教育仍然是高等教育的本质特征。在社会分工和知识分类越来越细化的今天,高等教育已不可能回到培养培根式人物的时代。为了满足社会的需要,高等教育已不可能只将其合法性建基于认识论哲学。在政治论哲学的指导下,专业教育是一个必需的选项。当前高等教育改革的大潮中,虽然将高等教育等同于专业教育的时代已经过去,但是作为高等教育的一种理想类型,专业教育在世界上很多国家都依然有其现实价值和旺盛的生命力。专业教育或专业性仍然是高等教育区别于其他教育形式的显著特征,各国的高等教育改革都只能是完善专业教育而不可能是废除专业教育。

---

① 怀特海.教育的目的[M].徐汝舟,译.北京:生活·读书·新知三联书店,2002:1.
② 拉塞尔·雅各比.最后的知识分子[M].洪洁,译.南京:江苏人民出版社,2002:129.

第三节　作为学术教育的高等教育

大学里职业性学院和学术性学院间一直存在着紧张关系。早期的大学无论是教师型大学还是学生型大学都可以看作是一个职业教育者的联盟。正如科班指出的:"中世纪大学在很大程度上是职业性学校。它们训练学生掌握一定的知识,以为以后从事法律、医学、教学这些世俗专业或献身教会工作所用。"[1]在世俗者看来,中世纪大学建立的目的就是要为社会提供受过训练的医生、律师和牧师。学生在大学里接受相应系科的教育是在社会上获得这些职业执业资格的一个重要方面。西方最早的大学——萨莱诺大学最初就是一个单科的医学院,致力于医学方面的职业教育,并可据此获得行医资格。稍后,博洛尼亚大学建立,才开始致力于建立更加广泛的学科领域。待到巴黎大学出现,最终奠定了以文、法、神、医四科为核心的大学组织架构。在以巴黎大学为模式的中世纪大学里,以"自由七艺"为核心的文科学院与以培养律师、医生、牧师为主的职业学院之间一直保持一种微妙的平衡。一方面文学院的"自由七艺"是进入职业学院接受专门教育的基础,对于学者而言,这些学科拥有其他学科所不具备的永恒价值;另一方面根据政府的关切程度,法、医、神三科属于大学的高等学科,文科则属于低等学科。低等学科交给学者自己,高等学科则被政府控制。如康德所言:"在一个大学里也必须设立这样一个部门,即必须要有哲学系。对于三个高等系科来说,它的作用在于可以控制它们,并且因此而对它们有用,因为一切都取决于真理(这是学术的本质性和第一位的条件);而高等系科对于政府的职责

---

[1] 伯顿·克拉克.高等教育系统——学术组织的跨国研究[M].王承绪,等译.杭州:杭州大学出版社,1994:20.

所承诺的那种有用性,只是一个处于第二位的环节。……哲学系仅仅要求自由,但也让其他系科自由,它仅仅致力于为了各门科学的利益而寻求真理,并把这真理交给高等系科作各种运用,哲学系的这种素朴性无疑必须作为不可缺少的东西推荐给政府。"① 文艺复兴之后,大学的职业教育倾向逐渐被人文教育所取代。随着人文教育的不断加强,大学逐渐由一个职业教育者的联盟转变成一个由绅士和学者组成的行会。这种情况在英国最为明显。19 世纪以后,随着以柏林大学为代表的近代大学的兴起,大学又逐渐从人文学者的行会转变为一个科学家的共同体。此时,大学的本质也从职业教育和理智教育转向为发展纯学术。19 世纪中期以后,德国大学重视科研的传统在美国被发扬光大,随着研究生院在美国大学普遍建立,研究型大学最终成为世界大学的典范。通过对大学从职业性向学术性转变的历程分析可以看出,学术教育虽然不是大学固有的,但却是现代大学所不可缺少的。失去了学术教育,今天的大学就不能称之为大学。大学的"立身之根本在于探究深邃博大之学术,并使之用于精神和道德的教育。学术虽非为此而设,但确为适当之材料"。大学教育的目的就是"使学生的心灵会自然地投入到学术之中",大学教育必须避免造成学生"未及学业结束便沉溺于实际营生活动"或只是"追逐一星半点的知识,毫无高远的学术追求"。②

高等教育的历史上,学术教育源于 19 世纪初的柏林大学。在洪堡教学与科研相统一理念的指引下,学术教育第一次出现在大学里。所谓学术教育,也可以称之为学术专业教育,即将学生的培养与科研训练紧密结合。科研既是教育学生的一种手段也是教育的目的。大学教育的目的是培养学者而不再是教师、医生或牧师。19 世纪以前,大学的功能主要是传播知识,对于学生没有学术训练。学生接受高等教育的目的大多是为了成为教师、医生或牧师而不是学者。近代大学兴起以后,大学对于学者的培养逐渐取代

---

① 伊曼努尔·康德.论教育学[M].赵鹏,何兆武,译.上海:上海人民出版社,2005:69-70.
② 杨东平.大学二十讲[M].天津:天津人民出版社,2009:30,34.

了对于教师、医生和牧师的培养。学术不但成了高等教育的内容、方法,也成了教育的目的。"大学包括了所有的科学,并通过研究和了解的工作,而抓住一切的事实和结构,让各种学术研讨得以多方面地发展,大学的内在精神是以通过每一个研究者及学者所表现出来的哲思活动为标志。"①此后,大学不再仅仅是一个教学机构,培养学者或科学家成了高等教育的重中之重。伯特兰·罗素就指出,"大学乃是为了两个目的而存在:一方面,为某些职业训练人才;另一方面,从事与眼前用途无关的学术研究。"二者相较,他主张大学应该重视纯学术的发展,避免变成职业训练学院。如他所言:"我认为无偏见的学术非常重要,并且我希望看到它在院校生活中的位置不断加强,而不是减弱。"②19 世纪中期以后,德国大学重视科研的理念传到美国。随着约翰·霍普金斯大学和芝加哥大学的建立,美国大学的德国化或大学的研究生院化成为高等教育中的新现象。最终,以德国的研究所大学为基础,美国发展出了研究生院大学,并最终形成了研究型大学的新范式。

在研究型大学范式的主导下,大学的知识论基础由普遍知识和自由知识转向了高深学问。以高深学问作为基础,对于新知识的探究(学术教育)取代了对普遍知识和自由知识的传播(通识教育和专业教育)成为大学的优先功能。作为以高深知识为基础的组织建制,高等教育面对社会需要的压力时,主要是以学术的方式,即高深知识的生产、传播与应用来应对。虽然高等教育结构受社会结构的制约,但其组织内部源于高深知识内在逻辑的独特性仍然十分明显。由于受经典大学理念的影响,精英高等教育的价值取向以知识为中心,无论通识教育、专业教育还是学术教育都是知识内在逻辑的不断扩展。今天由于对科学研究的高度重视,以研究生为主体的学术教育成为整个高等教育的核心,大学的本科教学活动不可避免地受到削弱。"一所大学可以没有本科生而依然屹立,洛克菲勒即为一突出的例子。培养

---

① 杨东平.大学二十讲[M].天津:天津人民出版社,2009:151.
② 杨东平.大学二十讲[M].天津:天津人民出版社,2009:113,114.

哲学博士却是一所大学能够存在的一个基础的必要条件——没有其他条件可以代替，因为培养未来的学者才是大学赖以存在的一种活动。"① 由于科研与教学的平衡被打破，高等教育的性质也开始发生微妙的变化。在通识教育和专业教育基础上，以高深学问为基础的学术教育开始成为高等教育的另一理想类型。"高等教育与中等、初等教育的主要差别在于教材的不同：高等教育研究高深的学问。在某种意义上，所谓'高深'只是程度不同。但在另一种意义上，这种程度在教育体系的上层是如此突出，以致使它成为一种不同的性质。"② 基于学术教育的这种价值观，高等教育的本质就在于传播高深学问，分析批判现存知识，并探索新的学问领域。

高深学问虽为大学所固有，但学术教育在高等教育中的历史却并不长。不过，虽然历史不长，但其对高等教育的影响却极为深远。在很多专业学院里，学术教育成为平衡专业教育的重要内容。比如，法学院同时培养法学家和律师，医学院要培养医学家和医生，神学院要培养神学家和牧师，教育学院既培养教育研究者也培养教师等。高等教育改革中如何平衡学术教育与专业教育之间的关系至关重要。毕竟，"培养一名律师、法官、医生、药剂师、中学拉丁文或历史教师与培养一名法学家、生理学家、文学家等是很不同的，前者是指培养从事具体工作的专业工作者，后者则是指培养从事纯科学的研究工作者。除此以外，社会需要大量的医生、药剂师和教师等，但只需要数量有限的科学家"③。现代大学里符合人人需要的专业教育与只为少数人服务的科学研究活动已完全融合在一起，学术教育与专业教育并行不悖。当前相较于通识教育的复兴、专业教育的改革，学术教育可以说是如日中天。今天评价一所大学优秀与否的最高标准既不是本科生的综合素养，也

---

① 亨利·罗索夫斯基.美国校园文化——学生·教授·管理[M].谢宗仙,等译.济南:山东人民出版社,1996:118.
② 约翰·布鲁贝克.高等教育哲学[M].王承绪,等译.杭州:浙江教育出版社,2002:3.
③ 奥尔托加·加塞特.大学的使命[M].徐小洲,陈军,译.杭州:浙江教育出版社,2001:53.

不是各专业学生的就业率,而是这所大学里的天才学生和大学教师的学术水平。由于一流大学的示范效应,对于学术教育的重视已不局限于研究型大学,通过规范化和模仿等机制的作用,整个高等教育系统中学术教育的优越性越来越明显。"研究大学的博士学位教育在一定程度上影响了全国所有高等院校本科教育的课程设置与教学法。……现在美国高校中的大多数教师都是研究大学培养的。他们的专业技能和指导思想都是在研究大学的环境中培养起来的,而在研究大学里,本科教育是处于次要地位的。于是,这些教师就把他们在研究大学所获得的认识和价值观,带到了他们任教的其他类型院校。"[1]当前学术教育的勃兴对于高等教育发展的利弊还有争论,但学术教育作为高等教育的一种理想类型恐怕是不容置疑。"只要高等教育仍然是正规的组织,它就是控制高深知识和方法的社会机构。它的基本材料在很大程度上构成各民族中比较奥的那部分文化的高深思想和有关技能。""高深的知识材料,处于任何高等教育系统的目的和实质的核心。不仅历史上如此,不同的社会也同样如此。"[2]今天世界各国高等教育的改革千差万别,但加强大学科研,建设世界一流大学和一流学科逐渐成为共同的选择。在科学与高等教育联系日益紧密的今天,在知识经济和知识社会即将到来的明天,现代大学如果要进入知识社会的中心,通过学术教育确保其高深知识生产、传播与应用的中心地位就是不容回避的选择。

---

[1] 葛守勤,周式中.美国州立大学与地方经济发展[M].西安:西北大学出版社,1993:38.
[2] 伯顿·克拉克.高等教育系统——学术组织的跨国研究[M].王承绪,等译.杭州:杭州大学出版社,1994:11,12-13.

第四节　作为职业教育的高等教育

职业教育在高等教育中的地位一直备受争议。中世纪大学主要从事职业教育；稍后近代早期大学排斥职业教育，职业教育转移到专门学院。在近代大学里职业教育虽然有所起色，但当时主要强调学术教育，职业教育由非大学类高等教育机构承担。这方面，英国高等教育的双轨制就是典型代表。第二次世界大战以后，伴随高等教育的大众化与普及化，非大学类高等职业教育以及大学里的职业教育都获得了蓬勃发展。回顾历史，高等教育中的职业教育之所以会经历如此曲折的过程，原因在于：职业教育以社会分工为中心，不可避免地与经典大学理念相冲突，很难获得精英高等教育主流价值观的认可。"一所著名大学可以没有法学院、医学院或商学院而依然是大学。普林斯顿大学就没有这些学院，但却无人怀疑它的水平。"[①]在人类历史上相当长的时期内，大学作为高等教育的基本和主要的组成部分，一直视职业教育为自己的对立面。职业教育只能集中于非大学类的高等教育机构中。作为市场化活动，职业具有以下这些特征：第一，随着所需要的技术变化而变化，因为经济的不同领域中技术和理性化的应用是不平衡的；第二，随着日用品市场和资本市场销售状况的扩张和强化而变化；第三，随着劳动分工组织中的变化而变化，因为扩张的组织需要协调、管理和簿记。[②] 根据职业的上述特性，对于职业教育是否属于大学教育的范畴，一直是众说纷纭。

---

① 亨利·罗索夫斯基.美国校园文化——学生·教授·管理[M].谢宗仙，等译.济南：山东人民出版社，1996：118.
② 莱特·米尔斯.白领：美国的中产阶级[M].周晓虹，译.南京：南京大学出版社，2006：54.

弗莱克斯纳认为:"从历史上看,专业指'学问高深的专业'。……没有学问的专业是不存在的。不含学问的专业——这一说法自相矛盾——只能是各种职业。专业是学术性的,因为它深深扎根于文化和理想主义的土壤。此外,专业的本性来自理智。"①基于此,他认为,法律和医学作为一种专业具有明确的理由列入其中;商业、新闻、家政"学"或图书馆"学"作为一种职业则不能列入。以医学为例,虽然中世纪大学也曾经培养医生,提供过医学方面的专业教育或职业教育,但是近代以来,医学培训主要是学徒制的,除了传授一些很少的治疗和药物知识外,很少有正规的高等教育,大学里没有医学院,也不提供医学专业或培养医生。"20世纪的医学成就是1911年弗莱克斯纳报告(Flexner Report)的直接结果。……弗莱克斯纳不仅建议将所有的医学教育转入大学,而且建议将它和基础研究联系起来,从此为医学的开拓性进步打下了基础。将专业训练与大学结合的模式在其他行业也出现了。在大学内,专业前教育和系统的专业训练联系起来;研究和专业实践也联系起来;个人事业要与公共服务相联系的道德观念也被建立起来。所有这些发展都为公众带来了好处。"②作为高等教育中职业教育的辩护者,怀特海指出:"割裂大学与职业和专业实践的密切联系,从而放过了富于想象力和创造力的行动的机会,那大概是得了精神病。"③杜威也认为:"在对社会必要的和有用的职业中,并无内在的东西把它们分成'学术的'专业一类,和低级的、卑贱的、不自由的职业一类。"他反对"降低职业训练的地位,使其在传授专门技能的特殊学校中实施,从而使其与自由教育完全绝缘",而主张"用一种自由的精神去鼓舞职业教育并使其充满自由的内容"。④ 当前学术性与

---

① 亚伯拉罕·弗莱克斯纳.现代大学论——美英德大学研究[M].徐辉,陈晓菲,译.杭州:浙江教育出版社,2001:23.
② 弗兰克·罗德斯.创造未来:美国大学的作用[M].王晓阳,蓝劲松,等译.北京:清华大学出版社,2007:14.
③ 约翰·布鲁贝克.高等教育哲学[M].王承绪,等译.3版.杭州:浙江教育出版社,2002:27.
④ 杨东平.大学二十讲[M].天津:天津人民出版社,2009:77-78.

职业性的价值观之争已退居次要地位,为了生存和发展,只要有市场的需求,高等教育可以并愿意对任何一个职业进行专业化,并能够迅速开设出相关的专业。"在快速变化的社会、经济和政治世界中,高等教育需要重新定向,本科和研究生教育也表现出一般职业化的趋势。"[1]

职业教育在高等教育领域的兴起与高等教育大众(普及)化浪潮紧密相关。在高等教育大众(普及)化的过程中,越来越多的学生将高等教育仅仅作为毕业后谋职的敲门砖。由于教育对象的变化,精英高等教育的学术价值观面临挑战,职业教育的合法性逐渐确立。"在社会对高学历的大批量需求下,研究生院急速增长,常常发展到了机械地授予博士学位的地步。由于突出强调了既定的系科,系科间在人事和预算方面的障碍扩大了。因为既定目标是培养学院教师,研究生院自然会尽量使学生适应某一专门领域。培养人们满足技术的要求和技能,以立即适应工作之需要——这是整个教育职业化趋势的一部分。"[2]自第二次世界大战以来,伴随着高等教育规模的不断扩大,越来越多的职业性学院在大学里建立起来,越来越多的职业通过专业化过程成为大学里的专业。

大学里职业性学院最终超越学术性学院成为主流,不仅与传统学科与新兴学科不断专业化和职业化有关,而且也是社会分工不断细化、传统行业和新兴行业不断专业化的产物。在高等教育市场化的背景下,主要决定大学专业设置的已不再是学术的力量,而是校外的专业团体和源于职业市场的社会需求。由于市场化的作用,现代大学在学术性与职业性两个维度上齐头并进。一方面高等教育的专业设置从学术性向职业性转移,另一方面高等教育的核心价值观仍然是坚持科学研究和学术教育,二者相得益彰,并行不悖。大学里传统的专业教育大有被职业教育取而代之的危险。如布鲁

---

[1] 大卫·约翰逊.知识经济和新职业主义:高等教育大众化对国际和国家的挑战[J]. UNESCO-UNEVOC 公报,2006(5).
[2] 莱特·米尔斯.白领:美国的中产阶级[M].周晓虹,译.南京:南京大学出版社,2006:101.

姆所言："现代大学已经背弃了培养完善的人这一传统的办学宗旨，很多先前被公认为是重要的和需要了解的事情，如今似乎已经无人问津了。大学在很大程度上已退化成为单纯的职业培训中心。"①受到新职业教育主义的影响，现代大学里知识日益商品化，高等教育日益成为职业培训和技能训练的中心。曾经令传统大学为之自豪的通识教育和学术教育不得不让步于职业教育。"今天，学校中有各种其他的学科，每种都涉及人们普遍感兴趣的题目，而这些题目之间存在着复杂的关系；每个学科也展现出天才们以其丰富的想象力和哲学家的敏锐直觉，在学科发展中所完成的最崇高的业绩。现代生活中几乎每一种职业都是有学问的专业，都需要一种或多种这样的学科作为专门技术的基础。人生短促，而大脑适合学习的那段可塑期则更短。因此，即便所有的孩子都适合学习古典文学艺术，也绝不可能保持这样一种教育制度，即把古典文化学者所受的完美训练作为掌握其他知识学科的必要条件。"②

职业教育在高等教育领域合法化的过程，既与高等教育在社会发展中作用的变化有关，也是专业教育逻辑的自然延伸。"原本以工业产品为基础的职业转变为与知识和信息密切相关的职业。"③随着高等教育不断从精英走向大众，从大众走向普及，高等教育成了从事所有职业的必要条件，职业教育专业化成为一个不可阻挡的趋势。"商业和各种专门职业都正在经历日益提升的合理化的组织过程，以致学校里出现了'商科'（Science of Business），甚至出现了为医生和律师设置的'工商实践'课程。无论是商人还是专业人士都在努力实现其服务的社会机构的合理化，如果达到了这一点，他们就会受人尊敬。他们都努力要使自己被视为或被判定为某个狭窄

---

① 杰弗瑞·戈比.你生命中的休闲[M].康筝,译.昆明:云南人民出版社,2000:312.
② 怀特海.教育的目的[M].徐汝舟,译.北京:生活·读书·新知三联书店,2002:106-107.
③ 诺顿·格布拉,马文·莱泽逊.高馨,译.高等教育中的职业教育主义:教育信条的胜利[J].国际高等教育研究,2007(3):1.

的特定领域的专家。"①事实上,随着高等教育与经济世界的融合,大学里的专业教育如果一直局限于"专门学业"将会导致高等教育大众化过程中大学毕业生的结构性失业。发达国家的经验表明,"大学与职业之间的关系变得越来越模糊,而大学与公司之间的组织单位上的对应关系却越来越明显。大学毕业,不是从'专业教育到专门化的职业',而是从'大学到公司'的移动,这可能会是大多数大学毕业生更实际的感觉"②。因此,高等教育改革和发展过程中学术专业的职业化改造将是大势所趋。

在我国高等教育中通常将"专业"理解为学科的下位概念,并将分支学科直接作为学科下面的专业来设置,以此来进行专业教育和专门人才的培养。如此一来,我国高校中的专业就演变成了分支学科,专业教育就成了专门学业的教育,缺乏与社会分工和社会需求的关联性,从而造成高校人才培养与社会需求之间的脱节。当前在高校毕业生总量大于人才需求的表象之下所掩盖的深层矛盾是我国高等教育中专业教育与职业教育的冲突。高等教育实践中的职业教育与专业教育存在一定的区别,但也不乏相关性。职业划分不完全是社会分工或市场分化的结果,与专业教育一样,各类专门职业划分的逻辑也主要是源于教育体制,高等教育内部的学业分类机制及人才培养功能对于职业的专门化起到了规范性作用。社会上的各种职业之所以能够实现专门化,并被纳入不同的等级体系,"是因为教育体制通过学业称号为它提供了一个通用的标准;作为整个劳动市场普遍需要的入场券,文凭的影响日益扩大,随之而来的是,在通过学业分类严格等级化了的空间里,所有的职业都被纳入了文凭的通用标准,即便对于传统的继承方式来说最不合理、最无人问津的那些职业"③。

需要注意的是,职业教育在高等教育中的复兴绝不意味着大学要成为

---

① 莱特·米尔斯.白领:美国的中产阶级[M].周晓虹,译.南京:南京大学出版社,2006:106.
② 矢野真和.高等教育的经济分析与政策[M].张晓鹏,等译.北京:北京大学出版社,2006:116.
③ 布尔迪厄.国家精英:名牌大学与群体精神[M].杨亚平,译.北京:商务印书馆,2004:216.

职业训练的中心或者职业教育成为高等教育的理想。新职业教育主义之于高等教育的价值主要在于重塑传统的学术教育和专业教育,为高等教育提供一种新的理想类型。作为高等教育主要和基本组成部分的大学不仅需要提供通识教育、专业教育、学术教育,而且要提供职业教育。每一种教育都有其独特的价值,没有优劣之分,没有高下之别。另外,高等教育中职业教育的兴起和高等职业教育的发展壮大也不可同日而语。高等职业教育的发展壮大仍然是职业教育传统发展模式的延续,高等教育中职业教育的兴起则意味着职业教育突破了大学的壁垒,即大学教育职业化或职业教育大学化。在传统的职业教育观念影响下,"专门职业(professionalism)的概念在过去的半个世纪中已有巨大的变化。早期'专业(profession)'的含义是:具备高水平技术能力并能服务于公众重要需求的职业。最典型的特征是:要进入专业行列就必须成为同业协会的一员,并持有由国家颁发的执照。这两个条件确立了专业工作的高水准。在这种安排下,公众准许了专业自治,以换取更高道德层次及专业水平上的信用承诺,和以为公众服务为己任的责任感"[1]。今天在高等教育中通过对职业的专业化改造,职业教育与专业教育、学术教育、通识教育并行不悖,相互融合,相互促进,最终"职业的理想境界不应仅限于成为一个合格的技术专家。比较合适的目标应该是专业上的权威同谦虚、仁慈、幽默的结合。我要求我们的律师和医生能够理解痛苦、爱情、笑声、死亡、宗教信仰、公正和科学的局限。这些品质较之知道许多新药或受理上诉的法庭的最新判决要重要得多"[2]。由此观之,高等教育中的职业教育的理想境界既是对职业教育的升华,也可能意味着传统职业教育的消亡。高等教育中职业教育存在的合法性基础是现代社会不断细化

---

[1] 弗兰克·罗德斯.创造未来:美国大学的作用[M].王晓阳,蓝劲松,等译.北京:清华大学出版社,2007:39.
[2] 亨利·罗索夫斯基.美国校园文化——学生·教授·管理[M].谢宗仙,等译.济南:山东人民出版社,1996:97.

的社会分工和职业分类,大学教育职业化的优势在于可以综合职业教育、专业教育、通识教育与学术教育的共同优点以培养适合社会需要的人才。未来随着信息技术的发展,高等教育中无论是知识分类的观念还是职业分类的观念都将面临挑战。"工作的未来是认识,身份的未来是参与,未来的观念也许是角色的观念,而不是职业分工的观念。"①目前在高等教育领域中专业分工和知识分类的观念依然存在,但是在高等教育之外的职场上,职业和专业转换的速度却正在加快。希望通过接受高等教育获得某一职业永久从业资格的可能性正在不断丧失。即将到来的下一个社会,专门职业正在让位于角色扮演。作为庞大组织中的一个角色而不是一个职员,了解该机构总体的运作模式,越来越必不可少。如何通过对通识教育、专业教育、学术教育和职业教育的整合,从培养能够满足局部需要的专业人才或职业人才,走向培养全面参与的"重要角色",将是未来高等教育的一大挑战。

总之,从中世纪至今,以大学作为主要组织形式,高等教育衍生出不同的发展模式,并最终形成不同的理想类型,即通识教育、专业教育、学术教育和职业教育。作为理想类型,无论是通识教育与专业教育,还是学术教育和职业教育,都是从一定角度对高等教育现实中某类成分的抽象。现实中不存在某种纯粹的、理想性质的高等教育,而只有不同理想类型的高等教育。作为分析问题的工具而不是规范性的概念,理想类型的分析方法不但有利于厘清高等教育的复杂性,而且可以为当前高等教育的改革提供针对性建议。

---

① 马歇尔·麦克卢汉.麦克卢汉如是说:理解我[M].何道宽,译.北京:中国人民大学出版社,2006:55.

第三章
高等教育是否需要高等教育学

对"高等教育是否需要高等教育学"的肯定回答是高等教育学获得学科合法性的基础。如果说在高等教育学创始之前,对"高等教育是否需要高等教育学"的讨论对于学科的建立会有启蒙之功,那么在高等教育学作为学科已经存在了几十年的中国,旧话重提,则反映了高等教育学发展中可能存在某种危机。当然,对于一个学科的发展而言,合法性的获得原本就不可能一劳永逸,合法性危机与合法化将一直伴随着学科的发展进程。危机之后若无新的合法性来源注入将会导致学科的消亡,相反,一旦新的合法化进程成功化解了合法性危机,则须味着学科的再生,或谓之"再学科化"[①]。基于此,当下重新讨论"高等教育是否需要高等教育学"就意味着高等教育学在发展过程中遭遇了合法性危机,亟须为学科承认而"斗争"。

---

① 张应强.高等教育学的学科范式冲突与超越之路——兼谈高等教育学的再学科化问题[J].教育研究,2014(12).

第一节　高等教育研究的中国模式和美国模式

20世纪70年代,布鲁贝克在《高等教育哲学》中提出"高等教育是否需要高等教育学"的问题①,并用专章围绕"深奥的教材如何选择,教材应有怎样的结构和组织,学习的动机应如何形成,学习成绩如何评价"等一系列问题,具体而深入地阐述了"高等教育学"(pedagogy of higher education)的知识体系②。对于"高等教育是否需要高等教育学"这一问题,布鲁贝克从学理层面上给出了肯定的回答,但实践中,在美国大学里高等教育学并没有能够成为一门学科而是长期作为一个多学科研究领域而存在。布鲁贝克首倡"高等教育学"14年之后,伯顿·克拉克和盖伊·尼夫主编的《高等教育百科全书》在论及"高等教育的学科视角"时也专门列出了"高等教育学"(higher education studies)③,但这仍然无法改变在美国大学里高等教育研究至今只是一个研究领域而不是学科的事实。

对于高等教育学在美国的遭遇,大致可从两个层面来看:在学科理智层面上,从布鲁贝克到托尼·比彻,还有考雷、米利特、博文、德雷斯和梅休等,很多学者都倾向于建构一种作为知识体系的"高等教育学"④。然而,在学科制度层面上,高等教育学作为一门学科在美国一直无法被大学的系科建制所接纳,更无法得到学科共同体内部以及社会的广泛承认。由此观之,对于"布鲁贝克之问"(高等教育是否需要高等教育学),美国的答案似乎是高等

---

① 布鲁贝克.高等教育哲学[M].王承绪,等译.杭州:浙江教育出版社,2002:12.
② 布鲁贝克.高等教育哲学[M].王承绪,等译.杭州:浙江教育出版社,2002:101-109.
③ Tony Becher. Disciplinary perspectives on higher education[M]//Clark B. R., Neave, G. R. The encyclopedia of higher education. Oxford:Pergamon Press,1992:1763-1976.
④ 卡梅伦·芬彻.赵炬明,译.美国高等教育著作的变化[J].复旦教育论坛,2003(6):67.

教育既需要高等教育学(在学科理智层面)又不需要高等教育学(在学科制度层面)。高等教育学在美国大学里呈现出的这种矛盾的境况或"学科与领域之争",经常给人以错觉,即美国高等教育的繁荣似乎与高等教育学的缺位并行不悖。但事实绝非如此简单。

虽然高等教育的实践运作与高等教育研究的理论进展不完全一致——毕竟,"科学研究不等于实际操作。就像日本的经济很好,可是经济学很一般;而印度的经济不发达,可是经济学研究在一些领域却很先进"①。不过,与日本、印度之类的国家相比,美国之所以是世界第一的强国,就在于可以保持"科学研究"和"实践运作"间的均衡。比如,美国的经济很强,经济学也很强;而不是像日本那样,经济很好,经济学很一般;也不会像印度那样,经济学在一些领域很先进,经济却不发达。在高等教育领域,美国既是高等教育强国也是高等教育研究强国绝不是偶然的巧合,而是有其内在的一致性。在美国高等教育繁荣的背后,制度性的高等教育学是不存在的,但作为知识体系的高等教育学却从未缺席,甚至可以说高度繁荣。世界范围内那些著名的高等教育研究者大多在美国的大学任教,经典的高等教育著作也多出自那里。只是基于学术的传统或学科制度的"惯习",甚至只是语言的习惯,美国的大学里一般不会在制度的意义上将"高等教育学"称之为"学科"罢了。

中国的学科制度与美国不同。高等教育学在中国的发展路径也与美国迥异。与布鲁贝克在《高等教育哲学》中首倡"高等教育学"的同一年,潘懋元先生也在中国第一个提出了要创立"高等教育学"②。布鲁贝克提出"高等教育是否需要高等教育学"这一问题时,美国的高等教育正在经历学术界"大为不满"的"冬天";而就在同一年,当潘懋元先生呼吁创建"高等教育学"时,中国的高等教育则刚刚经历了漫长的"多事之秋",即将迎来"生机勃勃"

---

① 钱颖一.大学的改革(第一卷·学校篇)[M].北京:中信出版社,2016:286.
② 厦门大学高等教育科学研究室.必须开展高等教育的理论研究——建立高等教育学科刍议[J].厦门大学学报(哲学社会科学版),1978(4):1-9.

的"春天"。无论是美国高等教育发展的"冬天"还是中国高等教育改革的"春天",两者的共同点是:"高等教育学"作为一个学科名词被提及或创立时都恰逢高等教育转型发展之时,都是为了解决高等教育实践中大量涌现的现实问题。无论是在中国还是在美国,都是由学者从实践出发,凭借自身的学术敏感,并基于知识分工和社会分工的需要,发出学科建设的倡议。但现代大学中学科的创立绝非学者的个人行为可以单独决定,而更多是一种制度化进程。

就高等教育学的创立而言,基于学科理智的、作为一种知识体系的高等教育学最终能否转化为作为一种制度性存在的高等教育学,就与不同国家的不同大学制度、学科制度及最终的国家知识生产制度密切相关,而不是由学者个人的学术趣味或偏好所决定。在高深知识生产制度的谱系上,美国大学继承了欧洲大学的传统,学科分类及其制度由学术共同体决定,大学的学院设置以及学院内部的系科设置相对固定,政府无权干预大学内部的知识分类与学科制度化进程。在美国的大学里,学科制度化有着严苛的学术标准和强制性的承认程序,大学的学术建制并不以学科身份作为必要条件。相反,根据学术自由的一般原则,很多知识领域或学术分支也无须成为制度意义上的学科,同样也可以在大学里获得相应的组织建制以及经费支持,可以选择在既有知识分类框架下,以研究领域(a field of study)或专业(major or program)的形式持续存在并蓬勃发展。高等教育学在美国的经历便是如此。起初也有学者试图将作为知识体系的高等教育学建制成制度意义上的独立的学术性学科(academic discipline),但碍于学科制度本身的压力,那些高等教育学科的创始人,稍做努力后就主动放弃了这种不切实际的企图,不再为高等教育学的学科承认而"斗争"。最终,高等教育学在美国的大学里没有能够成为一个制度意义上的学术性学科,而是被默认为一个多学科的研究领域和可以培养研究生的专业,但这并未影响美国高等教育研究的繁荣以及作为知识体系的高等教育学在美国大学里的存续。

与美国学术共同体取向的学科制度不同,中国的大学制度与学科制度一直由政府所主导,行政权力而非学术传统一直在左右着学科的分级分类与高深知识的生产与管理。在计划教育体制的主导之下,政府习惯于通过学科专业目录的制订及修订来实现对于高深知识的治理,大学里高深知识的生产、传播与应用都要基于官方发布的学科专业目录,能否进入目录遂成为高校学科建设工作得以展开的前提。1983年3月,国务院学位委员会第四次会议决定公布试行《高等学校和科研机构授予博士和硕士学位的学科专业目录(试行草案)》。得益于改革开放后我国高等教育领域百废待兴以及政府对发展高等教育的高度重视,高等教育学作为教育学一级学科下面的二级学科被正式列入目录。由此,高等教育学凭借学科专业目录的"行政合法性"在大学里获得了应有的制度空间和资源配置,部分大学高等教育研究机构的建立还得到了教育部的批准。20世纪80年代以来,凭借教育学二级学科的合法身份,并根据高等教育实践发展的需要,在我国大学里,高等教育学迅速展开了学科制度化的进程:创办了专业期刊,组建了专业学会,开设了专业课程,招收了硕、博士研究生,并授予了相应的学位。改革开放40年来,伴随高等教育自身的大改革、大发展与大提高,高等教育学作为一门学科在我国大学里实现了迅速的扩张,乃至成为教育学门下的"显学"。但值得注意的是,截至目前,我国大学里高等教育学的繁荣主要还是表现在制度层面或建制层面的繁荣,即高等教育研究机构、研究人员、研究生以及学位点的数量不断增多,学科规模愈来愈大。而在研究机构的规模和人员、论文的数量快速扩张的背后,高等教育研究的质量或学科建设水平并未能实现同步的提高,高等教育学作为一门学科对于高等教育领域专业知识生产的贡献也并不尽如人意。高等教育学学科建设赖以凭借的学术资源仍主要是国外的相关研究成果。[①]

---

① 高耀明,周小晓.高等教育学专业核心知识研究领域的构建——以研究生必读书目为例[J].高等教育研究,2015(2):27-33。

第二节 重新理解高等教育与高等教育学的关系

2011年国务院学位委员会第二十八次会议审议批准了新修订的《学位授予和人才培养学科目录》，在新的目录中仅仅对"学科门类"和"一级学科"进行了规范，废止了"二级学科"的提法。此外，教育部学位与研究生教育发展中心按照教育部和国务院学位委员会颁布的《学位授予和人才培养学科目录》组织的学科评估也在不断强化"一级学科的整体水平"。近年来，我国的高等教育学学科发展开始面临某种合法性危机。2016年以来，为推进世界一流大学和一流学科建设，又有不少研究型大学纷纷撤并以高等教育研究为主的教育类系科。在不少高等教育研究者看来，高等教育学的学科合法性危机似乎大有蔓延之势，不少人对于"高等教育是否需要高等教育学"甚至产生了疑问。

怀疑者的理由或证据不外乎两点：第一，高等教育的历史悠久，高等教育学却很年轻。从历史来看，高等教育的存在和发展并不必然需要高等教育学。很多国家、很多时期、很多国家的很多时期都没有高等教育学存在，但高等教育实践依然很繁荣。第二，作为人类认识世界的一种独特范式，当前的学科制度本身也不具有普适性或永恒性。人类社会实践中存在各种各样的具体问题，每一种问题背后都会有理性的思考和人类的智慧在积淀，但并非所有的高深知识都要以学科的建制来呈现。以此为据，有人认为，关于高等教育的研究也完全可由其他学科或多学科的研究来承担，未必需要一门独立的高等教育学来专门研究高等教育，更何况高等教育学本身也不足以胜任关于高等教育的研究。

上述关于高等教育学的历史主义和制度主义的质疑有其一定合理性，

但也有可商榷之处。一方面,虽然现代大学里的学科制度是特殊的,但作为知识分类(体系)的学科或科目却自古就有;不同时代、不同国家有不同的学科制度,但很少有哪一个时代,也不会有哪一个国家的知识体系不分科。另一方面,虽然我国高等教育学的建立曾得益于特殊的学科专业制度,但也不能因为我国学科专业制度本身的特殊性而否认高等教育学自身可能的合理性。说到底,高深知识的生产,包括与之对应的大学制度和学科制度,既无法超越时代,也无法超越国家。对于"高等教育是否需要高等教育学"的问题,既不能因为国外没有高等教育学就否认国内高等教育学科存在的合理性,也不能因为过去没有高等教育学就否认现在建设高等教育学的必要性。面对学科发展危机,简单否认高等教育学之于高等教育的重要性与必要性无异于"饮鸩止渴"。学科作为高深知识生产的范式,属于人为建构。对于知识生产的学科范式自然无须迷信,但也不可简单否定或盲目排斥。田浦武雄认为,"对教育进行学术研究并综合成一个理论体系,这就是教育学"[①]。以此类比,高等教育学即意味着对高等教育进行学术研究,并综合成为一个理论体系。在此意义上,无论如何,无论何时何地,高等教育都需要高等教育学,因为高等教育实践的发展永远需要高等教育理论的指导。因此,真正需要讨论的是,高等教育需要何种高等教育学,以及在何种意义上需要高等教育学。

基于学科理智与学科制度的双重结构进行历史性考察[②],人类知识体系中很多学科都是"古老而年轻的",即作为一种知识或知识体系,很多学科的历史都是古老的;但作为一种制度形态,很多学科的存在又是短暂的。高等教育学也不例外。在知识的维度上,高等教育学与高等教育实践具有同步性。自人类的高等教育实践萌芽,作为知识形态的高等教育学便同步产生,只是存在有无命名、是否引起人们关注的差别而已。今天之所以会有学者

[①] 瞿葆奎.教育与教育学[M].北京:人民教育出版社,1993:320.
[②] 方文.学科制度和社会认同[M].北京:中国人民大学出版社,2008:11.

认为,古代或过去没有高等教育学,抑或国外没有高等教育学,这完全是因为我们在用今天我们已有的高等教育学的概念或制度范式去评价古代(过去)或国外的知识分类体系。其结果是,由于学科制度特殊性的遮蔽,以及学科分类和命名的国别差异,"高等教育学"总是被当作一个中国特色的"学科",似乎属于"异类"或"异数"。还有观念认为,在古代(过去)或在国外,即便没有高等教育学的存在也丝毫不影响高等教育的发展。事实远非如此简单。

如前所述,学科的存在有两种不同的形态:一种是作为一种知识体系,广泛地存在于学者共同体当中,可称之为"无形的学科";另一种是作为一种组织建制,边界明确地存在于大学的学院或学院内部的系科当中,可称之为"有形的学科"。金耀基在分析儒学与东亚经济发展时曾区分了"制度性儒学"和"社会性儒学"。制度性儒学"是一种极复杂而精微的混合物,其中包括国家的统治意理、一整套战略性的制度,如以儒学经学为本的士大夫的身份集团、科举制度,特别是皇权官僚主义"。而社会性儒学"并不是一种严格的信仰体系。可以说它是一组指导社会行为的原则,以用来指导人们处理家庭及家庭外部的社会关系"。[①]"时至今日,虽然'制度化儒学'早已寿终正寝了,但儒家伦理和价值仍不失为一种活生生的文化势力。"[②]借鉴金先生对于儒学的分析,中国的高等教育学可谓"制度化的高等教育学",是一种"有形的学科";相较之下,在美国及其他发达国家,他们的高等教育学更多的是一种"无形的学科",属于"社会性的高等教育学"。

当前在以美国为代表的高等教育强国虽然没有"有形的"作为一种制度存在的高等教育学,甚至没有专门的高等教育研究机构,但这并不意味着在这些国家就没有高等教育研究或高等教育学。恰恰相反,只要这些国家的高等教育在蓬勃发展,这些国家的学术共同体中一定存在某种"无形的"高

---

① 金耀基.中国文明的现代转型[M].广州:广东人民出版社,2016:164-165.
② 金耀基.中国文明的现代转型[M].广州:广东人民出版社,2016:133.

等教育学。虽然实践运作和科学研究并非完全同步,但亦不会相差太远。高等教育实践发展与高等教育理论进展具有内在一致性。当今世界那些高等教育强国也多是高等教育研究的强国就是最好的证据。正是植根于理论与实践的深刻互动,在欧美发达国家,高等教育事务的专业性已是一种常识或共识。在西方,大学自治与学术自由为全社会所公认、所尊重。这种局面的形成就有赖于几个世纪以来各学科的学者在高等教育研究方面大量经典著作的启蒙与教化。以美国高等教育的发展为例,其高等教育管理与决策高度专业化,那些重要的高等教育改革都基于深入的科学研究而非长官意志。无论是历史上哈佛大学的通识教育改革,还是当前斯坦福大学正在推进的"面向2025"的本科教育改革,无不基于大学本身对高等教育本质及其发展趋势的深入研究和深刻理解。

与美国及其他发达国家相比,我国高等教育学的学科制度相对完备;但学科发展水平上,仍只是高等教育研究大国而不是强国,就像我国是高等教育大国而不是强国一样。由于学术积累不够和知识传播有限,在我国,高等教育学作为一门学科在制度层面上的繁荣仍无法掩盖学科本身在专业知识上的贫乏以及影响力的低下这一事实。究其原因,我国高等教育学学科的蓬勃发展或制度化,凭借的主要是学科的"行政合法性"而不是"学术合法性"。现有学科专业制度下,借由外部力量,简单通过行政手段设置的学科,往往存在先天不足的问题,通常无法很好地在制度与知识两个维度间保持平衡。近十几年来,得益于政府部门对于大力发展高等教育的重视,高等教育学的"势力范围"迅速扩展,与高等教育学相关的研究机构、研究课题、研究人员、学位点与研究生招生数量急剧增加。但长期以来,拘泥于教育学二级学科的建制,我国高等教育学的学科观念日益窄化和固化。根据人才培养的逻辑,在现有学科政策下,我国大学里的高等教育学名为学科实为专业,或者说既是学科又是专业。高等教育学的学科建设主要依靠高等教育学专业的研究人员和研究生。学科的队伍越来越窄,但学科的视野反倒越来越窄;大量与高等教育相关的跨学科的研究成果以及研究人员被排除在高等教育学之外。其结果是,作为教育学的二级学科,高等教育学学科本身的专业化程度很难提高,对于高等教育事务专业性的影响不大。一旦失去了政府(学科专业目录)和大学(系科建制)的制度性保护,高等教育学的合法性危机就不可避免。要克服知识与制度层面上的合法性危机,高等教育学在学科观念上必须突破教育学的束缚,在学科立场上必须更具包容性。从真实的实践出发,高等教育学要满足高等教育事务专业性的需要,单单依靠现有高等教育学专业的研究人员和研究生肯定远远不够,高等教育学的发展需要更大的胸怀和视野,要敢于把所有以高等教育为研究对象的学术成果和研究人员吸纳为本学科的"资源",并以此为基础,为高等教育的改革发展实践提供必要的智力支持。

第三节 高等教育的发展需要高等教育学的支撑

无论在经验上还是逻辑上,高等教育都需要高等教育学。高等教育对于高等教育学的需要绝不是"中国特色",而是普遍现象。没有哪个国家发展高等教育事业不需要高等教育理论的指导,也没有哪所大学的进步可以不需要研究它自己。如果说在过去高等教育位于社会边缘,其对于高等教育学的需求尚是零星的、潜在的、小规模的;那么现在以及将来高等教育成为社会发展的"轴心机构",其对于高等教育学的需求将会是系统的、制度化的、大规模的。换言之,如果说在过去高等教育对于高等教育学只是一般的"需要",那么在目前以及将来高等教育学对于高等教育的发展将成为某种"必需"。究其根本,高等教育规模的变化以及由于规模变化所带来的高等教育性质的变化,使得高等教育事务的复杂性和专业性不断提升,唯有通过对具体高等教育问题的科学研究方能成功应对。

历史上,在精英化阶段高等教育机构以大学为主体,存在较高的同质性;大学内部的组织结构及其人员构成相对简单、规模较小。教学是大学最主要的任务,研究工作服务于教学。此时,大学或许真的可以什么都研究就是不研究它自己,因为仅凭常识或传统就足以维持大学的正常运转。在此阶段,高等教育学隐蔽于高等教育活动之后,是大学以及大学人生活的一部分,亦可称之为"民间高等教育学"或"社会性高等教育学",此时无须专门的机构、专门的人员或系科建制,亦无专门的相关研究或相关研究亦无专业性。伴随高等教育从精英向大众化以及普及化的快速转变,高等教育系统的所有方面都变得复杂起来。要维持一个巨型大学或一个庞大的高等教育系统的有效运转,仅凭源于传统大学的常识已经远远不够,增强高等教育事务的专业性、寻找高等教育决策的科学依据不可避免地要被提到高等教育议事日程的顶端。此时，为了满足高等教育事务专业性的社会需要，以及科学决策的政治需要，依据知识分工和学术专业化的一般原则，以高等教育为专门研究对象、作为一门学科和科学的高等教育学就成为"必需"。毕竟，今天高等教育已经太重要了，未来还会更加重要，高等教育的发展绝不能再交给运气或命运，而只能依靠深谙高等教育原理的专业人士。当然，同样因为高等教育太重要了，关于高等教育的科学研究也不可能仅仅交给高等教育学这一门学科。为了高等教育自身的健康发展，也为了学生能够获得真正的高等教育，以高等教育学为知识和制度平台，汇聚融合多学科的知识和方法仍是探究高等教育原理的不二选择。

总之，"高等教育是否需要高等教育学"，理论上涉及三个相互关联的问题，即何种高等教育需要高等教育学？高等教育需要何种高等教育学？以及高等教育在何种意义上需要高等教育学？以知识性和制度性作为学科的分析框架，高等教育的发展需要高等教育学的支撑是肯定的。在高等教育日益普及化、愈发重要的今天，高等教育学之于高等教育甚至将成为某种"必需"。不过，高等教育的发展"必需"高等教育学并不意味着高等教育学可以垄断关于高等教育的研究。对于高等教育原理的探究或关于高等教育的科学研究仍需要汇聚融合多学科的知识与方法。此外，高等教育学的学科发展还要从实践出发，通过为高等教育改革发展提供智力支持和思想资源以实现学科存在的价值，并通过专业知识的生产、传播与应用为赢得更广泛的学科承认而努力。

第四章
论高等教育的教育学

近年来,由于学科建设的需要,高等教育学与教育学的关系不断被讨论①。在教育学的诸多分支学科中,从没有哪个分支学科与母学科的关系像高等教育学与教育学的关系那样"剪不断,理还乱"。无论在国内还是在国外,也无论是作为一般意义上的学科还是作为中国特色的一级学科,教育学与高等教育学间的关系都非常复杂。从学术渊源上讲,教育学中包含有高等教育学的基因,早期很多教育学者也都曾探讨过大学的问题。不过,在学科的归属上,高等教育学虽然属于教育学,但由于种种原因,长期以来教育学科的学者并不从事高等教育研究,高等教育学在教育学的组织建制(教育系或教育学院)内也一直没有得到成长的机会和发展的空间。某种意义上,高等教育学(研究)更像是一个在教育学以外的其他学科的共同支持下发展起来的"公共研究领域"。作为学术研究的公共领域,在世界各国大学的不同系科里,零星存在着多种制度化或半制度化的高等教育学(研究)形态。从早期的大学史研究,到后来的院校研究,再到今天为了满足高等教育管理职业化而兴起的专业性的高等教育研究,高等教育学一直游离于传统教育学的学科视野之外。也正因如此,可以说高等教育学(研究)不是从教育学

---

① 参见王建华.论高等教育学与教育学的关系[J].教育研究,2004(8).张应强,郭卉.论高等教育学的学科定位[J].教育研究,2010(1).李均.作为一级学科的高等教育学——基于学科政策与学科历史的视角[J].高等教育研究,2011(11).王建华.教育学:学科门类还是一级学科?[J].复旦教育论坛,2012(2).王建华.高等教育学的三重境界[J].江苏高教,2012(6).

中自然分化出来的,而是在其学科制度化初步完成以后,才被教育学接纳或被接纳为一个分支学科的。

基于上述情况,在以往关于高等教育学与教育学关系的讨论中,多数的高等教育研究者通常都会着重强调高等教育学科的相对独立性以及高等教育相对于普通教育的特殊性,注重多学科框架或跨学科方法对于解决或解释高等教育问题的有效性。但事实上,就像不能仅仅"就教育谈教育",也不能"不就教育谈教育";高等教育太重要,既不能完全交给教育学进行研究,也不能完全忽视教育学进行研究。与此同理,传统的教育学忽视对高等教育特殊性的研究固然不对,但是高等教育学若忽视了高等教育本身的教育属性,忽视了教育学的视角对于高等教育研究中教育理论建构的积极意义,同样也将不利于高等教育学(研究)的成熟。毕竟一方面,高等教育学的建立丰富了教育学科的内涵,充实了教育学的研究对象,高等教育研究成果的融入有利于建构更加完善的教育理论体系;但另一方面,高等教育研究中也必须要注意积极接纳和吸收教育思想和教育理论的精华。借鉴涂又光先生教育哲学研究中的本体论思想,"教育自身"才是高等教育之本,其他学科对高等教育的研究关注的大多是"教育条件",而教育学的视角则关注"高等教育自身"(higher education-in-itself)。"教育条件之于教育,好比阳光雨露之于植树种草,是不可缺少的。教育自身之于教育,好比是树种草苗之于植树种草,不仅是不可缺少的,而且是首要的。"[1]因此,就学科建设而言,高等教育学与教育学的交叉和融合较之于高等教育的多学科研究或跨学科研究,如果不是更为重要,至少也应是同等重要。作为对于"高等教育自身"的关注,高等教育学与教育学的交叉学科——"高等教育的教育学"的成熟乃是高等教育学真正迈向学科独立的根基所在。

---

① 雷洪德.论教育自身——涂又光教育哲学之本体论[J].高等教育研究,2005(8):15.

第一节　高等教育学的类与型

今天对于什么是高等教育学,无论国内还是国外都有不同的理解,甚至还会有不少误解(每年研究生面试,问及为什么报考"高等教育学"专业时,答案往往是"我以后想当大学老师")。就国内而言,目前至少有三种不同形式的高等教育学(研究)存在[①]。第一种是作为教育学分支学科的高等教育学。在我国这是高等教育学的合法身份,主要存在于大学的教育类学院或独立设置的高等教育研究机构当中。第二种高等教育学(研究)是作为高校教师岗前培训的高等教育学以及高校行政管理人员所从事的高等教育研究。第三种高等教育学(研究)是大学里教育学一级学科以外的其他学科背景的学者在教育类系科以外的院系所从事的高等教育研究。第一种高等教育学(研究)又可以细分为两种,即独立设置的高等教育研究机构的高等教育学和教育类学院里由教育学一级学科派生出来的高等教育学。独立设置的高等教育学通常会强调高等教育的特殊性;而由教育学一级学科派生出来的高等教育学则会强调高等教育与普通教育的共通性,强调高等教育学作为教育学的二级学科这一"事实"。第二种高等教育学中高校教师的岗前培训则延续了普通教育学的学科逻辑,而高校行政管理人员做的研究则主要以经验总结或工作研究为主,形式上类似于非制度化形态的院校研究,但本质上可能主要是为了评职称而发表或为了职务需要而研究。第三种高等教育学(研究)实际上反映的是高等教育研究的多样化或多学科性。由于"高等教育"本身是所有学者共享的经验,大学更是学者共同生活的地方,因

---

① 王建华.高等教育学的三重境界[J].江苏高教,2012(6):3.

此,无论哪个系科的教师都有资格对自己感兴趣的高等教育或大学的问题进行研究。而这些研究成果根据发表的期刊不同,归属于各不相同的母学科。在这些成果当中,高等教育或大学只是不同学术性学科分享的问题源。现实中由于大学学科制度的存在,以上三种形式的高等教育学(研究)通常会相互隔离,无法统一。无论是研究主题和方法,还是研究成果的发表期刊都有较大差异。值得注意的是,无论何种高等教育学(研究),除了高校教师的岗前培训以及为本学科培养师资以外,高等教育学学科和培养大学老师毫无关系。这一点是高等教育学与教育学学科逻辑的最根本的差异。教育学主要为培养师资而产生,而高等教育学则是为了研究高等教育管理问题而产生。除了都培养本学科的研究者之外,教育学主要是为了培养中小学教师,高等教育学则主要是为了培养大学的管理者。

与中国称之为"高等教育学"不同,在西方国家,高等教育研究通常被作为多学科的研究领域,但这并不意味着在那些国家不存在"高等教育学"。以英语世界为例,英语文献中,对于"高等教育学"大致有三种不同的表达方法,分别为"pedagogy of higher education""discipline of higher education or discipline of higher education study""higher education studies"。第一种用法可见于布鲁贝克的《高等教育哲学》一书。该书第六章标题即为"Pedagogy of Higher Education"。当时译者将其译为"高等教育学",更准确的翻译也许应是"高等教育的教育学"。从这一章的具体内容可以看出,布鲁贝克沿袭了普通教育学的学科逻辑,以高深知识为基础,主要内容就是围绕着"高等教育是否需要高等教育学,深奥的教材如何选择,教材应有怎样的结构和组织,学习的动机应如何形成,学习成绩如何评价"[1]而展开。第二种用法在英语中较为少见,大多出现于中国学者所写中文论文的英文摘要里。因为英语中一般不会用"discipline"来为一个学科命名。在某种意义

---

① 约翰·布鲁贝克.高等教育哲学[M].王承绪,等译.杭州:浙江教育出版社.1998:12.

上,"discipline of higher education"更像"中式英语",是汉语中"高等教育学"的英语直译,即关于高等教育的学科。而"discipline of higher education study"的说法在伯顿·克拉克和尼夫主编的 *The Encyclopedia of Higher Education* 一书中偶有提及,主要是指关于高等教育研究的学科。一般也不直接用来指"高等教育学"。值得注意的是,由于 education 一词既可以指"教育",又有"教育学"的含义,因此 higher education 在有些语境中也可以译为"高等教育学"。这一用法在 *The Encyclopedia of Higher Education* 一书中曾多次出现。不过,严格来说,英语中"高等教育学"一词最为恰当的译法还应该是"higher education studies"。根据《牛津高阶英汉双解词典》,studies 一词的意思就是"学科"(academic subject),用于某些学科名称中,比如 business/media/women/science studies(商学、传媒学、妇女学、科学学)。高等教育学和商学、传媒学、妇女学和科学学具有极大的相似性,都是有别于主流社会科学的新兴学科,都是以跨学科或多学科研究作为主要范式。在那些主流或经典学科(名称通常以-ology 作为后缀)的视野中,这些以 studies 命名的学科往往被当作一个研究领域(a field of study)。但就像女性主义者所反击的那样,妇女研究就是一个"学科",即妇女学(women studies),妇女学之外的学科都是"其他学科"(other discipline)。高等教育研究也一样。Higher education studies 绝不是"高等教育研究"的复数形式,正确的理解就应是作为一门学科的"高等教育学"。在伯顿·克拉克和尼夫 1992 年主编的 *The Encyclopedia of Higher Education* 一书中,Tony Becher 所负责的那一部分是"Disciplinary Perspectives on Higher Education"。逻辑上,这一部分可以看作是伯顿·克拉克早期多学科观点高等教育研究思想的发扬光大。与他 1984 年主编的 *Perspectives on Higher Education:Eight Disciplinary and Comparative Views* 一书所列的 8 个学科不同,在 Tony Becher 负责的"Disciplinary Perspectives on Higher Education"这一部分,关于高等教育的学科视角被拓展到了 19 个,higher education studies 就是这 19 个学科当中的一个,和人类学、经济学、社会学、政治学、历史学、妇女学、科学学等学科并列。虽然在 higher education studies 那一部分,作者也曾强调作为一门学科的高等教育研究仍然不成熟,但同样也表达了对于高等教育学的期望和信心。根据 *The Encyclopedia of Higher Education* 中"Disciplinary Perspectives on Higher Education"这一专题相关学者的论述,higher education studies 就相当于汉语中的"高等教育学"。因为如果把 higher education studies 理解为"高等教育研究",那么将无法解释或理解编者所明确指出的"disciplinary perspectives"。

以上对高等教育学(研究)的类型进行了简单分析,但必须承认,当前虽然高等教育研究有了学科之名,即"高等教育学",但高等教育学本身仍不成熟,缺乏学科共同体的承认。如富尔顿所言,这个领域"不管在结构上还是智力上看起来都是无组织的","作为一个学科的高等教育研究,尚未获得自我繁殖的能力,这无疑是一个不成熟的标志"。[①] 不过,对于高等教育学的不成熟,学界却有两种不同看法。一种看法认为,不成熟是高等教育学发展过程中偶然或必然的一个阶段。任何一个学科都会经历不成熟的阶段。另一种看法则认为,高等教育本身是一个超级复杂的系统。没有任何单一的学科视角能够完全理解高等教育问题的整体。高等教育学只是理解高等教育现象或问题的一个学科视角,不存在足以取代其他学科视角的所谓成熟的高等教育学。无论如何、无论何时,高等教育学对于高等教育的研究都不能取代经济学、社会学、管理学、历史学等其他学科对于高等教育的研究。当然,其他学科对于高等教育的研究也不能否定高等教育学关于高等教育的独特贡献。高等教育研究本质上就是一个多学科的研究领域。高等教育学只是关于高等教育研究中的一个学科视角,而不是进行高等教育研究的唯一学科。今天的现实是"高等教育学不是学院中的核心学科;大多数关于高

---

① Tony Becher. Disciplinary perspectives on higher education[M]//Clark B. R., Neave, G. R. The encyclopedia of higher education. Oxford:Pergamon Press, 1992:1775.

等教育的研究都是由主流社会科学内（有时）或外部的专家学者来实施的。这些研究中的许多都来自于致力于他们本学科研究的部门，并且在那些学科的核心期刊上出版发表他们的工作。即使在教育学院、系或高等教育研究中心，许多学科领头人继续利用原本的学科视角并在其期刊上发表文章"。[1] 应该说，以上两种看法都有其合理性。作为不同的学科立场和价值判断，上述两种看法在实践中处于相互竞争的地位，短时间内应很难分出胜负。但无论高等教育研究将来是否有可能成为一个自足的独立的学术性学科，也不论关于高等教育自身的研究在将来是否有被热衷和繁荣的可能，高等教育学无疑都需要从其他学科视角的启蒙中学习更多的东西。高等教育学的成熟不是要排斥其他学科对于高等教育的研究，而是为了更好地吸收和接纳多学科高等教育研究的成果以融会贯通。最终不仅在其他学科领域发展出的概念和理论可以成功地应用到高等教育研究中，在高等教育研究中取得的成功与进步也要能够应用在其他学科领域。

一个学科成熟的标志就是在理论和知识上既输入又输出；既要借鉴其他学科的视角也要可以作为研究其他学科问题的独特的视角。成熟的学科肯定都是既彼此独立，又相互依赖。比如，经济学和社会学之间既有经济社会学也有社会经济学，经济学和法学之间既有经济法学也有法经济学。相比之下，教育学的地位往往比较尴尬，学科知识似乎只有输入没有输出或较少输出。比如，在学科交叉或整合过程中就只有教育经济学、教育社会学、教育政治学、教育管理学、教育哲学等交叉学科，而几乎没有经济教育学、社会教育学、政治教育学、管理教育学、哲学教育学之类相对独立的知识领域。这种状况表明，在社会科学的家族中，教育学还不是一个成熟的学科视角，只能利用其他学科的原理对本学科的问题进行分析，而无法为其他学科问题的解决提供有益的帮助。换言之，在学科交叉过程中，教育学能够提供的

---

[1] Tony Becher. Disciplinary perspectives on higher education[M]//Clark B. R., Neave, G. R. The encyclopedia of higher education. Oxford：Pergamon Press, 1992：1810.

往往只是问题,解决问题的资源主要依赖其他主流的学科。当然,其他学科概念对于教育学的渗透也不意味着教育学理论可以全部或直接从其他学科引进,否则教育学就既不是学科也不是科学。"尽管教育学也吸收了其他科学的某些思想,但它首先依靠的是自身的理论研究。"[1]"教育学正为其他科学广泛利用。"[2]"社会心理学也经常利用教育学文献。"[3]与教育学相比,作为一个新兴的学科,高等教育学对其他学科的依赖也很明显。不过,虽然当前高等教育学仍不能作为一个独立的学科视角或工具对其他相关学科领域的研究提供帮助,但高等教育研究中发展出的一些理论框架和概念、范畴也已经渗透进其他学科领域的相关研究中,并产生了积极的影响。比如,纽曼关于"大学理念"的探讨,伯顿·克拉克关于"高等教育系统"的"三角模型",布鲁贝克关于"认识论"与"政治论"高等教育哲学的论述以及马丁·特罗关于"高等教育大众化"的理论,在其他学科的研究中都有广泛的影响。

最后要指出的是,人类知识中没有哪个学科始终处在中心位置,学科的位置由于彼此间的竞争而不断变化。同时,任何一个学科也不会有固定的知识中心。学科内部的学派冲突或"分裂"是学科发展的正常现象。无论是人类学,其他学科还是高等教育学,都是没有知识中心的:过去不曾有,将来也不会有。那些声称已经掌控知识中心的人不是在描述一种状态。他们正在要求知识和组织上的权力,如果"知识中心不能被控制",就没有理由失望。它从来不曾被掌控,即使它过去有,那么也将会停滞不前。[4] 当前高等教育学的"分裂",无论是 pedagogy of higher education 和 higher education studies 的区分,还是作为教育学分支学科的高等教育学、作为社会科学研究

---

[1] 阿图托夫,等.教育科学发展的方法论问题[M].赵维贤,等译.北京:教育科学出版社,1990:7-8.
[2] 阿图托夫,等.教育科学发展的方法论问题[M].赵维贤,等译.北京:教育科学出版社,1990:5.
[3] 阿图托夫,等.教育科学发展的方法论问题[M].赵维贤,等译.北京:教育科学出版社,1990:21.
[4] Tony Becher. Disciplinary perspectives on higher education[M]//Clark B. R., Neave, G. R. The encyclopedia of higher education. Oxford:Pergamon Press, 1992:1787.

领域的高等教育学与作为大学行政管理者校本研究的高等教育学的并立，都有其存在的合理性和价值。一方面它们反映了高等教育研究在组织和知识方面的"混乱"或"无组织"，专业性不强，但另一方面它们也反映了高等教育学的繁荣和高等教育研究的生机勃勃。在《作为学科的文学史》一书中，陈平原论述文学史的学科建设时曾坦承："老实说，这是一个专业门槛不高的学科，稍有学术训练的'门外汉'，都能轻而易举地闯入；而且，你也常见资深的研究者悄然撤离。这种'围城'现象，对于学科建设来说，并不一定是坏事。相关著述大量出版，鱼龙混杂，这点颇受诟病；但流动性强，更新换代很快，又使得本学科葆有青春与活力。无论学科范围、理论框架、研究思路等，我都乐见'众声喧哗'局面的形成。正是这种淆乱但生气淋漓的局面，得以冲破僵化的教育体制的束缚。在开放性与规范化之间，保持必要的张力，给民间视野预留足够的空间，而不是追求某种研究方法或新编教材的'一统天下'，有利于本学科保持一种'在路上'的精神状态。"[①]就学科建设面临的困境与出路而言，高等教育学又何尝不是如此。

当前高等教育学（研究）由于门槛低，涉及问题广，从业者极其多样化。高等教育学的出路当然不在于提高本学科的门槛、强化学科的规训制度、将其他学科从业者或业余者拒之于高等教育研究的门外；和大学里很多其他的学科不同，高等教育研究的优势就在于可以自由地吸纳其他学科的理论和知识，而且是一直如此。任何学科的视角对于高等教育研究都会有所助益。无论是理论上还是实践中，高等教育学都不是高等教育研究的必然的知识中心，统一的高等教育学既不可能也没必要。对于这一点，即便是专业的高等教育研究者也必须坦然接受。高等教育实在太重要了，不应该也不可能仅仅留给专业的高等教育研究者。宽泛地讲，高等教育研究必须涵盖所有学科对于高等教育的理解，即应用各种学科对于高等教育所进行的研

---

① 陈平原.作为学科的文学史[M].北京:北京大学出版社,2011:409.

究。高等教育学并没有一种独特的方法可以超越于所有这些独立的学科视角,唯一可能的就是期望在某些关键性领域,高等教育学作为一种学科视角能超越其他的学科视角,建立自身的比较优势。高等教育领域像其他任何社会领域一样,成功永远属于那些说出了真理的人。高等教育研究中起决定作用的往往不是谁来研究,也不是研究什么,而是研究最终做得怎么样。在多种高等教育学(研究)并存的体制下,谁的理论更符合高等教育发展的规律,谁就拥有更大的话语权。而一旦人们认为新的理论更符合自己的期望或能够更好地解释高等教育的历史和现实,解决高等教育的问题,他们就会改变自己的学术观点与立场。不可否认的是,今天高等教育问题并不是大学里那些核心学科研究的焦点所在,由于学术分工的客观存在,现代大学里真正关注高等教育研究并视之为学科存在合法性基础的只有高等教育学。高等教育研究虽然具有多学科研究的特性,但高等教育学仍是其最重要的学科建制,教育学仍然是其不可或缺的学科视角。不管是作为一个独特的社会化、有组织性的学科还是一个关于高等教育的智识视角或"知识面",高等教育学都为其他学科的学者参与高等教育研究提供了研究的焦点和问题域,并保障了多学科或跨学科协作的专业性,使高等教育研究的"无形学院"逐渐转向系科化的组织实体。

第二节 教育学视角的必要

人类历史上,教育很重要,关于教育的知识也很丰富,但对教育的科学研究却一直不受重视。"教育研究产生于哲学、心理学、社会科学以及统计学等学科的不同组合,它既没有单一的研究重点,也没有统一的研究方法。这种多样性从一开始就成为教育学术的特点,再加上该领域没有能形成一个十分有力、自我调节的专业群体,这就意味着这个领域始终没有形成高度的内部协调。"[1]因此,虽然教育学作为一门学科早在17世纪就已经萌芽,并在19世纪初逐渐独立并走向科学化,但是直到19世纪末教育作为一个专业才进入大学。20世纪20年代,大学里才开始建立专门的教育研究机构。由于在教育学作为一门学科兴起之时,"高等教育"活动尚不普及。在教育学的视野中,教育一开始并不包括"高等教育"。高等教育研究与教育研究也一直相互隔离。由于普通知识和高深知识性质的巨大差异,以大学为基础的高等教育与以中小学为基础的普通教育有着根本不同的任务和目的。第二次世界大战以后,高等教育学的建立更多地是应国家和社会的需要而人为建构的一门新兴学科而不是从教育学中自然分化而来。早期的那些教育学家或哲学家,如夸美纽斯、康德,甚至后来的怀特海以及杜威等,虽然在其与教育相关的论著中都曾偶尔提及"大学",或对于大学的相关问题进行过零星的研究,但高等教育学(研究)一直不曾受到真正的关注。比如,早在17世纪夸美纽斯在他所撰写的《大教学论》一书就列有"论大学"一章。在这一章中夸美纽斯甚至还提及"至于世上任何地方倘能

---

[1] 埃伦·康德利夫·拉格曼.一门捉摸不定的科学:困扰不断的教育研究的历史[M].花海燕,等译.北京:教育科学出版社,2006:英文版序·6.

设立一个学校之学校(School of Schools)或教学法学院(Didactic College),那种好处是无待指陈的"①。但在这一章的结尾,夸美纽斯仍在不经意间透露出了"大学"不属于教育学的"本题"——"但是我们必须回到我们的本题,说完关于我们的学校所没有说完的话了"②。待到19世纪以后,受到赫尔巴特的《普通教育学》《教育学讲授纲要》以及苏联凯洛夫《教育学》的影响,教育学的学科理论体系逐步定型,教育学的学科逻辑中开始排斥关于高等教育的研究,强化关于中小学师资培养的相关内容。

20世纪以降,自从大学里设立了专门的教育类系科或学院,教育研究就主要在教育学的名义下展开(除教育学以外,大学里其他的学科也对教育进行研究,多学科性是教育研究的一个重要特点),而高等教育研究则仍然属于多学科或跨学科的领域,其从业者仍然多是教育学科以外的其他学科的学者,其学术建制也大多不在教育类系科或学院。"从事高等教育研究的人员来自于各不同部门——他们可能来自教育系、教师发展部门、社会科学系,也可能来自大学其他院系和职能部门。"③因此,对于将高等教育研究(学)作为教育研究(学)的一个分支,有很多学者明确表示反对。相反,为了论证高等教育研究的合法性和高等教育学的学科独立性,主流的观点一直在强调高等教育不同于普通教育的特殊性以及高等教育学与教育学的并列关系。④ 然而,彰显高等教育的特殊性,强调高等教育学独立的学科地位,并不能否认教育学对于高等教育研究的重要意义和潜在的重大价值。罗纳德·巴尼特在《高等教育理念》一书的第一部分就首先从"教育学的视角"对于"高等教育"进行了深刻的解读,着重强调了从教育学的

---

① 夸美纽斯.大教学论[M].傅任敢,译.北京:教育科学出版社,1999:229.
② 夸美纽斯.大教学论[M].傅任敢,译.北京:教育科学出版社,1999:230.
③ 马尔科姆·泰特.高等教育研究:进展与方法[M].侯定凯,译.北京:北京大学出版社,2007:59.
④ 王建华.论高等教育学与教育学的关系[J].教育研究,2004(8):17.

角度论述高等教育并建构高等教育的教育理论的重要性。① 在《高等教育研究：一个多学科研究的案例》一文中，乌尔里希·泰希勒也认为，"与个人或教学相关的方面可以通过教育学、心理学和社会学有关的理论和实际知识得到最好的理解"。"大多数'高等教育研究'更多地集中在高等教育的教学功能上，而高等教育本质部分的研究功能的研究则被认为属于另一个领域，即科学学、科学史、科学社会学等，这是明显不同的一个研究领域。"② 与中小学教育不同，高深知识是高等教育系统的核心要素，高深知识的性质决定了高等教育的本质。在高等教育系统中，大学容纳了几乎所有的学科。大学里的学术工作或知识发展从一开始就是高等教育研究的重要内容。由于高等教育的这种特殊性，高等教育学（研究）对其他人文社会科学领域，甚至是自然科学领域的理论和知识不可避免地存在着先天性的依赖。但其他学科的知识、方法和理论都只能是高等教育研究的一种"学术资源"或"学科资源"，而不可能自动转化成为高等教育学的知识和理论。只有通过相关研究把其他学科领域的知识、方法和理论有效地运用于解决高等教育本身的问题，并得到预期的研究成果，这些源自其他学科领域的"学术资源"才有可能成为高等教育的基本理论。无论从逻辑上还是经验上，高等教育学作为一门独立的学科就意味着高等教育中教育理论的不可替代性，即高等教育的规律不可能由其他学科的理论简化、演绎或引申而来。正如"教育学在吸收其他科学的材料的同时，必须有相对独立的知识领域"③一样，在高等教育学视野中，高等教育的规律既不可能是经济规律，也不可能是政治规律或哲学规律，更不可能是生物学的规律，而只能是教育的规律。因此，任何其他学科的理论，无论在本学科有多大的解释

---

① 罗纳德·巴尼特.高等教育理念[M].蓝劲松，译.北京：北京大学出版社，2012：10.
② 乌尔里希·泰希勒.叶赋桂，译.高等教育研究：一个多学科研究的案例[J].清华大学教育研究，2003(1)：4.
③ 阿图托夫，等.教育科学发展的方法论问题[M].赵维贤，等译.北京：教育科学出版社，1990：5.

力或科学性,都不能不考虑高等教育的特殊性,更不能替代关于高等教育的教育理论的研究。理论上不能仅就高等教育研究高等教育,但也不能不就高等教育研究高等教育。如果把其他学科的理论或思想生搬硬套到高等教育研究中来,以生物规律、哲学规律、经济规律或政治规律来替代高等教育发展的教育规律,那对于高等教育学(研究)的成长而言绝没有好处。

在我国,高等教育学被设为教育学的分支学科,高等教育研究一直处在某种分裂的状态。一方面高等教育研究总想要脱离教育研究的束缚,另立门户;另一方面高等教育研究又无法真正独立,相关研究又多集中于传统的教育问题或教学问题。不过,尽管在表面上高等教育研究仍然关注传统教育学科的相关问题,但本质上高等教育研究一直是倾向于多学科的框架,即便是对教育或教学问题的研究也是如此。在高等教育研究的多学科框架内,研究主题或许仍然是教育或教学的问题,但其使用的学术资源却往往并非来自于教育学科。高等教育研究中通常较少引用,甚至不引用教育学的经典著作作为学术的资源,而是更多地求助于哲学、政治学、经济学、社会学、历史学、管理学等经典或主流的人文社会科学。换言之,教育学从未成为高等教育研究的有效视角。其结果是,高等教育研究中关于教育理论的建构付之阙如,高等教育中最重要的不是教育而是科研。按雅克·马里坦的说法,"在这里,我们碰到了教育的一些悖论……教育中最重要的事情不是教育工作"[1]。当然,由于在研究对象和学术主题上存在巨大的差异,高等教育学与教育学之间的确没有直接的学术或学科隶属关系。作为一门学科,教育学既不是高等教育学的"母学科"(parent discipline),也不拥有解决或解释高等教育问题的最优或更优的学科工具(视角)。但事情的另一面则在于,由于教育本身的共通性和系统性,在高等教育的多学科或跨学科研究当中,在高等教育学科建设过程中,教育学仍然有着其他人文社会科学所不

---

[1] 雅克·马里坦.教育在十字路口[M].高旭平,译.北京:首都师范大学出版社,2010:25.

具备的独特的学科优势。无论如何,高等教育仍然是教育的一部分,教育本身仍然是高等教育安身立命的根基,高等教育学(研究)要走向成熟,不能舍近求远,更不能舍本逐末,忽视了教育学的视角。在通向成熟或独立学科的道路上,教育学仍然是高等教育学(研究)中一个不可替代,也不可或缺的学科视角。教育学两百多年来所积累下的经典著作和学术思想与智慧理应成为高等教育研究的优质学术资源。

第三节　高等教育的教育学旨趣

在教育系统中,高等教育是教育系统的一部分;但反过来,在高等教育系统中,教育也是高等教育系统的一部分。教育与高等教育相互交织在一起,教育学与高等教育学的关系也大致如此。高等教育研究中有意无意忽视了澄清高等教育(学)与教育(学)关系的重要性。"澄清高等教育与低层次第二级和初级教育间相互关系的任务仍需继续探讨,尽管它特别强调的重点在于经济和就业制度。很多研究看起来似乎完全没有把高等教育考虑到教育系统之内。"①在教育研究中对于"高等教育是教育系统的一部分"比较容易理解,但在高等教育研究中由于"研究"被认为是高等教育的本质,对于"教育"是高等教育系统的一部分则较少注意。按杜威的说法,"在众多的教育之中反而把教育遗忘了"②。自中世纪以来,在以大学为主体的高等教育系统中,虽然研究活动一开始不如教育活动普遍,但今天越是在那些一流大学里,研究活动愈发重要,研究而非教育成了现代大学的中心任务。此外,受到威斯康星思想的影响,在20世纪里为社会服务也被制度化为高等教育的一个重要职能。其结果是,在高等教育的三大职能中,教育仅仅以"教学"或"人才培养"的形式勉强维持,但"分析过去30年里高等教育机构的发展趋势,从中可以看到,高等教育的基本任务现在是,将来仍然是跟以下四个主要目标相联系的:产生新知识(研究功能);培养高度合格的人才(教育

---

① Tony Becher. Disciplinary perspectives on higher education[M]//Clark B. R., Neave, G. R. The encyclopedia of higher education. Oxford:Pergamon Press, 1992:1796.
② 约翰·杜威.民主主义与教育[M].王承绪,译.北京:人民教育出版社,2001:265.

功能);为社会提供服务;以及伦理道德功能,包含社会批评"①。由此可见,大学与高等教育的关系远比学校和教育的关系复杂。在教育学的视野里,学校就是实施教育的机构。教育学的实质也就是学校教育学,主要研究教什么,怎么教,谁来教;而诸如"什么是教育""教育何以可能"等问题并非教育学的基本命题,而是属于教育哲学的范畴。但在高等教育学的视野里,对学生的教育只是大学存在的一个目的。从教育到科学研究再到社会服务,以大学为主体的高等教育系统则继承了所有这些职能(传统)。因此,高等教育学的基本问题不是教什么,怎么教,谁来教;而是要探讨在高等教育机构里如何更好地传承文化,传播高深知识,扩大高深学问的领域,并运用其成果直接为社会服务。

历史上,高等教育学在诞生之初曾继承了普通教育学的逻辑,强调从教育学的视野研究高等教育问题,把高等教育学当作培训高校教师的一门学科。最初高等教育学的理论体系也沿袭了普通教育学的教材体系,连学科基本概念都非常相似。早期的高等教育学不但在理论体系上照搬普通教育学,实践取向上也如出一辙。苏联高等教育部曾在全苏120所高等学校设置教师进修系,且颁布了《高等教育原理》课程大纲,作为全苏培训高等学校教师和干部之用。② 在中国,潘懋元先生的《高等教育学讲座》也主要是在"专题报告"的基础上,由"华中师范学院高等学校干部进修班的同志""初步整理的"。后来随着多学科研究的引入与盛行,加之高等教育发展中诸多特殊问题(比如高深学问,大学自治,学术自由,学科、专业制度)的凸显,"高等教育"作为一个概念,逐渐偏离了教育学的范畴。"高等教育"在实体上开始与"大学"相对应,高等教育学名义上虽然还是教育学的分支学科,但实质上,"高等教育学"却更接近于"大学学",理论上也更倾向于或亲近于主流的社

---

① 马尔科·安东尼奥,罗德里格斯·迪亚斯.刘榜离,译.高等教育:下一世纪的幻想与行动[J].教育展望(中文版),1999(3):18.
② 潘懋元.潘懋元文集 卷一·高等教育学讲座[M].广州:广东高等教育出版社,2010:5.

会科学,学术资源的获取也越来越脱离于教育学而独立存在。在国外,作为大学研究它自己的一种方式,高等教育成为大学里几乎所有学科的公共话题。以学术工作或知识发展为核心,相关研究主要强调大学里高深知识的性质、作用与意义,"教育学"的色彩逐渐淡去。在我国,教育学的学科理论体系和基本范畴在20世纪90年代以后出版的高等教育学著作中也逐渐被抛弃。①"高等教育学"已不是简单地在"教育学"前面加上"高等"两个字,而是成了和普通教育学不同的另一个学科。当前在高等教育基本理论研究中,高等教育学中与大学教学有关的内容被挤到边缘,成为教学学术的一部分或以"大学教学法"的名义形成一个独立的研究领域。对于高等教育学而言,教学学术或大学教学法就像院校研究的成果一样,不属于本学科学术工作的核心议题。高等教育研究中的那些优秀的学者往往来自于主流社会科学的其他学科,即便是教育学科背景的研究者也会倾向于把高等教育学作为社会科学的一部分而不是教育学的一部分。②那些专业的高等教育研究者,他们的工作就是像其他学科的学者一样在学术期刊上公开发表自己的学术研究成果,而不会满足于学科教学法、院校研究或教学学术。

在高等教育的历史上,作为智识生活的场所,大学虽从来没有成为象牙之塔,但一直位于社会的边缘却是一个不争的事实。由于大学远离社会中大多数民众的生活,高等教育也就被排斥在一般教育的范畴之外。其结果就是"大学什么都研究就是不研究它自己"。18世纪,作为最先讲授教育学的大哲学家,康德的《系科之争》对高等教育研究做出了开创性贡献。19世纪随着纽曼的《大学的理念》出版,专业的高等教育研究开始萌芽。但就整个19世纪的学术发展史来看,赫尔巴特的《普通教育学》为教育学的发展迎来了黄金时代。虽然在1850年至1945年间社会科学学科制度化的过程中,

---

① 参见胡建华,等.高等教育学新论[M].南京:江苏教育出版社,1995.王建华.高等教育学的建构[M].广州:广东高等教育出版社,2009.
② 王建华.社会科学方法论与高等教育研究[J].高等教育研究,2005(11):59.

教育学没有能够成为社会科学的主要领域,但至少在19世纪的德国,教育学一度成为社会科学皇冠上的明珠。19世纪以后,随着教育学逐渐在大学里完成制度化,以赫尔巴特的《普通教育学》所确定的教育学学科理论体系为基础,以大学为主体的高等教育被排除在了教育学的学科视野之外。"1892年7月,霍尔在克拉克大学创办了一个为期两周的暑期班,名为'克拉克高等教育学和心理学暑期学校'。"①这也标志着高等教育研究在大学里开始引起人们的关注。一直到20世纪五六十年代以后,随着西方国家高等教育的大发展,高等教育事务专业化的时代正式来临,高等教育研究应高等教育管理实践专业化的需要,在大学的教育系科之外逐渐发展起来。伴随知识社会的来临,大学逐渐走入社会的中心,"高等教育正在变成一项'大事业',所有公共和私有部门都变得与之有瓜葛,整个社会也因为高等教育的发展连接成一个整体"②。由于高等教育在社会和人的发展中的重要性日益凸显,"说它是一门学科也好,说它是一个研究领域也好",高等教育学(研究)已成为教育研究中的"显学"。"正因如此,我们可以说,高等教育研究是一项受外力驱动、由偶然性事件触发的工作。"③高等教育研究的兴起反映了高等教育实践对于高等教育理论的强烈需要,但反过来高等教育学是否满足了高等教育发展的实践需要却存在极大的不确定性。

由于过分强调高等教育的特殊性,并将高等教育在实体上与大学相对应,长期以来高等教育研究的焦点主要集中于"作为组织机构的高等教育",强调通过多学科的视角对于高等教育进行全面的"透视",但在多学科研究的过程中却又忽视了教育学视角之于高等教育研究的重要性。在伯顿·克拉克和尼夫主编的 *The Encyclopedia of Higher Education* 一书中,在关于

---

① 埃伦·康德利夫·拉格曼.一门捉摸不定的科学:困扰不断的教育研究的历史[M].花海燕,等译.北京:教育科学出版社,2006:31.
② 马尔科姆·泰特.高等教育研究:进展与方法[M].侯定凯,译.北京:北京大学出版社,2007:6.
③ 马尔科姆·泰特.高等教育研究:进展与方法[M].侯定凯,译.北京:北京大学出版社,2007:5.

高等教育的诸多学科视角中可以发现比较教育学或高等教育学的视角,但却没有教育学的视角。罗纳德·本尼特在《高等教育理念》一书中对此问题也进行了深刻反思。如他所言:"从教育学视角解读高等教育的理论框架付之阙如。在高等教育领域我们并未建构任何现代教育理论。"①诚然,高等教育有其特殊性,大学有着不同于中小学和幼儿园的独特性,那些以普通教育为研究对象的教育思想和理论未必适用于高等教育实践。由于高深知识的性质如此不同,"高等教育确实是一种更高层次的认识形式,它通过对被认为是知识的东西进行自我反省而获得"②。但高等教育毕竟也还是教育,教育本身仍然还是高等教育的重要组成部分,对于高等教育的研究不能忽视这一根本的前提。如果我们关注高等教育,将其作为一项人类的教育事业而不只是一个供多学科学者从事学术研究的对象或问题,那么我们就必须求助于教育学(或许也应包括心理学)而不是其他主流社会科学。"我们需要一种学术话语理论;但我们还要增加一种学生教育发展理论,这一理论对各种高等教育进程能够做出公正评判。"③虽然有社会学和哲学作为认识论的基础,但高等教育的合法性仍然要植根于"高等"的"教育"而不只是高深的研究。对于高等教育学的发展而言,在多学科研究的大框架下,只有积极主动地从教育学吸取学术营养,回归教育本体论的哲学而不只是大学的理念或功用,只有真正关注高等教育的教育学而不只是高等教育的经济学或高等教育的社会学以及其他的交叉学科,高等教育研究才有可能建构出一种适合高等教育的教育理论,才能真正满足高等教育发展的实践需要。

当前高等教育研究中教育学视角的缺失,既与教育学的学科地位有关,更和高等教育学的学科定位有关。一方面是因为"教育既没有独特的研究方法,也没有明确划定的专业知识内容,且从来没有被视为一种分析其他科

---

① 罗纳德·巴尼特.高等教育理念[M].蓝劲松,译.北京:北京大学出版社,2012:8.
② 罗纳德·巴尼特.高等教育理念[M].蓝劲松,译.北京:北京大学出版社,2012:29.
③ 罗纳德·巴尼特.高等教育理念[M].蓝劲松,译.北京:北京大学出版社,2012:40.

目的工具"①，另一方面是由于高等教育研究始终徘徊在学科与领域之间，教育学与高等教育学的关系难有定论。如果承认高等教育学是教育学的分支学科，那么高等教育研究的教育学视角在逻辑上将略显荒谬。如果承认存在有教育学的视角，那潜在的就是要将高等教育作为一个多学科的研究领域，而这又是很多高等教育研究者不愿意接受的。但事实上，无论高等教育研究是一个学科还是一个研究领域，教育学的视角都既是必要的也是有价值的。如果将高等教育研究作为一个研究领域，就像泰希勒所说的，教育学应该和其他很多学科一样是高等教育多学科研究的一个重要的学科视角或"知识面"。如果将高等教育研究作为一个独立的学科（非分支学科），就像高等教育学和其他学科会形成交叉学科一样，高等教育学与教育学也应该有交叉学科，即"高等教育的教育学"。由此可见，当前高等教育研究中教育学视角的缺失主要还是由于高等教育（学）和教育（学）关系的不当定位造成的，而这与高等教育研究是一个学科还是研究领域无关。更何况，对于高等教育研究而言，将高等教育作为一个研究领域还是学科并非是矛盾的或非此即彼的选择。领域和学科作为高等教育研究的不同选择，为人们提供了理解高等教育的不同概念框架。将高等教育作为一个领域意味着强调对问题的研究，而将高等教育作为一门学科则意在强化学科的视角或学科的立场。但事实上，问题研究与学科研究密不可分。离开问题研究的学科研究必然流于空疏，而离开学科视角的问题研究则会难逃琐碎。高等教育研究中应该直面问题，但也要坦言学科。问题研究和学科研究可以为我们理解高等教育提供不同的信息。以多学科为基础的问题研究可以帮助高等教育吸纳和接收其他学科的理论和知识，有利于高等教育改革和发展中现实问题的解决，但也容易造成一种尴尬的局面，即"所有现代高等教育研究的领头人都是'移民者'，他们在核心学科的主流部门受训练"，"无论它的优势是

---

① 埃伦·康德利夫·拉格曼.一门捉摸不定的科学：困扰不断的教育研究的历史[M].花海燕,等译.北京：教育科学出版社,2006：英文版序·10.

什么,高等教育作为一门学科还没有获得自我发展的能力,这无疑是一种不成熟的标志"[1]。反之亦然。如果不关注高等教育改革和发展中的现实问题,不注意借鉴其他学科的学术资源来解决高等教育领域的问题,单纯的学科理论体系建构也只能是"海市蜃楼"或"空中楼阁",亦无助于学科自身的成熟。

在《经验与教育》一书的结尾,杜威曾写道:"我坚信,根本的问题……在于究竟什么东西才有资格配得上教育这一名称。""根本的问题在于教育本身的性质,而不在于给它加上什么修饰的形容词。我们所缺乏而又是必需的教育,是纯粹的和简单的教育。只要我们专心致力于寻求教育究竟是什么,以及具备什么条件才能实现这种教育,而不使它停留在名称或口号上,我们就能取得更确实、更迅速的进步。"[2]杜威对"什么是教育"的追问同样适用于高等教育。大卫·帕尔菲曼在《"高等教育"高在何处》一文中也曾提出过类似的追问,亦即"在高等教育中或大学里到底发生了哪些堪称高的变化,而能够使之与其他教育形式(如基础教育及进修、大专或成人教育)相区别开来?"[3]那么,高等"教育"的现状到底如何呢? 高等教育是否确实存在高等之处呢? 对此,学者们并不乐观。哈佛学院前院长哈瑞·刘易斯曾著文质疑哈佛为何忘记了教育的宗旨(how a great university forgot education),而耶鲁大学教授,前法学院院长安东尼·克龙曼则直言大学放弃了对人生意义的追求,面临着"教育的终结"(education's end)。纽约城市大学资深教授斯坦利·阿罗诺维兹则认为,现在的大学已经成为知识工厂,高等教育已经沦为高级培训。他呼吁,为了实现高等教育的真正目的,要废除企业型大学并创建"真正的高等教育"(true higher learning)。而按罗纳德·巴尼特

---

[1] Tony Becher. Disciplinary perspectives on higher education[M]//Clark B. R., Neave, G. R. The encyclopedia of higher education. Oxford:Pergamon Press,1992:1820.
[2] 约翰·杜威.我们怎样思维·经验与教育[M].姜文闵,译.北京:人民教育出版社,1991:305.
[3] 大卫·帕尔菲曼.高等教育何以为"高":牛津导师制教学反思[M].冯青来,译.北京:北京大学出版社,2011:1.

的说法,"我们全世界都处于无视'高等教育'的承诺和潜力的危险之中:恰恰在高等教育数量增长(伴随更多的大学和学生)且成为国家及跨国政策未来的重要部分之时,'高等教育'这个概念却消失于无形"①。面对这种严峻的现实,高等教育研究亟须引入教育学的视角,加强关于"高等教育本身"的教育理论研究,以回应"什么是高等教育"以及"高等教育何以为'高'"等问题。

在某种意义上,高等教育的教育学其根本目的,就在于要弄清楚高等教育的性质和目的,亦即什么是真正的高等教育,高等教育应该是什么,不该是什么,究竟至少要满足哪些条件才配得上"高等教育"的称号,要经历怎样的革新才可能实现高等教育的真正目的。对于这一系列问题,大卫·帕尔菲曼认为:"高等教育如果真的是名副其实的'高等'教育的话,就应该:以自由教育作为教学与学习的过程;通过反思性学习及深层次学习逐渐养成终身受用的批判性思维能力,进而培育出理性思维及创新思想;确保学生能充分参与学术对话;全体教职人员的全心付出:多与学生接触、给予积极反馈并采用形成性评价模式……"②高等教育不是初等教育、中等教育的自然延续,也不是教育流水线上专门负责颁发学历或文凭的"机构"。如果学生的心智没有经历深层次的变化而只是在头脑里塞满了知识,如果他没有学会自我教育而只是进入大学里又出来,那么他所受的高等教育就毫无"高等"可言。按巴尼特的说法,"任何有关高等教育的教育理论的检验标准是:它是否表明了一所院校必须满足的一系列条件,从而证明'高等院校'这一名称的合理性? 对一个教育过程而言,证明"高等教育"这一名称合理性的最低教育条件是:第一,学生对某些知识主张的深入理解;第二,学生对这些知识主张的根本批判;第三,与其他人一道不断发展开展这种批判的能力;第四,学生参与决定这种批判的形式和方向(如某些独立探究方式);第五,学

---

① 罗纳德·巴尼特.高等教育理念[M].蓝劲松,译.北京:北京大学出版社,2012:中文版序·3.
② 大卫·帕尔菲曼.高等教育何以为"高":牛津导师制教学反思[M].冯青来,译.北京:北京大学出版社,2011:72.

生的反省及批判性地评价自身的成就、知识主张和业绩的能力;第六,学生在开放式对话和合作(避免不必要的指导)中参与这种探究的机会。一定意义上说,一个教育过程不符合上述条件,它就无法实现其高等教育承诺。因此,如果一所院校值得用'高等院校'来称呼它,那么,上述六个方面就是这所院校必须坚持的基本条件"[①]。无论是帕尔菲曼还是巴尼特,他们对于高等教育基本条件的回答都是基于他们对什么是真正的高等教育以及高等教育不该是什么的独特理解,都反映了在高等教育研究中引入教育(学)视角的必要性和迫切性。无论我们同意还是不同意他们的判断,回归高等教育本身来建构高等教育的教育理论都应是"高等教育的教育学"的旨趣所在。

总之,高等教育研究无论作为一个研究领域还是一门学科,都需要关注教育学的视角。高等教育研究的教育学视角或高等教育的教育学旨趣,不在于探讨在大学里"教什么,怎么教和谁来教"这些教育学的老话题。高等教育研究中教育学视角的引入,既不是要恢复高等教育学早期作为教学之学的传统,更不是要将普通教育学的学科逻辑复制到高等教育学的发展中来。教育学视角的引入主要是提醒高等教育的研究者要关注高等教育本身而不仅仅是高等教育的条件。作为高等教育学的根基,建构高等教育的教育学的目的就是要回答什么是真正的高等教育,高等教育何以为"高",高等教育的目的是什么,高等的教育何以可能这一系列问题。在高等教育研究中弄清楚"什么是真正的高等教育",高等教育何以为"高",并指出"高等的教育何以可能"及"高等教育的目的是什么"既是"高等教育的教育学"的基本任务,也是高等教育学本身赖以获得其学科合法性的根基所在。

---

① 罗纳德·巴尼特.高等教育理念[M].蓝劲松,译.北京:北京大学出版社,2012:257.

第五章
高等教育学的危机与改造

1983年高等教育学作为教育学的二级学科正式列入国家的学科专业目录。20世纪90年代末以来,伴随我国高等教育大发展,高等教育学专业的硕士和博士学位点不断增多,高等教育研究的规模也不断扩大,成为教育研究中的"显学"。2011年,伴随政府部门对我国大学学科专业目录的再次调整,二级学科的概念被淡化,加之政府主导的学科评估和重点建设政策中对于一级学科概念的强化,高等教育学的学科性面临挑战。2015年,国务院正式发布了《统筹推进世界一流大学和一流学科建设总体方案》,为优化学科结构和资源配置,国内部分研究型大学撤并了以高等教育研究为主的教育类系科。此举从表面上看,属于大学内部正常的学科专业和系科建制调整,原本无须大惊小怪;但深入分析会发现,这种调整背后也反映了我们对于高等教育研究的某种误解,以及高等教育学学科发展的某种困境。值此加快推进"双一流"建设和实现高等教育内涵式发展的关键节点,为推进高等教育学学科建设,深入反思高等教育学学科发展背后的危机,并探索其可能的改造方案尤为必要。

第一节　高等教育理论与实践的关系

根据马克思主义哲学的观点,在理论与实践的关系中,实践总是第一位的,理论无法改变实践,实践可以规训理论。但就高等教育理论和实践的关系而言,理论却具有一定的优先性。因为在现代社会,无论哪个国家的高等教育系统都必然是根据某种理论人为建构的,而不可能完全是自发形成的。作为一种事实性存在,高等教育系统不可能完全是主观的建构,但也不会是完全客观的"实事"。因此,无论何种高等教育问题都既不可能是纯粹的理论问题也不可能是纯粹的实践问题。任何高等教育问题的求解都必须基于理论,并从实践出发。如果没有理论关怀或理论思维,完全从实践到实践,高等教育研究将会支离破碎,缺乏整体感,无法回答高等教育何以为"高";如果没有实践感或不能区分现实的细节,完全从理论到理论,相关研究也将丧失对于高等教育问题重要性的敏感,沦为无足轻重的清谈(文字游戏)或邪恶的抽象主义。作为一个特殊的混沌系统,高等教育领域的规律不是自然科学意义上的规律。自然科学意义上的规律天然具有强制性,不以人的意志为转移。规律一旦被发现,人类有意识地加以利用即可。高等教育规律则不然,它只能体现为一种趋势或倾向,甚至只是人的一种主观的期待,受参与者本身的参与影响。研究者在研究中清晰地描述了高等教育的规律,并不等于实践者在实践中就可以直接使用或利用这种规律。高等教育规律能否起作用或起多大作用,与实践者的主观能动性的发挥密切相关。换言之,高等教育研究者对于高等教育规律的揭示或描述还只是一个理论上的"半成品",剩下另一半的工作需要实践者通过实践本身来补充和完善。因此,在实践中那些学有专长的一流大学的校长更容易成为杰出的高等教育研究者,而那些能够成为杰出的高等教育研究者的大学校长在实践中也更容易成为优秀的大学校长。当然,这些优秀的大学校长作为杰出的高等教育研究者与那些学院派的高等教育研究专家或学者并不相同。学院派的专家学者立足学科,主要以发表论文或出版著作的方式来生产与传播关于高等教育的专业知识,并培养高等教育的研究者,而大学校长从事高等教育研究则与高等教育学科的建设无关。他们主要是以学院派的相关知识或理论为基础,并结合自身对高等教育本质的理解和实践探索,从而形成有价值的高等教育思想,进而付诸实践、改造实践。一个大学校长对于高等教育研究的重视和投入,尤其是其本人从实践出发,对高等教育本质的深刻理解,对大学理念的深刻体悟,决定着一所大学的成败或优劣。

  当前若仅就规模或数量来看,我国高等教育发展十分繁荣,高等教育研究也十分繁荣,但在"双重繁荣"的背后却存在一个致命的危机,即我们长期忽视高等教育事务的专业性,高等教育管理过程和重大决策仍然主要凭借管理者或领导者个人的经验或依循过去的惯例。发达国家的实践表明,对于庞大的高等教育系统,任何有效的改进都必须基于科学的、审慎的专业判断,而不能靠主观臆断。长期以来,在我国有一种论调,总是批评高等教育理论研究脱离实践,习惯于将高等教育实践中诸多不专业的做法的根源归结为高等教育理论研究无法指导实践。事实上,理论与实践的脱离总是相互的。高等教育的理论研究之所以脱离实践,最根本的原因可能恰恰是高等教育实践脱离理论。道理很简单:如果我们高等教育的实践者没有理论思维或缺乏对于理论研究成果的需求,甚至对于高等教育科学研究和高等教育事务的专业性毫无敬畏之心,依然相信自己的经验或倾向于按政府的政策、领导的意志来办学,那么高等教育理论研究者也就没有动力,甚至也没有可能从实践出发来提炼高等教育理论,进而以理论来指导实践。作为一种常识,如果在高等教育发展中出现了某个具体的问题,高等教育的研究者不给予关注,那是理论研究脱离实践;相反,如果是高等教育研究者对相关问题给予了必要的关注,并开展了深入的研究,但是实践者却完全不去关注理论研究成果,那就是实践脱离理论研究。当前在我国高等教育研究中肯定存在理论研究脱离实践的问题,但实践脱离理论研究的情况恐怕也同样存在,甚至还更为严重。

我国高等教育管理者和实践者总是习惯性地认为,高等教育理论研究是无用的,判断的标准大多是说高等教育研究的成果不能帮助管理者解决实践中的具体问题。稍作推敲就会发现,这种论调是荒谬的。任何学术研究都是抽象的,任何实践问题都是具体的。学术研究对于实践的影响无论在时间上还是空间上都具有显著的延迟效应。无论对于哪个理论性或学术性学科来说,若指望学者发表的论文或出版的著作具有可操作性,并立即起作用都是不切实际的幻想。论文的发表或著作的出版只是研究的一个组成部分,真理的发现是一个远比论著发表更加漫长的过程。若是因为高等教育研究论文或著作缺乏实用性而责怪高等教育学(研究)无用,那只能说明我们对于学术研究或学科建设过于急功近利。古诺曾经指出:"在一定程度之内,经济理论对社会的影响,能以语法学家对语言的影响来比拟。语言的形成毋庸语法学家的首肯,语言的败坏,语言学家也无能为力。然而他们的著作阐明了语言形成与败坏的规律,而他们的规则,既加速一种语言趋于完善的进程,也稍稍延缓了不规范和不得体对语言的侵袭。"① 高等教育理论研究对于高等教育实践的影响亦与此类似。以高等教育学科的发展作为平台和基础,高等教育的研究者可以阐明或试图阐明大学的本质和高等教育的规律,实践者若能理解并掌握这些专业性知识将有助于高等教育的可持续发展;反之,高等教育的发展将会由于缺乏理论的指导而具有不确定性或不可持续性。

自高等教育学科建立以来,经过几十年的积累,我国高等教育研究领域

---

① 汪丁丁.经济学思想史进阶讲义——逻辑与历史的冲突和统一[M].上海:上海人民出版社,2015:132.

已经积累了丰富的成果，生产了一定量的专业性知识，但高等教育实践中仍然是经验主义和官僚主义盛行，很多根本就缺乏大学常识的人仍然凭借行政权力在控制大学的发展。20世纪90年代以来，基于学科建设和人才培养的考虑，在我国大学里高等教育学（研究）受到一定的重视，几乎所有大学都设有高等教育研究机构；但遗憾的是，高等教育科学研究本身以及高等教育研究成果的重要性仍没有得到政府和大学应有的关注。由于缺乏对高等教育事务专业性的尊重，高校的领导者和中层管理者官本位思想和经验主义严重，仍然倾向于以行政权力来驱动高等教育的改革和发展，而无视高等教育研究者的创见或警告。当前我国高等教育正从大众化迈向普及化，高等教育规模已居世界第一，但在实践中高等教育事务的专业性仍付之阙如，高校教研活动的专业化、高教管理的专业化、大学校长职业化仍没有受到应有的重视。其结果是，我们时代虽有最大规模的"高等教育"却没有像样的"作为教育家的大学校长"。在我们的大学里，组织架构官僚化、教育管理行政化仍然是近乎通行的潜规则。很多时候我国高等教育改革与发展中的问题不是高等教育研究者没有研究，甚至也不是研究者的研究成果没有指出问题的原因所在或没有提出有价值的政策建议；关键在于我们的高等教育管理者或更高层的领导者根本不愿意根据理论研究的成果，对实践中已被证明是不合理的制度安排做出适当的改造或必要的调整。

香港城市大学校长郭位曾以硬件（hardware）、软件（software）和心件（soulware/heartware）为框架分析两岸三地高等教育的改革和发展。如他所言：得益于改革开放以来国家经济实力的持续增长，我国大学的硬件，诸如办学条件和实验设备已有显著改善，但大学的软件，诸如人事、行政制度、教育政策等相关事务尚未与国际上接轨。相较软件方面的不足，我国大学在"心件"上的缺失更为致命。毕竟，无论硬件、软件终究要通过人才能起作用。同样的办学条件和规章制度，同样的人员和实验室，不同的人来办理，成效会有天壤之别。那么，何谓"心件"呢？简单地说，就是高等教育界的专业精神（professionalism），以及作为知识分子最基本的操行持守（integrity）。① 我国的现代高等教育移植自西方，大学的硬件与软件皆可直接模仿西方大学，但"心件"上不可避免受本土文化的影响。直到今天，在儒家文化的大框架下，政治对教育的干扰仍被合理化；沿袭科举式的教育逻辑与文化传统，官员与学者的身份经常相互转换，权力与学术间的"旋转门"从未停歇。此种不良风气滋生了一种"有毒"的学术文化，极大地损害了大学的自主性和教研活动的专业性。这既不利于高等教育的成长，也不利于社会的进步。

---

① 郭位.心件：大学校长说教育[M].北京：中信出版社，2016：139.

第二节　高等教育学科定位的偏颇

自产生以来,我国高等教育学科就在价值期待和路径选择中处于两难。一方面要模仿经典学科构建理论体系以实现知识积累和学科制度化,另一方面又要尝试选择多学科的方法开展问题研究以满足国家高等教育发展和大学改革的现实需要。但事实上,高等教育学既不同于那些产生于19世纪的经典社会科学,也不同于第二次世界大战后兴起的其他的多学科研究领域。历史上,那些产生于19世纪的经典社会科学是启蒙运动以来民族国家借助其政治权力强行进行知识规划的结果,其研究对象是理性主义建构的产物而非"实事";而高等教育学科却是在高等教育发展到一定阶段之后,基于国家发展高等教育和高等教育自身改革的现实需要,在既有学科专业制度下学科本身自我复制的结果。如果说经典社会科学的创建是一种创造或发明,那么高等教育学的产生则主要是一种模仿或复制。与经典社会科学诸学科相比,作为一门学科,高等教育学缺乏深厚的理论根基和严密的理论体系,其研究话语和学科的概念体系带有强烈的实践感和实用性。但高等教育学对于实践和实用的关注又不同于那些在第二次世界大战后兴起的其他的多学科研究领域。以妇女研究、城镇研究、文化研究、劳动研究、区域研究和青年研究等为代表的其他的多学科研究领域,其相关研究更多是对现实问题本身的兴趣,较少涉及哲学层面上对于相关问题的重要性或重要问题的反复求索。相比之下,高等教育研究领域的问题虽然也有诸多热点问题或现实问题,但高等教育中那些重要的问题,大都带有理论性或都是没有固定答案的大问题。对于这些重要议题的探讨更加需要哲学意义上的高深而非科学意义上的实证。因此,多学科研究或跨学科研究也许会有助于解决高等教育发展实践中的某些现实问题,但对于高等教育学本身的促进却十分有限。就像革命只能从内部产生而不可能从外部输入一样,学科自身的核心价值也不可能简单通过其他的多学科研究来建构。

实践中高等教育的合法性源于国家和社会的需要,但高等教育学的学科生命力则更多源于自身的学科实践,即学科建设如何进行。高等教育学的生存与发展虽然以高等教育的存在与发展为前提,但高等教育学绝不是高等教育的影子或附庸物。无论在理论上还是实践中,学科和其研究对象都并非一荣俱荣、一损俱损。任何学科一旦形成就会有它自己的命运。学科的逻辑与实践的逻辑绝非一一对应。极端情况下,即便那些与其相对应的人类实践活动早已消失,但相应的学科仍有可能存在,比如,梵语早已是死语言,但相关学科依然存在。而在另一极端,人类相关实践仍然普遍存在,但相应的学科却早消失在历史长河中,比如,国家一直存在,但国家学早就消失了。逻辑上,高等教育有高等教育的命运,高等教育学有高等教育学的命运;至少高等教育的繁荣并不必然带来高等教育学的繁荣。反之亦然。作为一门学科,高等教育学必须植根于高等教育本身的特殊性,高等教育的研究者必须能感受到高等教育的重要性,并持续关注高等教育实践中那些具有永恒性的议题。唯有如此才能生产出有价值的专业性知识,产生原创性教育思想,并生成足以指导高等教育实践的学科智慧。

历史上,高等教育学创立的初衷,一个是为了改进大学教师的教学,另一个是为了通过"大学研究它自己"来实现大学的"善治",并促进国家高等教育事业的发展。但事实上,高等教育学科建立以后,学科自身的逻辑就开始发挥作用,培养学科的从业者成为头等大事,为高等教育实践服务则只能退居其次。在我国,政府的"有形之手"始终控制着高等教育的改革和发展,并直接影响着高等教育研究的课题选择。以"计划"和"工程"为核心的高等教育政策话语主导着大多数高等教育研究者的问题偏好。政府的政策文本或课题指南往往成为高等教育研究的指挥棒。学者的问题意识总是被政府的政策意图所制造的"话题"所遮蔽，真正重要的高等教育问题无法得到充分关注。以课题级别、政府奖励和经费额度作为评价标准，实践中往往是政府说什么问题重要，什么问题就是重要的；政府说什么成果重要，什么成果就是重要的。由于学术专业性的缺失和学术精英的失灵，作为理性家园的大学反倒陷入理性主义的危机，高等教育的工具性或实用性被误认为是重要性，而其本身真正的重要性由于无法被理解和表达，反而接近于被全社会遗忘。尤其严重的是，在我国现行学科专业制度下，高等教育学只能被作为大学里的一个一般性学科来建设，学科建设的目标似乎就是人才培养和论文发表，专业性的社会服务基本被忽略。

当前体制下，我国大学里的高等教育研究机构大致可分两类，一类是有学位授予权的，另一类是没有学位授予权的。有学位授予权的机构主要任务是培养高等教育学专业的研究生；而没学位授予权的则主要从事一些校本研究和半行政性的工作。长期以来，受到教育学的学科逻辑主导，高等教育学的学科建设偏重人才培养，对研究的科学性和有效性，对研究成果的可应用性均重视不够；而在研究生培养过程中又过于注重学历和学位的层次，对于科学研究能力的关注不够，科学方法论的训练较弱。其结果是，我国虽然拥有世界上最庞大的高等教育研究队伍和最多的学位点，也培养了世界上最多的高等教育学专业的研究生，发表了世界上最多的高等教育研究论文，但高等教育研究成果的实际影响力与科学贡献仍微不足道。

本质上，高等教育学不同于一般的学术性学科或实践性学科，它的根本使命是改进人类的高等教育实践和改革国家的高等教育事业。实践中，对于一所大学而言，拥有高等教育学专业的硕士点或博士点并不意味着该大学就重视高等教育研究；相反，没有设立专门的高等教育研究机构或没有高等教育学专业的硕、博士点也不能证明该校就不重视高等教育研究。大学对于高等教育研究的重视应落实到行动上而不是形式上。当前我国高等教育学学科建设正在步入一个误区，即通过不断增加高等教育学专业硕、博士学位点的数量以扩大高等教育研究的规模,试图将高等教育学作为一个一般性学科来建设,企图通过论文发表或科学研究来与其他学科竞争学术资源和社会重视。短期来看,这种思路的确可能会带来高等教育研究的繁荣,但长期来看,前景可能并不美妙。毕竟,高等教育学不是一个一般性的学术性学科,在纯粹的学术竞争中几乎少有获胜的机会。归根结底,高等教育学的使命是改进人类的高等教育实践和大学的运行秩序,而不只是大规模培养本学科的从业者。如果当前这种学科建设的思路不加以改变,仍以科研绩效或人才培养的学位级别作为标杆,高等教育学极有可能因科研绩效或学术表现不佳而被更多的研究型大学所淘汰。要摆脱这种学科发展的困境,必须超越过去的学科性思维,强化高等教育研究的实践性及其与高等教育发展的相关性。在高等教育从大众化向普及化转型的时代,所有高等教育机构都应真正重视高等教育研究,并主动应用高等教育科学研究的成果来指导办学,而不是满足于建立一个高等教育研究机构或设立一个高等教育学专业的硕士点或博士点。如果高等教育学学科建设继续以学位点作为依托,以研究生培养作为自身的中心任务,那么其对高等教育发展前沿问题和学科建设基本问题的敏感性会逐渐降低,从而导致其存在的合法性危机进一步加剧。

第三节　高等教育学如何改造

对于其他学科,大学只为其提供一个制度性场所,这些学科所研究的具体问题多与大学本身无关;而对高等教育学而言,大学和高等教育既是其研究的对象,亦是其学科建制赖以存在的制度性空间。基于这种学科特性,高等教育学不可能像其他学科那样独立于或超然于高等教育实践,而必须深深植根于高等教育(大学)本身,尽可能将学科的发展与高等教育(大学)的发展联系起来,并通过从实践出发的高等教育研究以促使高等教育的发展逐渐从经验走向理性。基于此,高等教育学的学科建设必须致力于引导并改进人类的高等教育实践,而不能满足于作为教育学下面的一个二级学科,抑或追求成为"一级学科"。作为一门学科,高等教育学必须对高等教育中的一些根本性议题或基本问题——比如"什么是好的高等教育?""什么是好大学?""高等的教育何以可能?""如何繁荣或重建我们时代的高等教育?"——给予持续的探索,以维持理论与实践、理想与现实之间的平衡。高等教育研究者若只是着眼于因政府的政策而产生的诸多热点问题或热门话题,忙于为政府自己制造的麻烦寻找所谓的对策,那么高等教育学将失去作为一门学科的必要性。表面上看,当前我国高等教育学学科发展的危机似乎是由于其"无用"造成的,但根子上却可能恰恰源于高等教育学过于追求"有用"。对于高等教育学的发展而言,过于追求玄虚或形而上的学问故不可取,但若长时间囿于对策式的应用研究或像新闻报道一样追逐热点话题,对于学科的发展亦属无益。学科之所以为学科,根本的价值不在于直接为政府或大学发展提供决策参考或行动指南,而在于生产高深知识、产生思想,并生成智慧。高等教育学的学科危机绝不在于高等教育研究是否可以直接为高校的发展或高等教育改革提供对策性建议,那是院校研究机构或某些智库的任务;从长远来看,高等教育学作为一门学科的根基在于能否生产有价值的专业性知识,能否产生原创性的教育思想,并生成足以指导我们时代的高等教育实践的学科智慧。

在我国,高等教育学产生之时,在学科形式上被动选择了教育学作为母学科,但其实质性的学科发展又远离教育学,从而导致高等教育学的学科智识与学科制度相互割裂。在实践中,由于高等教育学在学科制度上依附于教育学,而在学科智识上又远离教育学,从而导致高等教育学的学科定位以及高等教育研究者的学科认同无所适从。其结果是,我们的高等教育研究经常要摇摆于服务实践和建设学科之间。重视高等教育研究者通常会强调高等教育学的发展之于改进高等教育实践的重要性,而轻视高等教育研究者则会强调高等教育学作为一门学科其学术贡献之乏善可陈。事实上,高等教育学之于高等教育的发展既不像有些人鼓吹的那么重要,也绝不像有些人贬低的那么无用。就像大学的历史上神学曾纠结于是培养牧师还是神学家,法学曾纠结于培养律师还是法学家一样,教育学也曾纠结于培养教师还是教育研究者。在学科建设实践中,高等教育学则纠结于问题研究还是学科建设。这原本是正常的现象。问题的关键在于,学科建设不能一直"纠结"下去。面对学科发展的危机,必须审时度势,及时调整学科定位,从实践出发"改造"高等教育学。"一门学科的发展有时候不仅仅是对原有框架、理论和观点做常规性的深入探讨或进行量的积累以求增加其成熟性,而且有时会在内外部诸多因素发展巨变的情况下重新全面审视该学科赖以存在和发展的基础,或采取新的研究战略和策略,或开掘新的领域和方法,从而使发展带有一定的'革命性'。"[1]当然,学科的改造并非完全推倒重来,亦非彻底"改弦更张"。高等教育学的改造不妨看作是高等教育学的一种"突围",

---

[1] 王伟廉.试论高等教育学的改造[J].中国高教研究,1994(1):61.

即"突破学科之围"。"突破学科之围"也并不是"去学科化",而是摆脱对现有教育学二级学科发展模式的路径依赖。拘泥于传统的学科体制以及思维方式,作为教育学的二级学科,高等教育学不可避免"泯然于众学科"。实践中高等教育学学科建设以学位点为依托,注重培养本学科的从业者,对高等教育实践本身的改进反而被高等教育研究者忽视。其结果是,随着学科制度化的不断推进,学科内涵与学科边界逐渐固化,学科建设成了本学科从业者自说自话的学术"游戏"。那么,应如何改造高等教育学呢?

首先,高等教育学的建制:从基于系科到基于大学。当前我国的高等教育学学科建制,无论是独立的高等教育研究机构,还是教育(科学)学院下面高等教育学科的硕、博士学位点,其主要的功能都是人才培养而不是科学研究。这些机构的高等教育研究者虽然也从事高等教育研究,甚至也高度重视高等教育研究,但在现有学科框架下,这些研究大多是"教学研究"或"服务于教学的研究",与真正的"从问题出发的科学研究"还有较大的差距。这种局面的形成绝非个人的意愿可以改变,而是取决于结构性力量的调整。在系科框架下,高等教育学作为教育学的二级学科只能依靠培养本专业的研究生来谋生存。在这样的生存逻辑下,高等教育学作为一门学科只能是一个象征性存在,学科从业者更重视的自然是学生的培养,而不可能是学科研究水平的提高。高等教育学作为一门学科,其最大的价值在于满足大学研究它自己的需要,而不是为大学的研究生教育增加一个专业。当前部分研究型大学之所以撤并以高等教育研究为主的系科,最主要的理由就是高等教育学作为一个研究生专业,无论人才培养还是科学研究水平均处于相对的劣势。在那些研究型大学里,高等教育学作为一个研究生专业,其专业人才的培养缺乏专业性,其科学研究也缺乏科学水平。要扭转这种局面绝不是促使更多研究型大学增设高等教育学专业的博士点或建立相应的教育类系科就可以解决的。从根本上讲,研究型大学的确要重视高等教育研究,但重视高等教育研究并不意味着一定要设立相应的教育类系科或培养该专业的研究生。要提升高等教育学的学科地位或高等教育研究的学术水平,只有基于大学,重构高等教育学,即在大学的层面而非系科的层面,重组高等教育科学研究机构,从高等教育改革和发展的实践出发,专注于高等教育的科学研究。

其次,高等教育学科建设的中心工作:从人才培养到科学研究。作为教育学的二级学科,高等教育学科建设大多满足于培养本学科的从业者并为其提供就业机会,无力似乎也无心顾及鲜活的高等教育实践。学科建设聚焦人才培养没有错,关键是人才培养要与科学研究相结合。一个学科如果只是培养了大量学位获得意义上的从业者,而没有涌现高水平的研究成果并对实践产生积极影响,那么学科建设将乏善可陈。就高等教育学而言,由于缺乏学科共同体的承认和高等教育实践界的认可,高等教育学的学科建设正逐渐沦为一个学科从业者自说自话的"小圈子"。当前显而易见的事实是,并非所有高等教育研究都需要在以高等教育学为建制的系科进行。高等教育学学科建制之外的高等教育研究,甚至比建制内的高等教育研究更繁荣。高等教育研究领域的经典文献的作者也多来自高等教育学和教育学以外的其他学科。那些对高等教育理论研究做出杰出贡献的研究者,有很多在学科认同上也并不关心是否存在一个高等教育学。为了走出这种困境,高等教育学学科建设的中心工作亟须转移到科学研究上来。由于高等教育活动本身的特殊性,高等教育学专业没有本科生。高等教育学作为一门学科或专业,其主旨不在于人才培养而是科学研究,高等教育学的合法性也源于科研而非教学。遗憾的是,当前我国高等教育学的学科建设大量精力放在了学位点建设上,通过大量设立高等教育学专业的硕、博士点,高等教育学科培养了大量的高等教育研究者,但高等教育学科的整体研究水平却未有显著提高。未来高等教育学若仍作为教育学的二级学科,仍以培养高等教育学专业的研究生作为学科的增长点,仍以本学科所培养的研究生作为本学科的继承者或从业者,高等教育学将不可避免陷入"低水平学科"的陷阱。由于高等教育问题的复杂性,高等教育学科根本无法单独培养出高水平的高等教育研究者。而没有高水平的高等教育研究者自然就没有高水平的高等教育研究，也就没有高水平的高等教育学。那么高水平的高等教育研究者从何而来呢？答案可能是开放高等教育学，吸引其他学科高水平的高等教育研究者和有丰富经验的高等教育实践者加入高等教育学科的研究队伍，共同建设高等教育学。

再次，高等教育学科建设的目的：从培养本学科继承者到改进人类高等教育实践。作为教育学的二级学科，根据学科自身的逻辑，高等教育学科建设的首要任务当然是培养本学科的继承者；而为了培养学科继承者，教师、课程、教学等子系统的建设都会被排到议事日程的顶端。在实践中过于强调学科自身的逻辑极易助长学科的自利性，即学科建设倾向于以学科在大学里自我复制的频率来证明学科建设的成功。在我国，自1981年厦门大学设立第一个高等教育学硕士点以来，经过30多年的发展，我国大学的高等教育学硕士点已增加到100多个，博士点也有20多个，已成为教育研究中名副其实的"显学"。但吊诡的是，在高等教育研究一片繁荣的大好形势下，几所研究型大学撤并以高等教育研究为主的系科却在高等教育学科内部引起了某种强烈的危机感。这在某种意义上，可能也真实地反映了高等教育学科自身的脆弱。对于高等教育学的学科发展而言，繁荣与危机似乎只隔一层"窗户纸"，关键是要不要"捅破"。在我国，长期以来高等教育的发展为政府的政策所主导，高等教育研究成果和研究者对于高等教育政策和实践的影响有限。历史上，高等教育学虽然因国家发展高等教育的需要而产生，但产生以后，高等教育学科对于高等教育改革和发展的象征性却远大于实用性。由于偏重于人才培养，以学科建设为名，高等教育研究逐渐远离高等教育政策和实践前沿，而所谓的研究也主要是服务于教学需要或个人的职业发展。面向未来，高等教育学学科建设的成果若仍然只是为了满足高等教育学科从业者的职业发展或研究生培养，而无法改进人类的高等教育实践，那么高等教育学作为一门学科迟早会被淘汰。

中编

高等教育改革的议题

第六章
重思大学的治理

伴随治理话语的流行,近年来大学的治理成为高等教育研究的热点。如果说在20世纪80年代"市场"曾经成为一种"神话",各种组织都趋向于"市场化";那么今天"治理"则正在成为一个新的"神话",治理结构与治理能力的现代化成为各类社会组织的新诉求。当初无论任何组织或个人,也无论遇到了什么棘手的问题或麻烦,都可以求助于"市场",而今天我们则希望通过"治理"来解决面临的所有社会难题。大学也不例外。在经历了20世纪80年代市场化的洗礼后,治理成了现代大学更新"管理时尚"的"宠儿",很多原本属于管理的事情都改头换面称之为"治理"。但事实上,管理与治理属于不同的世界,不可以简单地相互替代。"治理包括:批准院校任务和目标;批准院校政策和程序;任命、审查和支持校长,以及对学科点、活动和资源的监督。相反,管理职责包括在董事会认可的政策和程序之内使院校有效地运作并达到目标;有效利用资源;对最优质的教学、研究和服务的创造性支持。"[①]大学的治理和管理有本质的不同,二者之间的边界不能模糊。治理概念的标签化或治理边界的无限扩张只会造成大学治理的高度泛化或空洞化,从而导致治理话语与治理实践相互脱离。大学是一个典型的知识生产和消费组织,大学里的教师和学生是典型的知识工作者,大学的治理必须有利于提高知识组织和知识工作者的效率而非相反。然而,当前世界范围内

---

① 罗纳德·埃伦伯格.美国的大学治理[M].沈文钦,等译.北京:北京大学出版社,2010:9.

大学的治理仍然以科层制和学科制作为组织框架,学科间、学生间与教授间的联系被体制所阻断,所谓的"治理"往往有名无实。现实中大学的种种危机并没有因为"治理"的实施而有所缓解,反倒有加剧大学危机的倾向。究其根本,大学需要的是真正的治理而不是某种高等教育管理的新时尚。重思大学的治理,我们必须警惕"在治理理念的传播过程中,这其中既有真正的革新工作,也有只是对旧有理念的'重新包装'而已"[①]。在建立中国特色现代大学制度和实现大学治理结构与治理能力现代化的过程中,作为一种话语方式和分析框架,大学治理的内涵必须清晰;作为一种行政策略,大学治理的边界必须明确。绝不能因为我们重视大学的治理或需要重视大学的治理,就把治理的实践边界与理论内涵过度泛化或普遍化,更不能把现代大学改革和发展中的所有问题都归结成治理的问题或治理结构问题。现代大学的繁荣需要的是治理实践的切实改进而不是治理话语的泛滥。

---

① 让-皮埃尔·戈丹.何谓治理[M].钟震宇,译.北京:社会科学文献出版社,2010:77.

第一节 治理与大学的关系

"治理"一词古汉语中就有。比如,《荀子·君道》曰:"明分职,序事业,材技官能,莫不治理,则公道达而私门塞矣,公义明而私事息矣。"《汉书·赵尹韩张两王传》亦云:"一切治理,威名流闻。"然而,就像古代汉语中虽然也有"大学之道"的说法,但是现在"大学"的含义主要指源于西方的"university"一样,当前学术界所讨论的"治理"也主要是指"governance",即现在作为一个专业术语,"治理"主要是作为"governance"的对应词而非沿袭汉语中"治理"一词固有的含义。在西方文献中,"治理"(governance)作为一个概念同样是古老而又年轻。说其古老是因为这个词根据词源学家的说法可以追溯到古希腊语中的"掌舵"(kubernan),说其年轻则是因为这个词的现代含义主要源于20世纪90年代以来在英语中的新用法。[①] 第二次世界大战以后,在政治领域,最初治理观念的出现是为了应对现代国家的危机,主要是为了提高政府的执政能力。当前治理作为一个概念或一种理论,在很多知识领域,比如经济学、公共管理学、社会学以及政治学中都经常涉及,相关研究尤其以企业经济学和政治决策分析领域最为集中。这一方面反映了当今时代治理问题的普遍性(很多问题仅凭传统的"管理"手段无法应对),另一方面也反映了治理作为一种话语方式在当下正在被"滥用"并"用滥"(话语的传播要远快于现实的发展)。不过,尽管存在治理话语与治理实践相脱离以及治理话语泛滥等问题,但作为一个概念或理论,治理对现代社会已经并仍将产生深远的影响。"它提出了一系列问题,这些问题如果用更

---

① 马克·普莱特纳.宋阳旨,译.反思"治理"[J].国外理论动态,2014(5):23-24.

加传统的概念工具来处理会更难理解,解决起来也要困难得多。"①某种意义上,我们的时代是一个需要治理、也产生了治理的时代。

20世纪90年代,治理作为一个学术概念在西方世界被正式提出后,由于切合了实践和时代的需要,迅速传遍了全球。以至于后来弗里德里克森曾感慨:"治理,到处是治理。"②在诸多国际组织和各国政府的共同努力下,治理很快实现了从学术概念和理论话语向政策工具的转变,最终在各种政策话语体系中扮演关键词的角色。在具体实践中"治理的理念可操作了,甚至可以成为工具了"③。当前作为一种全新的政策工具,在政治领域,治理意味着国家"统治"方式的转型;在经济领域,治理被作为企业微观管理方式的创新;而在社会领域,治理则被定义为政府与民间、公共部门与私人部门之间的合作与互动。由此可见,由于场域逻辑和价值系统的不同,实践中治理作为一种政策工具,明显存在多重用法。就大学的治理而言,与政府治理、企业治理以及社会治理相比,其缘起与旨趣也大不相同。当前大学治理的兴起既是整个社会"被治理化"的一部分,也是现代大学转型内在的必然的要求。第二次世界大战以后,伴随世界范围内高等教育从精英向大众化的转型,现代大学开始面临前所未有的变革压力。无论是政府对于大学的间接"控制"还是大学内部传统的"自治"都已无法满足诸多利益相关者对于大学的利益诉求和价值期待。"由于内部冲突和不寻常的财政压力而导致学院和大学的破坏,……它更像漏洞百出的铁路系统。"④面对现代大学的严峻危机,1960年,科尔森出版了 *Governance of Colleges and Universities* 一书,首次提出了学院和大学的治理。1973年,卡内基教学促进基金会发布了

---

① 丹尼尔·康帕格农.谢来辉,译.全球治理与发展中国家:盲点还是未知领域?[J].国外理论动态,2013(4):17.
② 王诗宗.治理理论与公共行政学范式进步[J].中国社会科学,2010(4):95.
③ 让-皮埃尔·戈丹.何谓治理[M].钟震宇,译.北京:社会科学文献出版社,2010:52.
④ 鲍尔斯,金蒂斯.美国:经济生活与教育改革[M].王佩雄,等译.上海:上海教育出版社,1990:310.

Governance of Higher Education: Six Priority Problems,进一步提出了高等教育的治理问题。1976 年,在詹姆斯·马奇和约翰·奥尔森合著的《组织中的二重性与选择》一书中,他们第一次在分析大学的决策时用到了"大学治理"(university governance)这个词。① 相比之下,1989 年世界银行才首次正式提出"治理危机"(crisis in governance),直到 1995 年全球治理委员会才在一份名为"我们的全球伙伴关系"的报告里对"治理"进行权威界定。然而,在联合国、欧盟、世界银行、OECD 等国际组织的推动下,20 世纪 90 年代末以来,以全球治理委员会的相关界定为基础,治理作为一种新的话语实践迅速渗透到政治、经济与社会的各个领域。治理理论以新公共管理和新自由主义经济学为载体,对国家治理和大学治理产生了深远的影响。因此,虽然高等教育领域对于治理问题的探讨走在了其他领域的前面,但不无讽刺的是,后来高等教育领域治理话语的流行以及大学治理的盛行更多地还是受到商业文献和公共管理学中治理理论的启发,而不是源自高等教育学科对于大学治理或高等教育治理的研究。高等教育研究领域虽然较早使用了"大学治理"(university governance)这个概念或术语,但是真正促使"治理大学"(governing university)成为一种现实的还是治理理论(the theory of governance)以及由此引发的政策实践。换言之,虽然高等教育领域中大学的组织特性和管理实践孕育了治理的概念和理念,但治理概念和理念提出后却最先在企业管理和公共管理实践中被理论化。随后,借助市场的余威和学术话语的霸权,治理理论迅速在全世界流行。当然,以企业实践为基础的治理理论之所以能够迅速波及各种社会组织并成为引领管理时尚的新范式,无疑也与现代社会中的组织趋同密切相关。

当今时代植根于共同的政治、经济背景,大学、企业与国家彼此之间高度同构。一方面大学与企业都是国家的缩影,另一方面无论大学还是国家

---

① 让-皮埃尔·戈丹.何谓治理[M].钟震宇,译.北京:社会科学文献出版社,2010:15.

又都深深打上了现代企业的烙印。同时,随着学习型组织的兴起,现代大学又被认为是最卓越的"信息和学术组织",政府和企业也纷纷"把大学作为它们的基本组织原型"①。其结果是,在竞争、规范与模仿等机制的多重作用下,大学、政府与企业间的差异逐渐模糊,组织的普遍性而非特殊性居于优先地位。一方面大学与国家分享企业治理的成功经验,另一方面企业也在不断地向国家和大学学习。就像长期以来管理学一直被等同于工商管理一样,当前的治理理论也有沦为企业治理或公司治理的大趋势。由于企业在现代社会中的极端重要性,加之市场经济的驱动,现代大学对于企业治理的研究在知识和人力资源配置方面也占据比较优势。基于组织的普遍性,公司治理的某些知识亦具有普适的价值,在治理问题上,大学向企业学习不是不可以,但问题的关键是,不能在"应该学习什么"这一点上迷失了方向。公司治理的理论和实践可以为大学的治理提供某种借鉴,但大学的善治还有待于大学治理理论来引领。虽然大学的治理也可以引入以竞争为核心的市场机制,但随着市场作用的凸显,"大学治理结构将随之而改变,这是预料之中的。大学治理的减少似乎不可避免。在这种减少中市场的作用看起来明显了。行政管理人员正在更多地成为技术专家而不是学术领导,这个过程更多地成为经营而不是治理"②。现代社会中大学组织既具有组织的一般性更有其特殊性,我们绝不能像管理企业一样管理大学,自然也不能像治理公司一样治理大学。"营利性公司受经济进化论力量的支配,大学和学院往往更多地受到其他非经济因素的影响。"③大学的治理必须充分考虑大学的本质与逻辑以及学术的文化与传统。现代企业治理中一个重要的原则就是"金钱话事",公司治理结构中的话语权基本上由股权的比例所决定。然而,

---

① 弗雷德里克·博德斯顿.管理今日大学:为了活力、变革与卓越之战略[M].王春春,赵炬明,译.桂林:广西师范大学出版社,2006:前言·4.
② 希拉·斯劳特,拉里·莱斯利.学术资本主义:政治、政策和创业型大学[M].梁骁,黎丽,译.北京:北京大学出版社,2008:214.
③ 罗纳德·埃伦伯格.美国的大学治理[M].沈文钦,等译.北京:北京大学出版社,2010:23.

"大学治理的特征在于提供资金的多少并不决定决定权的强弱"[①]。对大学治理而言,至关重要的是处理好"理念与金钱""行政与学术"的双重关系。正确的理念从根本上规定了大学治理的方向。没有好的办学理念,再多的金钱投入也办不出好大学。在平衡好理念与资金关系的基础上,大学治理的核心议题就是如何处理好行政与学术的关系。如果说在企业治理中也会有涉及理念与资金的关系问题,那么如何处理学术与行政的关系就是决定大学治理是非成败的关键所在。"如果说高校治理不处于学术事业的核心,那么它也位于学术事业的源头。"[②]与政府和企业组织的理性化不同,大学组织更像是一个松散结合的自然系统,在大学治理的过程中虽然也有不同的"权力"在"博弈",但不存在绝对"中心"。在大学内部,不同权力主体之间绝不是截然两分而是相互交叉或重叠。大学的治理既不能以"行政"为中心也绝不能以"学术"为中心。"越来越多的证据表明,优秀的校长和专业的、有远见的学术管理人员是学校、学院和大学的生产力和良好运行的关键。"[③]现代大学的治理实践表明,在行政权力和学术权力之间,绝非抑制了行政权力就可以全部满足学术权力的需要。学术权力要发挥作用既需要有效的学术治理也需要行政部门的大力支撑。"大学在本质上是融学术性与契约性为一体的一组契约联合网络。"[④]行政权力式微和学术治理失灵一样,都会不利于大学的有效治理。有效的大学治理或大学善治的关键,是保持学术权力和行政权力之间的平衡(相互制约、相互支持)而不是失衡(一边倒或相互对立)。

---

① 矢野真和.高等教育的经济分析与政策[M].张晓鹏,译.北京:北京大学出版社,2006:231.
② 罗纳德·埃伦伯格.美国的大学治理[M].沈文钦,等译.北京:北京大学出版社,2010:127.
③ 乔治·凯勒.大学战略与规划:美国高等教育管理革命[M].别敦荣,主译.青岛:中国海洋大学出版社,2005:228.
④ 李维安,王世权.大学治理[M].北京:机械工业出版社,2013:24.

第二节　大学的可治理性

如前所述,无论在概念还是事实层面上,也无论在历史上还是现实中,大学与治理都密切相关,但长期以来治理之于大学更多地是一种自发而非自觉。就像大学原本就是学习型组织的典范,但学习型组织理论的建构,其初衷乃是为企业绩效服务。伴随着学习型组织理论在企业里大获成功,大学反倒要去借鉴学习型组织理论以创建学习型大学。治理理论也一样。历史上,人类社会的治理实践起源于大学,大学也是治理理念和理论的重要发源地;但后来社会科学领域治理概念及其理论提出的初衷则并非是为了改善大学的管理。20世纪90年代之后,随着治理理论风靡全球,大学和其他社会组织一样,从外部引入了治理的概念及其理论,大学治理的问题才随之兴起。在此之前,高等教育研究中虽然也曾有提出过大学治理或高等教育治理的概念,但高等教育理论和实践的主流话语仍然是"管理"而不是"治理"。值得注意的是,治理话语和实践兴起之后,关于大学的治理呈现出一种吊诡的局面,即没有治理概念及其理论时,大学里就已经在实施治理;而当大学引入治理的概念及其理论、全面推进大学的治理时,大学是否真的实现了可治理性,反倒成为一个疑问。因为,很多时候我们改革的焦点只是在"治理"本身,甚至没有试图去判断或区分治理的"好"与"坏",相关的改革颇有"为治理而治理"的味道。"我们谈论'治理'是因为我们并不确切地了解如何称谓正在发生的事情。"[①]大学是极复杂的组织,现代大学的问题更是超级复杂,迫切需要治理;但大学可治理性的实现绝不是引入一个概念或某种

[①] 托马斯·G.怀斯.张志超,译.治理、善治与全球治理:理念和现实的挑战[J].国外理论动态,2014(8):15.

治理理论就可以万事大吉。大学治理是为了切实解决大学所面临的新问题和新挑战,而不是用来粉饰现实或掩盖问题。如果治理没有能够为大学注入新的理念,发起新的行动,有效解决新的问题,充分实现大学的可治理性,而只是"新瓶装旧酒",那么大学的治理将极有可能沦为一种政治的修辞而失去理论和实践的价值。

在现有文献中,"可治理性(governability)是表达国家、政府或公共部门在回应和满足不同社会阶层需求或以这些需求为基础制定政策时所使用的一个概念,20世纪70年代最早出现在美国和欧洲"[①]。在20世纪70年代,治理理论尚未出现,治理作为一个概念主要还是规范性或说明性的而非理论化的,当时很多学科只是直觉地和近乎下意识地使用治理这个概念。由于早期"治理"一词尚未概念化和理论化,根据当时的语境,"governability"这个词直接以"govern"为词根,主要指"可统治性",强调政府的"施政能力"或"体制的能力"。20世纪90年代以后,随着从"统治"(govern)向"治理"(governance)的切实转变,governability与governance的关系逐渐密切,"可治理性"与"治理"一起成了学术界的流行词。一些国际组织,比如世界银行、欧盟、OECD、联合国开发计划署等甚至把"可治理性"和"治理"作为同义词来使用。历史上,"可治理性"概念的提出曾经受"统治"理念的影响,主要针对政府权力的行使,即政府在某种体制下的具体施政能力。在20世纪90年代以后,随着政府从"统治"向"治理"的转型,尤其是治理理论在企业领域的大获全胜,"可治理性"作为一个学术概念逐渐走出了"统治"的体制或机构框架,伴随治理的兴起而快速进入社会各个领域。以治理理论为基础,基于治理问题的普遍性,当前所有社会组织都存在可治理性问题或所有社会组织的问题都与可治理性有关。其结果是,可治理性(即治理能力以及找到指导公共行为之实际条件的能力)成为当代社会组织决策的重大挑战。[②] 教

---

① 袁东振.可治理性与拉美国家的可治理性问题[J].拉丁美洲研究,2007(5):3.
② 让-皮埃尔·戈丹.何谓治理[M].钟震宇,译.北京:社会科学文献出版社,2010:35.

育领域当然也不例外。2003年11月,联合国教科文组织就在阿根廷召开了题为"拉美教育制度的可治理性"国际研讨会。长期以来,高等教育研究领域中关于大学治理的文献较多,但对大学的可治理性几乎没有关注。究其原因,要么是没有意识到研究大学可治理性问题的重要性,要么就是将大学的可治理性与治理当成了一回事。但无论哪种情况,今后都应避免。

重思大学的治理必须关注大学的可治理性。就像讨论高等教育的产业化,首先需要明晰高等教育的产业性一样,探索大学的治理当然也要了解大学的可治理性。对于高等教育产业属性的认识有助于制定科学合理的高等教育产业化政策;对于大学可治理性状况的认识也有助于大学建立科学合理的治理结构。与高等教育"有无产业属性"不同,无论在理论上还是在实践中,大学的可治理性都不是一个"有或无"的问题,而是存在不同的实现程度。一般而言,理想的可治理性,即大学善治的实现;正常的可治理性,即在相应治理理念的指导下,大学以规则为核心进行治理;如果在治理过程中规则和理念滞后,就会出现大学可治理性的缺失;在可治理性缺失时,如果我们不能成功地重建秩序理念,就会导致大学可治理性的危机;最坏的局面当然就是出现了不可治理性,即大学治理的失灵。对大学而言,理想的可治理性是大学治理的一种理想状态,实践中可能并不存在;同样,实践中也不存在完全不可治理的大学。和理想的可治理性一样,大学的不可治理性也是一种理论上的极端假设。大学治理实践中经常面临的问题是可治理性的缺失或者可治理性的危机,大学治理的现实目标就是实现一种正常的可治理性,并为理想的可治理性而不懈努力。

基于治理与可治理性的差异,大学的治理和可治理性既有联系又有区别。治理强调各利益相关者互动的过程,可治理性则强调治理的具体结果或能力。大学的治理是一个动态的过程,大学的可治理性则是一种现状或最终结果。对于大学可治理性的研究,既可以帮助揭示大学治理面临的主要问题,也可以作为检视大学治理绩效的一种手段。如果失去了可治理性这一标杆,大学的治理就容易迷失方向。作为同一事物的不同方面,大学的治理和可治理性在实践中会相互影响。一般而言,"治理能力在一定意义上决定可治理性的实现程度,可治理性的实现程度既取决于游戏规则的质量,也取决于国家和公共部门解决社会、政治和经济难题的能力。可治理性也可以对治理产生影响,对游戏规则产生影响,可以对游戏规则加以完善,为治理能力的提高创造条件"[①]。就大学而言,如果通过有效的治理,高等教育的体制与大学的制度得以完善,各利益相关者积极参与大学治理的渠道保持畅通,民众以及政府充分信任大学,大学本身也具备为经济社会发展服务的能力,并可以为民众提供高质量的高等教育,那么就可以证明大学通过治理实现了可治理性;相反,如果大学主要以自我为中心,脱离社会的需要,政府与大学彼此互不信任,大学内部学术管理与行政管理相互对立,大学治理的规则与理念滞后于时代的需要,就会导致大学可治理性的缺失,严重时会使大学陷入可治理性的危机。简言之,大学的治理与可治理性是一对互生互补的概念。治理是实现可治理性的手段,可治理性又是检验治理成果的标杆。二者的关系颇类似于合法化与合法性的关系:一旦合法性出现了危机就需要启动合法化的过程,合法化的目的就是要重新获得合法性。大学的治理就是为了应对大学可治理性的缺失或可治理性的危机,大学治理的最终目的则是要实现一种正常的或理想的可治理性,而正常的或理想的可治理性是大学可持续发展的必要条件。

---

① 袁东振.可治理性与拉美国家的可治理性问题[J].拉丁美洲研究,2007(5):5.

第三节 大学治理的失灵

治理的失灵也被称为治理失败(governance failure)。就像政府和市场会失灵一样,作为现代性的一部分,治理失灵也具有必然性。大学治理也不例外。无论大学治理结构多么完善,大学人多么努力,善治都更多地是一种理想,可治理性的危机都不可避免。不过,这里需要注意的是,实践中会存在两种不同的治理失灵。一种是由于没有实施有效的治理或治理有缺陷(非不能也,实不为也)所导致的治理失灵;另一种治理失灵则深深植根于治理这种机制本身(非不为也,实不能也)。在实践中,如果是前一种治理失灵需要进一步完善治理的机制,而如果是后一种治理失灵则需要在治理之外寻找其他的机制作为补充。当然,在具体实践中两种治理失灵绝非泾渭分明,而是经常相互交织在一起,有时甚至于难以分辨。一般而言,不充分的治理或者恶治极有可能导致治理的失灵,但并非所有失败的治理都是由于治理的不充分。我们必须清楚,治理机制本身有其客观的局限性,绝非只要努力就一定可以实现善治。

现代大学高度复杂,具体的治理过程中无论是计划机制、市场机制还是志愿机制,都有天然的局限性,治理失灵是必然的。当前从表面上看大学治理在很多国家已取得了"成功",并创造出了不同的大学治理模式,但现实中存在的所谓"成功的大学治理模式"并没有使我们的高等教育(大学)更加繁荣。相反,随着大学里各种成功的治理模式的不断扩散,社会各界对于现代大学的批评不绝于耳。"关于治理的各种批评——治理变得过于公司化和资本化,或者它过于深陷于传统而对现代世界的要求反应迟钝——在缺乏系统全面信息的环境中传播散布。"①在高等教育实践中,良好的大学治理需要多种机制配合使用,稍有不慎就会造成治理的失灵或失败。众所周知,大学的治理以学术治理为主体,而学术治理的变革一方面会受到政治、经济、文化条件等客观因素的影响,经济条件和外部环境的变化会促使大学改变其治理结构;另一方面学术治理的变革也会受到大学理念以及价值观变化等主观因素的制约,社会中思想的启蒙和人的解放也会推动大学的治理结构向新的方向发展。自20世纪80年代以来,伴随着信息技术的发展和网络社会的崛起,大学的内外部环境因为全球化和网络化所带来的"连接革命"发生了翻天覆地的变化,但既有的制度安排和秩序理念却严重滞后,极容易导致大学治理的失灵。我们知道,现代大学的经典理念要么起源于中世纪大学,要么始于19世纪的柏林大学,这些理念从表面上看对于大学的发展似乎具有永恒的价值合理性,但事实上,这些源于旧时代的理念会严重制约现代大学的规则改革和制度创新,严重时甚至会造成大学治理的失灵。具体而言,那些源于旧时代的大学理念对于现代大学治理有三个较为显著的影响:一是精英主义,二是自我中心主义,三是保守主义。精英主义强调大学的贤能治理,即由学术精英来治理大学,这样极容易忽视治理本身的专业性;而自我中心主义主要表现为高度重视大学的自治,过分强调学者行会自己管理自己的事情,这样在治理过程中容易忽视其他利益相关者的合理诉求;最后,旧大学理念中的保守主义倾向总是在幻想大学能成为远离世俗社会的一片净土,希望能够重回象牙塔。事实上,现代大学必然是社会中的大学,精英主义、自我中心主义与保守主义对于现代大学的治理都是有害的,至少也是利弊参半。有效的治理要求大学必须通过开放的治理结构充分包容各种利益相关者,在伙伴关系的框架下,通过各种利益相关方的积极参与,最终实现大学的共治与善治。

---

① 罗纳德·埃伦伯格.美国的大学治理[M].沈文钦,等译.北京:北京大学出版社,2010:129.

理论上，与善治的理想相比，恶治是大学治理的另一个极端。恶治一定会导致大学治理的失灵，但大学治理的失灵并非全是因为恶治的出现。在真实的治理实践中，大学的恶治与善治都是小概率事件。作为一种常态，大学的治理实践必然是介于善治与恶治之间，并努力保持向善治转变的态势。当前我国大学的治理更多地是一种象征性治理而非实质性治理。所谓象征性治理这里主要指"通过符号或象征性的措施实施治理，而治理者并不真心或无力实现正式规范所要求的目的"①。在建立中国特色现代大学制度的过程中，我国大学虽然也引入了治理的概念以及体制框架，也依据治理理念出台了相关的规章制度，并设计了大学的治理结构与制度安排；但总体上，由于传统力量的强大和路径依赖的缘故，我国大学并没有真正建立起以规则为核心的治理模式，主导大学的仍然不是规则治理而只是象征性治理。以近年来大学的章程建设为例，由于教育主管部门高度重视，"一校一章程"的目标顺利实现，但在治理实践中，作为大学治理宪法的章程却流于形式，成为一种"时髦的游戏"，充其量仅具有象征性意义。"发达国家的经验表明，相关法律法规如果不到位，大学章程制定得再完美也难以有效发挥作用，反而会造成极大的'制度浪费'。"②当然，作为治理理论和实践中的必然现象，象征性治理的存在十分普遍，它既可能导致治理失灵也有可能成为走向实质性治理的过渡阶段。与政府治理中象征性治理经常会导致治理失灵相比，大学中的象征性治理虽然远不是一种理想的治理模式，但也不乏积极意义。某种意义上，象征性治理总要好于那些"没有治理的治理"。至少象征性治理的存在像一面棱镜，大学可以通过它观察到自身存在的具体问题，可以避免大学治理改革在实践中彻底沦为空洞的口号。

---

① 刘天旭,范风华.象征性治理——对政府治理失灵的一个概括[J].甘肃行政学院学报,2009(5):24.
② 李维安,王世权.大学治理[M].北京:机械工业出版社,2013:192.

第四节　大学治理的治理

由于治理失灵的不可避免性，自然就需要对"治理的治理"。对"治理的治理"也被称为"元治理"(meta-governance)，最早是由英国著名政治理论家杰索普于1997年提出。本质上，"元治理"也是一种"治理"。与科层、市场与网络等具体治理机制不同，元治理的主要目的是对具体的治理机制进行协调，以尽可能避免或减少治理的失灵。大学的治理包括治理结构与治理能力两个方面。治理结构是静态的，无法直接转化为治理能力；大学的治理能力通常由治理机制的选择所决定。对于大学的治理而言，科层机制、市场机制以及网络治理均存在天然的局限性，都会失灵。"市场、国家、治理均会失灵，这并不稀奇。因为失灵是所有社会关系的核心特点。……由于愈演愈烈的结构复杂性和社会生活的不透明，加之广泛的时空界域中的多重目的——无论采用何种方式的协调机制，对于治理的尝试都可能以失灵告终。"[①]具体而言，在大学治理实践中科层模式容易导致权力主义，市场模式则容易滋生拜金主义，而网络的缺点则是不够稳定。为了实现大学的善治，必须对大学的治理本身进行治理。当然，对治理的治理也只是应对治理失灵的一种选择。就像治理不是万能的，对治理的治理也不是万能的，也会失灵。"由于任何实践都可能趋于失败，因而元治理及其校准也可能失灵。这就意味着，并没有什么所谓的阿基米德支点能够确保治理或其校准都取得

---

① 鲍勃·杰索普. 程浩, 译. 治理与元治理：必要的反思性、必要的多样性和必要的反讽性[J]. 国外理论动态, 2014(5): 17.

成功。"①就像对其他任何事物的治理一样,对大学的治理也没有万无一失的"妙计"。尽管如此,我们也不能因为治理的失灵存在必然性而否定治理本身的必要性和紧迫性。面对治理的失灵以及"治理的治理"的失灵,元治理者需要"所谓自我反思性的反讽,就是参与人要认识到失灵的可能性,但同时仍要抱着可能成功的心态继续工作"②。换言之,对于大学的治理和治理的治理,即便我们明知其可能失灵,必然失灵,仍然要努力去践行(知其不可而为之)。

为了实现对于大学治理的治理,首先要加强对大学治理本身的研究。大学是一个学者的社团,以对高深学问的探究作为合法性的基础。大学里存在并生产各种类型的专业知识,但却非常缺乏有关大学治理的科学知识。"在当今的大学中,我们并没有以一种深思熟虑的、系统的、专业的方式利用任何知识。我们不是按照学术环境的要求来设计大学的。我们没有安排任何人担负这样一种具体的责任,即为大学提供设计学术环境所需要的最适切的专业的和科学的知识。"③自第二次世界大战以后,高等教育研究作为一个专业已经在大学里兴起,现代大学也不再是"什么都研究就是不研究它自己"。但是由于学术职业的逻辑与管理实践的逻辑无法吻合,高等教育研究仍然更多地遵循学科的逻辑或知识的逻辑在运作,无法为大学治理实践提供足够专业的和科学的知识。在为社会服务的旗号下,现代大学乐于充当政府或其他组织的智库,积极为政府或社会的治理出谋划策,却唯独对自身的治理问题视而不见。某种意义上,现代大学的治理仍然在按传统运行,由于规则和理念相对滞后,治理的专业性和有效性均

---

① 鲍勃·杰索普.程浩,译.治理与元治理:必要的反思性、必要的多样性和必要的反讽性[J].国外理论动态,2014(5):18.
② 鲍勃·杰索普.程浩,译.治理与元治理:必要的反思性、必要的多样性和必要的反讽性[J].国外理论动态,2014(5):19.
③ 乔治·凯勒.大学战略与规划:美国高等教育管理革命[M].别敦荣,主译.青岛:中国海洋大学出版社,2005:151.

不够理想。当然,不容否认大学的传统本身也蕴含有"好的治理"的成分,遵循传统亦不失为一种有效治理的"游戏规则"。但值得注意是,当前大学里所谓的传统往往植根于中世纪大学或近代大学,而无论中世纪大学还是近代大学,与现代大学相比都存在巨大差异。比如,教授治校曾是近代大学非常有效的治理方式,但实行教授治校的前提是学校规模较小,教授以教学为主,人数很少且相互熟悉。在这种情况下,教授治校是大学治理的最有效方式。但现代大学的规模十分庞大,学校的事务繁多,学科的专业性增强,学术职业的压力增大,加之教授队伍人数众多且庞杂,在此背景下,教授治校可能就不再是有效的大学治理模式。然而,当前在现实中由于保守主义和怀旧情结使然,关于教授治校的主张总是学术上正确,甚至政治正确。事实上,现代大学里即便仍然需要教授治校,其含义与近代大学恐怕也迥然不同。现代社会对大学的治理如果没有强烈的时间感或时代感,仍然沿用过去的成功经验来应对已经变化了环境,结果只会导致治理的失败。"如果治理思路陷入已有的、被认为是成功的治理模式及其背后的治理理念之中,就无法解决当今面对的重大问题,结果只能导致治理赤字"①,从而使得正在经历重大变化的大学因为治理失灵而成为一所失败的大学。比如,对于那些多元巨型大学的治理,需要的就是专业的高等教育管理阶层而不再仅仅是由教授组成的各种委员会。为了实现治理的专业化,大学需要的绝对不是简单地把企业治理理论与经验迁移到大学,而是要加强对于大学治理的院校研究,并勇于尝试或践行。"如今至少在美国,领导力课程大部分是在商学院授课,即使在其他地方教授时,强调的也是商业世界中有效的管理技术和方法这类内容。如果治理研究也朝这个方向发展将是不幸的。"②为了完善大学的治理,大学应充分利用自身的知识优势,深入研究什么是大学最好的组织方式,什么是高深知识发展的

---

① 秦亚青.全球治理失灵与秩序理念的重建[J].世界经济与政治,2013(4):7.
② 马克·普莱特纳.宋阳旨,译.反思"治理"[J].国外理论动态,2014(5):26.

最优途径以及如何实现大学的良好治理。

除了大学自身要加强关于大学治理的研究工作之外,要实现对大学治理的治理还必须注意发挥政府的作用。"体制决定行为,不同的政治体制对大学治理的影响最终表现在政府行为上。例如,法国路易十四颁令要求大学讲授法兰西法及教会法并禁止讲授笛卡尔及当代其他学者著作;英国伊丽莎白一世颁布法令规定牛津、剑桥的大学校长需要国王任命;奥地利政府则要求维也纳大学服从自己并接受政府对其教学科目的监督和检查。"[①]无论我们愿意或不愿意,近代以来政府或国家都是大学唯一的"元治理者"。绝不能因为政府曾在治理大学时有过失误或过失,就否认政府作为大学的元治理者的合法性和必要性。"因为这样做就好比因为接球者偶尔接不到球或四分卫的球被拦截就要求重写橄榄球规则。"[②]无论是在理论上还是实践中,除政府之外没有任何组织可以充当科层、市场与网络三种治理机制的协调者。当不同治理机制因相互冲突、彼此破坏,从而导致治理失灵时,只有政府有能力把它们重新有效地组合起来。"与其他治理主体相比,政府拥有相对垄断性质的组织智慧与信息资源,具有动员其他治理主体的号召力和统筹各治理主体之间冲突与矛盾的协调力,当不同治理模式之间发生冲突或对治理有争议时,政府可以发挥自身的优势,充当'上诉法庭'的角色,理顺各方关系,协调各方利益,并且可以通过制定规则或者重组权力关系来支持较弱一方,从而使各方利益达到均衡状态。"[③]在元治理的视野中,大学自身的治理必须置于政府对大学的治理之下。没有政府对大学治理的治理,大学自身的治理也是不可能的。大学的治理并不必然意味着减少政府的介入,有时反而要适当增加政府的影响力。治理

[①] 李维安,王世权.大学治理[M].北京:机械工业出版社,2013:117.
[②] 罗纳德·埃伦伯格.美国的大学治理[M].沈文钦,等译.北京:北京大学出版社,2010:33.
[③] 冯道军."元治理"理论视角下国企改革的政府角色重塑[J].苏州大学学报(哲学社会科学版),2014(3):119.

绝不意味着国家的退出,相反,有时还会要求国家扮演更加积极的角色。现代大学治理的关键不是阻止政府的扩张或国家的介入,而是要通过制定合适的规则和制度,使大学与政府之间保持一种必要的张力。在民族国家的大框架下,政府对大学治理的治理(顶层设计)是现代大学治理的关键所在。对于现代大学而言,"没有政府的治理"只能是一种不切实际的幻想。当然,这里强调政府是大学唯一的"元治理者"并不意味着要恢复国家或政府对于大学的"统治"。政府作为"元治理者"其作用在于对大学的治理进行"治理",而不是对大学的治理进行"统治"。如果政府"统治"了大学,那么大学将成为政府的附庸,大学的治理将无从谈起。"大学是由在进化演变过程中所形成的自下而上治理元素和在精心设计时就确立的自上而下治理的元素所组成的混合体。"[1]为了保障大学治理的自主性和相对独立性,在元治理的过程中,政府不能只是高高在上地发号施令,而是要作为大学的最核心的利益相关者积极参与对大学治理的治理,即做好大学治理的顶层设计。

最后要指出的是,治理绝不是包治百病的"灵丹妙药",治理和元治理的失灵都不可避免。归根结底,治理以及治理理论实质上仍然是现代性的一部分,它的产生和扩散有其特殊的历史情境。"新治理理论实质上是用一种类型的现代主义取代了另一种类型的现代主义。……不论从理论上还是实践上来说,依旧是与19世纪的国家观念争执不休的现代主义的一部分。"[2]当前虽然去中心化和多中心主义对于行政等级制、中立的专业技能以及程序问责制等会带来一定的冲击,但仍然无法超越科层制或官僚制的巨大影响。作为时代的遗产,我们对于治理以及元治理的理解必须历史化和情境化。"考虑到这一概念已有的影响力,我们最好赋予这一概念以历史性,即

---

[1] 罗纳德·埃伦伯格.美国的大学治理[M].沈文钦,等译.北京:北京大学出版社,2010:58.
[2] 马克·贝维尔.刘腾,译.民主治理的系谱学研究[J].国外理论动态,2014(8):27.

强调它在其中被使用的具体历史背景。"①大学的治理同样如此。我们时代的大学面临诸多难题,这些问题不可能仅仅因为治理结构的完善或治理能力的现代化而消失。就像政府的治道变革无法完全克服现代国家的危机一样,仅仅通过大学治理结构和治理能力的现代化也难以造就一所好的大学。大学的治理作为一个时代课题能够解决的仅仅是大学的治理问题,大学治理的终极目标也不过是实现大学的理想的可治理性;而一所大学理想的可治理性与一所理想的大学的形成之间仍然有很大的距离。就像一个国家是否实现善治与一个国家是否伟大没有直接的必然联系一样,一所治理良好的大学也同样可能无法成为一所真正的好大学。

---

① 亨克·奥弗比克.来辉,译.作为一个学术概念的全球治理:走向成熟还是衰落?[J].国外理论动态,2013(1):26.

第七章
重温教学与科研相统一

教学与科研的关系是现代大学中最为重要的关系,如何处理二者的关系事关现代大学的兴衰成败。历史上,近代大学的复兴全赖教学与科研的统一,现代大学的危机亦可从教学与科研的冲突中看出端倪。第二次世界大战后,美国大学的崛起就得益于教学使命和科研之间的密切联系,而德国大学的衰落除了因纳粹的集权统治导致人才外流之外,教学与科研使命之间的割裂也影响至深。[①] 对于人类社会而言,无论教学还是研究均早于大学的出现。在没有大学的时代,教学与研究的结合就已经存在。无论是东方还是西方,在那些古代高等教育机构中,教学与研究的结合都是一种常态。对于大学而言,近代以来教学与科研的统一,与其说是人的主观选择或建构,不如说是高深学问自身内在逻辑的演绎。由于历史的错觉,中世纪大学往往被看作纯粹的教学机构,研究的重要性被忽视,似乎教学与研究的统一完全是19世纪的事情。事实上,中世纪大学对教学和研究同样重视,甚至更为注重研究。从认识论的角度讲,中世纪大学兴起的真正根源就在于研究而非教学。如果是单纯为了教学并不需要建立大学。后世之所以忽视中世纪大学在研究工作方面的重要性,完全是启蒙运动以及近代科学范式变迁所造成的结果。因为,按照近代自然科学的范式来看,

---
① 乔纳森·科尔.大学之道[M].冯国平,郝文磊,译.北京:人民文学出版社,2014:346-347.

中世纪大学的确是没有科学研究的。但没有科学研究不等于没有研究。对于人类高深知识的进步而言,研究是永恒的和普遍的,而科学研究,尤其是自然科学范式的研究,则是历史发展到一定阶段的特殊产物。

历史上,为了获得充分的合法性,中世纪大学除了提供必要的教学之外,还主要是一个探究的场所。在中世纪大学里,教学和研究的关系浑然一体,绝非公开和私下之分那么简单。事实上,教学与研究在制度层面上的严格的二分法完全是现代社会工具理性的产物,绝非是自古皆然。中世纪时,由于没有出版和发表等高深知识生产制度的复杂结构,在大学里教学与研究之间根本没有明确的组织和制度边界。大学里每一个教师都既是研究者也是高深知识的传播者。教学本身既是对已有高深知识的传播,也是个人最新研究成果的公开"发表"。19世纪初,洪堡创建柏林大学时首倡教学与研究相统一的大学理念,在当时之所以能够一呼而百应,绝非洪堡有什么魔力,而是教学与研究的统一本身合乎大学的常识。按包尔生的说法,"19世纪的德国大学又重新具有了早期大学传统特征的一部分"[①]。在教学与研究的关系上,作为对僵化保守的近代早期大学的"反动",由洪堡所开创的近代大学模式更像是对于中世纪大学的回归而非重构。当然,需要肯定的是,"1810年柏林大学建立,则正式确立了科研在大学中的重要地位。原来是教师个体行为的'学术'成了大学合法的事务。本-戴维所谓的作为教授个人的事务的'教学与研究一体化'成了大学的'教学与科研相统一'。弗莱克斯纳兴叹道:'洪堡大学的兴建,使旧瓶装入了新酒,旧瓶也因此破裂。古老的学府如此彻底地按照一种理念进行重塑,可以说是前无古人,后无来者'"[②]。不过,吊诡的是,自洪堡正式提出教学与科研相统一的理念后,大学里教学与科研的关系便注定将会成为无解的"迷思"。现代大学里教学与科研既不

[①] 弗里德里希·包尔生.德国大学与大学学习[M].张弛,等译.北京:人民教育出版社,2009:55.
[②] 吴洪富.大学场域变迁中的教学与科研关系[D].华中科技大学,2011:86.

可能真的实现"统一"也不能公然拒绝"统一"。在世界各国的高等教育实践中,自19世纪以来,教学与科研的统一成了经久不衰的"口号",这既是对洪堡的"怀念"也意味着在"告别"洪堡。那么,教学与科研的统一为什么会成为一种"迷思"呢?现代大学的教育性危机真的是因为重科研轻教学吗?如果在现代大学里教学与科研无法真的实现统一,那么重申洪堡理念的意义又在哪里呢?

第一节　教学与科研相统一的迷思

关于"教学与科研相统一"学界有不同的看法。有人认为,这是大学"永久的原则",也有人认为,这是"持久的神话"[①];有人主张,大学要始终不渝地遵循,也有人警告,要尽早抛弃幻想[②]。同样是由洪堡所倡导的大学理念,对于大学的自治和学术的自由,无论学界还是社会都有高度的共识,至少没有人会公然反对大学的自治和学术的自由。那么为何对于教学与科研的统一,始终难以达成共识,甚至有时批评还要多于赞同呢?原因在于,大学的自治和学术的自由具有天然的价值合理性,且二者可以互为支撑。相比之下,教学与科研的统一作为大学理念具有较大的情境依赖性,受时代精神和制度环境的制约非常明显。换言之,教学与科研的统一需要以理想的情境作为必要前提,对于大学的定义有特殊要求。无论任何大学都需要机构的自治与学术的自由,但并不是所有大学都需要或能实现教学与科研的统一。在洪堡时代,德国社会和学界信奉科学与大学不可分离,研究与教学不可分离。在19世纪的德国大学里,人们坚信从事研究是人格陶冶和学术训练的最佳方式。"教师既是学者或科学研究者,也是科学的传授者,这两者的结合'是德国大学的独特之处'。研究与教学的统一实质上是把教学纳入科学研究的范畴,加强大学的科学研究功能,把教学变为引导学生参与研究的过程,使大学成为科学研究的机构。在德国的大学中,'根据研究与教学统一的原则,只有一名好的研究者,才是一名好的教师,也就是说,研究至上。'"[③]

[①] 吴洪富.用神话谱写现实:"教学与科研相统一"的历史再造[J].复旦教育论坛,2012(5):17-18.
[②] 奥尔托加·加塞特.大学的使命[M].徐小洲,陈军,译.杭州:浙江教育出版社,2001:77.
[③] 陈洪捷.蔡元培的办学思想与德国的大学观[J].高等教育研究,1994(3):26.

由此可见,洪堡所倡导的教学与科研的统一是有条件的而非无条件的,是规定性的而非验证性的,是理想主义的而非经验主义的。由于德国古典大学观自身的局限性以及大学理想与现实之间难以缩小的差距,教学与科研的统一相比大学的自治与学术的自由更难实现,也存在更多争议。那些世界一流大学无不拥有某种程度的自治和自由,但很难说哪所大学实现了教学与科研的统一。作为大学的理念,"教学与科研相统一"的关键既不在"教学"也不在"科研",而在于二者的"统一"。但问题的关键在于,教学与科研的统一没有明确的标识物抑或所谓的标杆,没有人知道到底怎样才算"统一"。在洪堡看来,"教学与研究的统一"意味着"由科学而达至修养"。但如果把德国人博士制下的大学概念转换到英、美学士制下的大学概念[①],教学与科研相统一的含义就又会截然不同。

近代以降,随着德国大学的崛起,洪堡的大学理念传播到世界各地。所谓的洪堡三原则——大学自治、学术自由、教学与科研相统一,遂成为现代大学的经典理念。不过,对于大学而言,理念之所以为理念绝不仅仅在于如何表达或言说,虽然言说或表达本身很重要,但更关键的还在于,信仰本身以及基于信仰的理解。从近代到现代,不但大学自治与学术自由的含义发生了巨大变化,"教学与科研相统一"在19世纪的洪堡和20世纪的博耶看来也有着完全不同的旨趣。19世纪初,洪堡主张以科研代替教学,从而实现教学与科研的统一;20世纪,博耶则主张赋予教学以学术性,重塑教学与科研的关系,进而实现教学与科研的统一。对于洪堡而言,在近代大学里教学与科研只是同一事物的两个方面而不是两个不同的事物,当时只要教师和学生共同聚焦于研究,教学与科研的统一是自然而然的状态。对于博耶而言,在现代大学里摆在面前的客观事实就是教学与科研已经分开,并且高度制度化、职能化,必须找到一个中介或通过某种制度设计才有可能实现二者的

---

① 雅罗斯拉夫·帕利坎.大学理念重审:与纽曼对话[M].杨德友,译.北京:北京大学出版社,2008:88.

统一。"在洪堡的思想体系里,'研究'是确定的,而'教学'概念被扩展了:'教学'从传统的讲课听课扩展到科学研究的全过程,研究的过程就是教学的过程。而在博耶这里,保持了'教学'的独立内涵,却扩大了'研究'的概念,将教学视作研究,而且是与经典的'发现'同样重要的研究,从而赋予教学以研究的性质,赋予教学水平以学术水平的含义。"[①]德国大学史上,洪堡的成功在于,他不仅重视"教育",关键懂得"教育";后世的行政官僚以及大学校长"重视"教育的不乏其人,但真正"懂得"教育的却凤毛麟角。如果"不懂"而又"重视"可能比"不重视"还要糟糕。

当前世界各国的大学里,以教学与科研活动为基础,人才培养和发展科学作为大学的两个重要职能已经高度制度化,受到社会各界的高度"重视"。虽然我们知道,"培养人才与教学、发展科学与科学研究也不是排他的一一对应。培养人才不仅体现在教学活动中,科学研究活动也是培养人才的职能得以实现的不可或缺的因素"[②],但事实上,在现代大学里,人才培养主要以教学活动为基础,发展科学主要以科研活动为基础,二者被不同的游戏规则和制度逻辑所制约,实践中有着相对清晰的组织、制度边界,教育的整体性被破坏,大学教师在教学和科研活动中需要扮演不同的角色。由于资源配置和角色冲突的不可避免,按马克斯·韦伯的说法,一个好的研究者同时也是一位好的教师,只能靠运气。[③] 在洪堡时代,近代大学唯科学是重,教学和科研完全是一回事。研究的过程同时就是教学的过程,教学的过程同时也是研究的过程。19 世纪中叶以后,随着学科制度化的推进和学术专门化浪潮的兴起,科研逐渐脱离教学成为大学的第二职能。随着现代大学对于科研职能的不断强化,尤其是研究型大学的兴起,无论在资源配置还是组织

---

① 周川.从洪堡到博耶:高校科研观的转变[J].教育研究,2005(6):30.
② 胡建华,陈列,周川,龚放.高等教育学新论[M].新世纪版.南京:江苏教育出版社,2006:237.
③ 马克斯·韦伯.学术与政治:韦伯的两篇演说[M].冯克利,译.北京:生活·读书·新知三联书店,1998:22.

建制上，教学逐渐处于次等的地位，无法与科研相提并论，教学与科研的统一逐渐成为一种"迷思"。

所谓"迷思"，根据百度百科上的解释，通常认为起源于希腊语单词"μθο"(mythos)，是英语单词"myth"的音译，又意译为神话、幻想、故事、虚构的人或事，指通过口口相传流传于世的十分古老的传说和故事，也泛指人类无法以科学方法验证的领域或现象，强调其非科学、属幻想的，无法结合现实的主观价值。列维-斯特劳斯认为，迷思是人们为了应对社会生活中难以完全解决的冲突而编出的故事。作为经典的大学理念，"教学与科研相统一"被正式提出的历史并不久远，亦非口耳相传的故事或传说。从起源来看，教学与科研相统一的提出，有着清晰的理论和实践基础，也有诸多代表性人物或支持者。但遗憾的是，对于现代大学而言，它又的确是一个"迷思"而非可操作的"原则"。19 世纪初，洪堡基于新人文主义和理想主义的信念，并以当时的文化国家和文化大学的观念作为依托，大力倡导教学与科研的统一。对于洪堡和他所处的那个时代而言，大学坚持教学与科研的统一具有天然的合理性，无须基于科学方法的论证和实证数据的支撑。对于近代大学而言，教学与科研的统一虽然也有历史的经验可资借鉴，但更多的还是洪堡等人以自身对于大学的信仰为尺度所创造的新传统。后世对于洪堡理念的传播也不是以其科学性作为前提而是服膺于其理念本身所特有的卡里斯玛性格。[①] 因此，作为高等教育研究领域的经典命题，哲学家的思辨多倾向支持教学与科研的统一，而社会科学家的大量实证分析则通常会证伪教学与科研的统一，至少是对其提出尖锐批评。二者分歧的根本原因在于，哲学家更多地是将大学作为一个整体，将教学与科研的统一作为大学的理念；而社会科学家则着眼于微观，尝试从教师的个体差异抑或具体学科的特殊性等层面切入，将教学与科研相统一简化为

---

① 孙传钊.象牙塔的倒塌——洪堡大学改革的教训[J].复旦教育论坛,2008(5):47.

大学教师的行为规范或大学工作的游戏规则。

无论在历史上还是现实中,教学与科研的统一作为经典大学理念既非完全的虚构也非完全的真实。即便是在洪堡初创柏林大学之时,就有人怀疑教学与科研的统一是否真的能够实现。后来,德国的大学史也证明洪堡的理想主义很快就遭遇了挫折。在19世纪的德国,随着文化国家的观念被民族国家所取代,文化大学的观念亦不可避免地被国家理性所强化。"旨在创建一所'典范大学'的洪堡模式自始至终未能在德国本土实现,且渐行渐远,……洪堡理念的百年失意恰恰源于教学与科研的世纪纠结。"[①]值得注意的是,洪堡理念在德国的"失意"并不意味着作为大学理念的"教学与科研相统一"的"失效"。恰恰相反,如果现实中大学可以很容易地实现教学与科研的统一,那么"教学与科研相统一"的理念无疑是一句正确的废话。正是因为现实中的大学很难做到教学与科研相统一,而大学之所以为大学又迫切需要"教学与科研的统一",洪堡理念才具有了永恒的价值。理念之为理念就旨在引领大学走向圆满的观念世界,而非一定要完全与现实相适应或相吻合。克尼希在论及德国古典大学观时就曾说:"理念的本质就是在于时刻召唤人们脱离盲目平淡的日常现实,上升到圆满的观念世界。"[②]在观念世界里,大学之所以为大学既不在于教学的卓越也不在于科研的高深,而是在于教学与科研的统一。如果没有教学,大学与科学院无异;如果没有科研,大学只不过是高中的自然延伸。当然,如果一所大学既有教学也有科研,但无法统一或不追求统一,那么这所大学充其量只能是一所平庸的大学。对于现代大学而言,虽然没有足够的、科学的证据可以证明教学与科研的统一曾经发生过抑或可能发生,但大学史可以表明,教学与科研的统一源于近代大学是真实的。

作为一种经典理念,教学与科研的统一符合大学的本质规定性。在大

---

① 俞可.洪堡2010,何去何从[J].复旦教育论坛,2010(6):23.
② 陈洪捷.德国古典大学观及其对中国大学的影响[M].北京:北京大学出版社,2002:67.

学的现实世界中,教学与科研的统一之所以显得不够真实,绝不是理念本身有问题,而是人们对于什么是大学的理解发生了根本性偏差。为了大学的理想,我们绝不能因为现实的不堪而指责理念的不实。诚如弗莱克斯纳所言:"'大学'一词在美国含义宽泛。我将毫不犹豫地指出这一名称在使用中出现的种种谬误。我建议将注意力集中在美国最发达、最杰出的院校,了解它们如何工作,如何组织,如何偏离我所阐明的那种理想的立场。"[①]世界高等教育史上,自20世纪中叶以后,随着高等教育大众化和普及化的实现,大学的概念已经被重新定义,高度多样化。19世纪的德国古典大学观早已被研究型大学和创业型大学的新范式所取代。在中学后教育和第三级教育的框架之下,"大学"早就不再是一个高级概念而是成了一个"变形虫",在社会需求的主导下,在政府权力的操纵下,各种形式的"大学"层出不穷。随着制度化的加剧,大学在精神和理念层面的象征性逐渐减弱,实用性逐渐增强。现代大学相比于近代大学以及中世纪大学已经发生了根本性的变化。作为起源于中世纪、形成于近代的经典大学理念,教学与科研的统一对于现代大学而言,略显不"真实"丝毫不奇怪。与中世纪时的古典大学和19世纪的近代大学相比,现代大学因适应社会的需要已经改变了发展方向。在现代大学里,学术分工与系科专门化成为组织建制的基本原则;教学与科研活动同样要遵循分工和专门化的路径。在形式上,现代大学里的教师仍然既要从事教学又要从事科研,但实质上,作为大学的职能,教学是教学,科研是科研。伴随着教学与科研的关系日益疏远,教学与科研的统一逐渐成为一种"迷思",现代大学教学与科研的教育性危机随之开始蔓延。

---

① 亚伯拉罕·弗莱克斯纳.现代大学论——英美德大学研究[M].徐辉,陈晓菲,译.杭州:浙江教育出版社,2011:35.

第二节　教学和科研的教育性危机

现代大学面临种种危机,无论是对"失去灵魂的卓越"的批评还是关于"教育的终结"的警告,其共同的指向就是现代大学对于教育本身的关注不够。面对现代大学的教育危机,重新审视教学与科研的关系至关重要。但遗憾的是,现代大学里人们对于教学与科研关系的抱怨或批评不是教学与科研的不统一,而是所谓的重科研轻教学。当然,重科研轻教学之说亦非空穴来风。现代大学在制度上建构教学与科研的关系时的确呈现出了某种合乎理性的"无知",即科研至上。但若因此将教学与科研的不统一或现代大学的教育性危机简单地归咎于重科研轻教学,则明显是在避重就轻,甚至是在转移问题的焦点。如科尔所言:"学术研究常常被描述为'学术界的坏小子':一个流行的成见刻画出了一位只关心其科研而怠于教学的不称职的教师。这真是不幸的事情,因为在我们大多数最伟大的大学里情况根本不是这个样子。教学上的卓越和研究上的卓越是互相兼容、相辅相成的。"[①]无论何时,无论何地,大学之所以为大学,高等教育之所以为"高"的一个关键,就在于教学与科研的统一。教学与科研相统一是根本性的大学理念,而不是由某种大学的理念所决定的具体的游戏规则。教学与科研都是高等教育的中心任务,以教学和科研为基础的人才培养和发展科学是大学的职能,而教学与科研的统一则是大学的理念。作为根本性的大学理念,教学与科研的统一不是说既重科研亦重教学,教学与科研的不统一亦不意味着重科研轻教学或轻科研重教学。教学与科研的统一本身不是目的,其终极目的是为

---

① 乔纳森·科尔.大学之道[M].冯国平,郝文磊,译.北京:人民文学出版社,2014:84.

了高等的教育,为了教育的整体性。对于真正的大学而言,教学与科研本身不存在孰轻孰重,教学与科研相统一的大学理念背后是对大学教育的整体性的关照。

当初洪堡倡导教学与科研相统一时其宗旨是"由科学而达至修养"。在19世纪,德国大学最根本的目标就在于要达成人的"修养"或"通识性修养"。在以德国大学为代表的近代大学里,教学与科研尚未在制度层面严格区隔或职能化,教学与科研的统一其最终目的既是为了科学研究也是为了人的教育。以纯科学作为教学内容或载体,科学的研究和高等的教育相统一。第二次世界大战以来,在现代大学里教学与科研成为大学的两个中心,变得高度职能化和制度化。大学教学的目标主要是高深知识的传播,而科研的目标则是高深知识的生产。在19世纪,虽然洪堡与纽曼关于教学与科研的关系有不同的看法,但二者对于大学的教育性还是有许多共识。洪堡主张通过大学实现科学的统一,纽曼倡导大学要传授普遍知识。洪堡坚持纯科学的价值取向,纽曼亦强调知识本身就是目的。从表面上看,洪堡似乎把大学看作一个研究的机关或科学的场所,而纽曼则将大学作为一个教育而非教学的机构。但事实上,纽曼并非真的反对科学研究,而只是认为大学更适宜提供自由教育抑或教学乃是大学的首要任务;①当然,洪堡也并非不注重人的教育或教学工作,而是认为科学的研究才是实现自由教育或达至人的通识性修养的最佳途径。作为19世纪经典大学理念形成期的关键性人物,洪堡与纽曼的思想虽有差异,亦不无相通之处。比如,两人均强调大学是一个理智的而非道德(宗教)的机构。为了培养人的理智美德,教育性乃是大学所有活动的第一要义。按纽曼的说法:大学是"教育的场所"(place of education)而非"教学的场所"(place of instruction);②而按洪堡的说法:"所

---

① 雅罗斯拉夫·帕利坎.大学理念重审:与纽曼对话[M].杨德友,译.北京:北京大学出版社,2008:82-83.
② 约翰·亨利·纽曼.大学的理想[M].徐辉,等译.节本.杭州:浙江教育出版社,2001:33.

谓高等学术机构,乃是民族道德文化荟萃之所,其立身之根本在于探究深邃博大之学术,并使之用于精神和道德的教育。"①现代以降,随着社会分工和专门化理念的扩张,大学理念传承中有意无意地放大了洪堡与纽曼关于教学与科研关系论述中表面上的差异,而忽视了其内在的相通之处。

  历史上,洪堡等人所建构的德国古典大学观奠定了科研在近代大学的中心地位。与近代早期大学的僵化的教条主义相比,洪堡等人的大学理念充满了理想主义,十分激进,甚至有点矫枉过正。教学与科研的统一在19世纪的德国之所以能够取得成功,主要得益于那个时代的精神状况。之后,随着文化国家理念的破产以及民族国家的全面崛起,洪堡意义上的文化大学也逐渐走到了尽头。到20世纪,大学的德国模式逐渐被美国模式所取代,教学与科研的统一成为现代大学挥之不去的"乡愁"。在美国模式的大学中,教学与科研活动高度制度化和职能化,二者的统一不再是绝对的而是相对的。"美国大学相当大地把教学和科研分开。……正在进行中的科研和教学的紧密联系主要在文理研究生院。"②此外,随着威斯康星思想的兴起和蔓延,洪堡关于纯科学的构想也彻底失去了现实可行性。现代大学里一旦纯科学被应用科学所取代,教学与科研的统一就只能是一种奢望或想象。第二次世界大战以后,随着高等教育大众化和普及化时代的来临,大学的生源构成以及培养目标发生了极大的变化。高等教育发展中政治论哲学取代认识论哲学居于绝对主导地位,大学的理念不可避免地被大学的功用所遮蔽或取代。"大学"(university)的"单一"(uni)被"多元巨型大学"(multiversity)的"多元"(multi)所遮蔽。③

  在精英高等教育阶段,大学与经济社会发展的关系较为疏远,无论教师还是学生多具有共同的价值观,追求高深学问多是出于"闲逸的好奇"。大

---

① 陈洪捷.德国古典大学观及其对中国大学的影响[M].北京:北京大学出版社,2002:197-198.
② 伯顿·克拉克.研究生教育的科学研究基础[M].王承绪,译.杭州:浙江教育出版社,2001:41.
③ 乔纳森·科尔.大学之道[M].冯国平,郝文磊,译.北京:人民文学出版社,2014:105.

学向社会所展现的更多的是无用知识的有用性。在自由教育的氛围里,高等教育植根于人的求知的天性,大学里教学与科研的统一具有较大的可行性。但在大众化以及普及化阶段,高等教育成为工业化生产的一部分,是第三产业的一个重要组成部分。现代工业社会寄希望于高等教育的是生产足够多的人力资本而非培养出高贵的人性。有用性或使用价值成为高深知识生产和专门人才培养的新标准。由于进入大学的学生普遍放弃了对于人生哲学和高深学问的无用性的追求,转而专注于实用的知识或更高的学历以谋取更好的职业,教学与科研赖以统一的纽带愈发脆弱,甚至断裂。"教学漂移"(教学从以科研为中心的系和大学分离出来,移到专门负责教学的机构和大学)与"科研漂移"(科研活动从大学的教学单位和中心的课程构架中分离出去)不可避免。[①] 世界各国以美国为标准,大学逐渐被区分为教学型大学和研究型大学。而在有些国家,为了适应职能专门化的需要,大学里的教师甚至也被尝试区分为教学型和研究型。虽然在教学型大学里也会有人从事科研,研究型大学也一定会进行教学,但无论教学型大学(教师)还是研究型大学(教师)对于"教育本身"的关注都愈来愈少。由于忽视了教学与科研的统一,现代大学里教学与科研背后的教育性逐渐消逝。教学只关注高深知识的传播或教师教学能力的提升,至于作为教学内容的高深知识本身是否具有教育性少有关注;相应地,科研活动只关注高深知识的生产或论文的发表,科研过程与理智的熏陶也逐渐疏远,大学与大学人的德性逐渐式微。由于缺乏对于教育性本身的关注,在现代大学里,教学与科研活动虽然同时存在,但二者既不是相统一的,也不再是相结合的,充其量是"混合"在一起。换言之,现代大学既从事教学也从事科研,但教学是教学,科研是科研,二者同时共存一处。仅此而已。

---

① 伯顿·克拉克.探究的场所:现代大学的科研和研究生教育[M].王承绪,译.杭州:浙江教育出版社,2001:14.

教育思想史上,赫尔巴特早就认为,远非所有的教学都具有教育性;①但在大学的历史上,教学的教育性却被认为是不言自明。赫钦斯就曾认为,教育就是教学,教学就是知识(真理)的传播。② 但今天的大学里,由于高等教育的大众化、普及化以及市场化的影响,知识与教育的关系、教学与教育的关系发生了逆转或畸变。进入大学不再必然地意味着接受高等的教育,而可能只是延迟就业的一种手段抑或是为了更好就业的一种学历准备。在美国模式的现代大学里,随着自由教育被通识教育所取代,知识的传播而不是人性的培养逐渐成为大学教学的主要目的。现代大学里在通识教育之外,专业教育与职业教育的比例逐渐加大,学术教育逐渐上移到研究生阶段。与19世纪德国模式的近代大学相比,以美国模式为代表的现代大学呈现出一种典型的金字塔结构,整个高等教育体系高度层级化。大学内部分为两阶段三层次:两阶段即本科和研究生,三层次即学士、硕士和博士。相比于扁平化结构的高等教育体系,"整体而言,严格的高等教育纵向分层通常更有利于研究而不是教与学"③。在纵向层级化的高等教育体系内,全球范围内围绕"世界一流大学"的地位竞争越来越激烈。现代大学一方面声称要坚持教学与科研相统一的理念,另一方面又在制度层面上将教学与科研相分离。

在研究型范式的引领下,现代大学有时为了科研的卓越而丝毫不在意教育的平庸。当前在世界各国能够授予学位不再是大学的充分条件,为了能满足对于科研的偏好,本科生教育的重要性被忽视,博士学位的授予之于大学的重要性日益凸显。在科研主导大学核心价值观的时代,由于学术成果挂帅,大学有逐渐沦为科学研究场所的危险。在实用主义和功利主义的

---

① 周川.论高等学校科学研究的教育性原则[J].高等教育研究,2007(3):9.
② 罗伯特·赫钦斯.美国高等教育[M].汪利兵,译.杭州:浙江教育出版社,2001:39.
③ 乌尔里希·泰希勒.迈向教育高度发达的社会:国际比较视野下的高等教育体系[M].肖念,王绽蕊,主译.北京:科学出版社,2014:27.

影响下,"一项研究的诞生需要切合学术界、企业或者国家的社会利益。无论相伴研究职业而来的学者的生活利益,还是生产新兴药物或杀虫剂的企业期望,抑或研发新军事装备、完善交通运输乃至减少学校中学生的逃学行为,这些动机与高等教育当中的学生教育几乎毫无关系"①。随着在大科学时代科研活动本身的教育性的弱化,现代大学的教育危机不可避免。由于科研观的转型以及现代大学自身的逐渐多样化,"今天,既不能笼统地说科学就是大学教育目标所在,也不能笼统地说把科研作为教学方法就一定具有教育意义,关键是我们从事的是什么样的科研,我们如何进行科研。我们已经不能笼统地说'教学与科研相统一原则'适合于所有的高校,更不能在政策上要求所有的高校和所有的教师都承担科研的任务并将此作为评价他们工作的基本标准"②。为了适应经济社会发展的需要,现代大学的教学和科研专注于"人才培养"而不是"人性培养"。以"人才培养"作为大学工作的重心,本科教学的目标主要是培养适应经济社会发展需要的实用人才或职业人才,研究生教育则是为了进一步的专业教育或筛选并造就未来的学者与科学家。"与中世纪时期的大学相比,现代的大学已把专业教育这颗唯一的种子演变成了一项巨大的活动,并增添了研究的功能,但现代大学已几乎完全遗弃了文化的教学或传播活动。"③在此背景下,对于本科生而言,大学就是一个专业教学的场所,几乎与科研活动完全无关;而对于研究生,尤其是博士研究生而言,他们的主要工作就是科学研究或"写论文",文化的教学与传播可有可无。无论对于本科生还是研究生,由于放弃了教学与科研相统一的理念,现代大学的教育性在弱化是不争的事实。

现代大学里教学和科研的教育性的弱化被重科研轻教学的片面说法所遮蔽。无论在理论上还是实践中,重科研和轻教学之间都没有因果联系。

---

① 罗纳德·巴尼特.高等教育理念[M].蓝劲松,主译.北京:北京大学出版社,2012:162.
② 周川.从洪堡到博耶:高校科研观的转变[J].教育研究,2005(6):29.
③ 奥尔托加·加塞特.大学的使命[M].徐小洲,陈军,译.杭州:浙江教育出版社,2001:56.

重科研轻教学的言论折射出的是现代大学理念的扭曲,即默认了教学与科研的对立。对于近代大学而言,什么是教学、什么是科研的边界很模糊。但在大学里教学之所以为教学,科研之所以为科研,却有着共同的底线,即教育性。相比之下,在现代大学里教学与科研的边界相对清晰,但二者的底线却频频失守。当前的大学里远非所有的教学和科研都具有教育性,已是一个铁的事实。雅斯贝尔斯曾言,大学也是学校,但是一种特殊的学校。① 洪堡亦曾言,大学教师已非严格意义上的教师,大学生也非真正的学生。② "教学与科研相统一"的理念之所以具有永恒的价值就在于,它充分考虑并体现了大学的这种特殊性。如果大学不能从这种特殊性出发,回归教育本身,专注于高等的教育,单纯地重科研或重教学,抑或既重科研又重教学都会无济于事。逻辑上,有重就有轻,无重亦无轻。对现代大学而言,教学与科研之间不是孰轻孰重的问题,教学与科研的统一关乎大学的生态和大学人的心态。在教学与科研的关系问题上,只要我们还坚持对立和比较的思维,教学与科研就不可能统一。而只要教学和科研无法统一,大学就是分裂或割裂的,大学的教育性就必然面临危机。"教学与科研是大学最主要的空间,教学与科研都是变动的,二者的关系也在变动,教学与科研这两个大学的主要空间有时分离,有时结合,有时甚至重叠。作为大学空间的主要建筑材料,教学与科研关系的不断变化使得大学空间的样态呈现出多样性。"③当前重温洪堡的大学理念,重申教学与科研的统一,就意味着要超越教学与科研的二分法。教学与科研的关系必须放在大学理念的层面进行考量,二者相统一的关键不在于是教学作为科研的一部分还是科研作为教学的一部分,而在于无论是教学还是科研都要致力于"为了高等的教育"。简言之,教学与科研的统一并不是教学与科研并重,也不是教学好的增强科研能力,科研好

---

① 雅斯贝尔斯.什么是教育[M].邹进,译.北京:生活·读书·新知三联书店,1991:139.
② 陈洪捷.德国古典大学观及其对中国大学的影响[M].北京:北京大学出版社,2002:31.
③ 吴洪富.大学场域变迁中的教学与科研关系[D].华中科技大学,2011:1.

的增强教学能力,而是大学的科研为教学启示方向,教学为科研提供动力。现代大学教学与科研相统一的最大困境不是所谓的重科研轻教学或反其道而行之,而是要重申教学与科研相统一的理念性,避免现代大学的学校化倾向。唯有在理念的层面上充分理解了大学及其师生的特殊性,方有可能践行教学与科研相统一的大学理念。

第三节　重申教学和科研的统一

自发展科学作为大学的第二职能正式确立以来,以教学和科研的关系为基础衍生出许多矛盾和冲突。一是大学的教育职能与研究职能的冲突,二是大学内部教学文化与科研文化的冲突。关于前者,如纽曼所言:"发现和教学是两种迥异的职能,也是迥异的才能,并且同一个人兼备这两种才能的情形并不多见。整天忙于把自己现有知识传播给学生的人,也不可能有闲暇和精力去获取新的知识。探寻真理需要离群索居,心无二用,这是人类的常识。"[①]关于后者,如加塞特所言:"试图把高等教育和科学研究融为一体,而不是让它们相互协作、自由地交流结果,并且相互之间产生深刻的影响,这样做对两者都是有害的。"[②]纽曼在《大学的理想》一书以及加塞特在《大学的使命》一书中对洪堡理念的反驳都雄辩而有力,令人印象深刻。但纽曼和加塞特的伟大丝毫无损于洪堡的伟大。"教学与科研相统一"作为大学理念,具有永恒的价值和魅力。作为洪堡的伟大遗产,"科研和教学的统一(Einheit von Forschung und Lehre)规定着大学教师的专业任务,他们的教学将密切地和他们进行中的科研结合,而且直接地建立在他们进行中的科研的基础之上。大学教师应该永远专心致志于科研,他们各自的科研活动的具体见解和成果,应该直接地成为他们教学的财产。再者,大学教师有义务进行科研,其成果应立即用于教学的目的"[③]。在洪堡时代,"教学与科研的统一"中的"教学",其含义接近于"教育","科研"的含义则等同于"研

---

① 约翰·亨利·纽曼.大学的理想[M].徐辉,等译.节本.杭州:浙江教育出版社,2001:4.
② 奥尔托加·加塞特.大学的使命[M].徐小洲,陈军,译.杭州:浙江教育出版社,2001:98.
③ 伯顿·克拉克.研究生教育的科学研究基础[M].王承绪,译.杭州:浙江教育出版社,2001:3.

究"。"教学与科研的统一"意味着教育和研究的一体化。这种观念的提出既具有明显的时代背景也蕴含了伟大的前瞻性,既是近代大学对于前近代大学以及中世纪大学的教学活动深刻反思的结果,也深刻地揭示了大学之所以为大学的真谛。19世纪初的欧洲曾有一股强烈的思潮,就是要废除大学,另建新型的高等教育机构或高等学术机构。[①] 后来在洪堡的主导下所建立的柏林大学虽然仍称之为"大学",但其办学理念已经发生了根本性的变化。

如果说在中世纪大学以及近代早期的大学里,教学还是主要的、公开的,研究活动是服务于教学的,那么作为一种新的大学理念,"教学与科研的统一"所倡导的则是研究至上,教学为研究的需要服务抑或研究才是最好的教学。作为洪堡大学理念的重要组成部分,教学与科研的统一不是孤立存在的,而是和大学自治、学术自由(教的自由和学的自由)构成了一个有机的整体。在教学和科研自由的基础上,洪堡认为,大学教学应当能"理解和造成科学的统一",而经由科学则可达至人的"修养"以培养"完人"。"教学与科研的统一"就是在一种"批判性、创造性的复杂思维活动"中,将教学和科研形成"一种连续发展的统一体"。[②] 当然,由于理念的制度化本身所存在的不可避免的局限性,后世学者对于教学与科研相统一始终存在深深的误解或误读。包尔生就认为:"如同所有其他制度一样,德国的大学制度也有其自身的不足和危险。在教学与科研相结合的过程中出现了某种危险……大学教师主要不把自己看作是一名教师,而是一名科研人员,……科学研究必然会导致越来越严重的学术劳动的专门化。"[③]事实上,这种情况的出现绝不是教学与科研相统一的理念本身有问题,而是赖以实现这一理念的制度有问题。对于大学而言,理念和制度之间的张力不可避免。一方面任何的理

[①] 陈洪捷.德国古典大学观及其对中国大学的影响[M].北京:北京大学出版社,2002:66.
[②] 周川.从洪堡到博耶:高校科研观的转变[J].教育研究,2005(6):26.
[③] 弗里德里希·包尔生.德国大学与大学学习[M].张弛,等译.北京:人民教育出版社,2009:171-172.

念都需要制度化方可转化为实践,但另一方面任何制度安排都无法完美地实现理念的全部内容。对教学与科研相统一而言,我们不能因为制度的不完美或误导而怀疑理念的正确。在大学发展的过程中,制度可以不断创新,但对于那些根本性的理念则只能坚守,温故而知新。当前由于种种原因,很多大学不再将教学与科研的统一视为根本性的理念,而是追求教学与科研之间某种形式上或技术主义的"统一"。为了体现对于教学工作的重视,大学教师发展中心或教学发展中心成为很多大学新的组织与制度安排。迫于可操作性,教学与科研的统一局限于教学内容与研究内容的衔接或课堂教学的具体组织形式的创新。其结果是,隐藏在教学与科研相统一背后的关于大学之所以为大学的根本性理念被忽视,教学和科研本身的教育性无人问津。高等教育实践中成立专门负责提升大学教师教学能力的部门不是不重要,但如果忽视了教学与科研相统一的理念性,如果不能正视当前大学里教学与科研本身的教育性危机,那么教学与科研无论在形式上还是在实质上都不可能实现真正的统一,至多只能是共存。单纯地通过资源配置和组织重构以重视本科教学(教学职能化)或大学教师发展(教师专业化)并不能真正促进教学与科研的统一,而只会强化教学与科研的分离,并导致大学里教学文化与科研文化的对峙,教学职能与科研职能的冲突。

教学与科研相统一是大学的理念,只有在理念的层面才能真正理解教学与科研相统一的永恒价值。但遗憾的是,"在对于作为机构的大学(the university as *institution*)的这些研究中,常常缺乏对于大学理念(the university as *idea*)的思考"[①]。高等教育实践中将教学与科研的统一从理念的层面拉回到现实,简单地通过教学的学术性或科研成果的可教性在形式上将教学与科研结合起来,并不能解决根本的问题。理念的问题需要在理念的层面上解决。是否坚持教学与科研相统一直接关涉我们需要或想要什

---

① 雅罗斯拉夫·帕利坎.大学理念重审:与纽曼对话[M].杨德友,译.北京:北京大学出版社,2008:26.

么样的大学。如果我们视大学为知识企业,教学无须与科研相统一,分工和专门化会更有效率;如果仅仅为了培养实用的人才,大学也无须科研,对于应用性知识而言,拿来主义才是最佳的选择;而对于实用人才培养,技术培训才更有效;如果我们坚持将研究型大学视为所有大学的典范,大学也理应全力追逐大科学,尽可能地向一流科研机构看齐。但实践理性和常识理性表明,真正意义上的大学既不是知识企业,也不是高中教育的自然延伸;大学是"探究的场所"(place of inquiry)而不是"科学的机构"(institution of science)。对于大学而言,科学研究虽非逻辑上的必然,但如果没有科研活动,大学实难提供真正高等的教育。科学研究的职能虽非专为大学而设,但科研本身却天然地有益于人的高等的教育。因此,大学之所以为大学的根本,除需要大学自治与学术自由外,即在于教学与科研的统一。教学与科研的统一事关大学的根本,抑或其本身就是理念大学的象征,而非简单地要求每一位大学教师既要教学教得好又要科研做得好。大学里有人能够身兼教学的技能和科研的才能并不能有效证明教学与科研的统一;反之,亦不能说明教学与科研不能统一。

当前的高等教育实践中,教学与科研都很优秀的教师通常会被作为教学与科研相统一的典范;而教学与科研的不统一则被归咎于教师的重科研轻教学。严格来讲,这是对教学与科研相统一理念的误解。教学与科研相统一所针对的主体是理念层面的大学而非个体层面的教师。教学与科研的统一关注的是大学人的生活方式和大学的存在方式,而不是教学与科研的具体效果。诚然,教学与科研的统一需要大学里每一位教师和学生的共同努力,但无论如何,个体的表现永远充满偶然性、差异性和多样性,不足以证实或证伪理念的正确性。理念之所以为理念,它的确证只能来自于人的常识理性以及大学人对于大学的信仰,而非实践中某个具体的事件或个案。某个教师的教学与科研做得好或不好只是一个品质性的概念,而教学与科研的统一则是一个规范性的理念。品质性的概念完全是比较的结果,具有相对大的弹性或偶然性;而规范性的理念则具有思想的张力,现实中的大学不可能是完全实现了教学与科研的统一也不可能是完全无视教学与科研的统一。作为一种经典的大学理念,教学与科研相统一的价值不是作为可供遵循的游戏规则而是作为一种对于大学的终极信仰而存在。"任何规则,不管是不可侵犯的消极规则还是积极规则,本身都不足以成为行动的充分指导。知道如何有德性地行动总是比遵从规则包括更多的内容。"[①]就像科学的统一或知识的整体性只能是人的一种理性的信仰一样,"教学与科研的统一"也只能是一种终极的大学理念,而不是可以任意建构的游戏规则。高等教育实践中不能将指向未来的大学的理念直接降格或简化为适用于当下情境的具体的游戏规则。那些基于操作主义或是制度主义的简单化倾向,极易把理念的真理性导向谬误。

总之,教学与科研作为事实或现象存在不能分开,只有作为概念才能分开。教学与科研的统一是"对立统一"。如果我们坚持对立统一的统一方面,就意味着站在大学的理想的立场;如果我们坚持对立统一的对立方面,则意味着站在大学的现实的立场。作为洪堡大学理念的重要组成部分,教学与科研相统一无疑是在站在大学的理想的立场,主要是基于人的理性的价值判断而非事实判断,它是人文学者为大学之所以为大学所设定的观念界限或共同底线,是一种对理念大学的信仰,而不是对于大学现实的客观描述或科学诊断。就现代大学发展而言,面对理想与现实的矛盾,既要重视现实,更要忠于理想。[②] 对于教学与科研的统一,大学只能追求不能放弃。追求教学与科研的统一未必真的能够实现教学与科研的统一,但若放弃了教学与科研的统一,大学之所以为大学的底线就会失守。对于现代大学而言,重温"教学与科研相统一"的经典理念,某种意义上也就意味着要"知其不可而为之"。

---

① 阿拉斯戴尔·麦金太尔.依赖性的理性动物:人类为什么需要德性[M].刘玮,译.南京:译林出版社,2013:77.
② 涂又光.涂又光文存[M].武汉:华中科技大学出版社,2009:15.

第八章
重启高等教育改革的理论思考

为贯彻落实党的十八大关于全面深化改革的战略部署，十八届三中全会通过了《中共中央关于全面深化改革若干重大问题的决定》（以下简称《决定》或"全面改革六十条"）。《决定》第42条明确提出要"深化教育领域综合改革"。以此为契机，在经济领域"重启改革议程"的启发下，"重启教育改革"成为教育理论界和实践界的前沿课题。[①]事实上，无论是"改革"还是"综合改革"，也无论是"深化"还是"全面深化"，在我国教育政策话语体系中都不是新提法。"作为一个过程，自上世纪80年代中期起，教育领域综合改革便已开始成为一种国家意志与总体战略，在其后至今已逾四分之一个世纪的时间里，教育领域综合改革的方针不断被强调，教育领域综合改革的实践一直在进行，并且也取得了不少成绩。但只要我们持实事求是的态度，那就不能不承认，迄今的教育领域综合改革总体来看基本上一直在'浅水区'蹒跚而行。其普遍特征是：文本要求多，行动落实少；表面形式多，实际成效少；自我表扬多，外部认同少；一时效应多，可持续效果少。"[②]重提"深化教育领域综合改革"之所以引起社会各界极大关注，之所以要"重启教育改革"，主要是因为"时间节点"非常关键。当前我国社会面临转型，改革开放事业

---

① 参见张乐天.对重启教育改革议程的思考[J].复旦教育论坛，2013(3)：5-9.朱永新，马国川.重启教育改革：中国教育改革十八讲[M].北京：生活·读书·新知三联书店，2014.
② 吴康宁.理解"深化教育领域综合改革"[J].清华大学教育研究，2013(1)：8.

正在进入深水区,教育改革面临着再出发,政府关于改革的态度和决心举足轻重。根据《决定》的顶层设计,我国全面深化改革的总目标是完善和发展中国特色社会主义制度,推进国家治理体系和治理能力的现代化。高等教育领域当前正是积极落实《国家中长期教育改革与发展规划纲要(2010—2020年)》,建设世界一流大学和世界一流学科的关键时期,通过"重启改革议程",突破体制的瓶颈,完善和发展中国特色的现代大学制度,对于推进高等教育治理体系和治理能力的现代化至关重要。

第一节 我们的高等教育改革改到哪了

现代社会中"改革"的含义非常宽泛,对于政府部门而言,尤其如此,任何一点改变都可以称之为"改革"。由于改革的频繁和泛化,现代社会逐渐养成了对于改革的依赖,我们时代也因之被称为改革的时代。教育领域同样如此。世界范围内,自20世纪80年代以来,"教育改革犹如'政策流行病'席卷全球。盘根错节的改革理念通常是不稳定和不平衡的,却具有不可遏止的态势;它在不同的社会和政治环境中,在不同的历史背景下,渗透并改变着不同的教育制度。……虽然具体细节各有差别,但各国改革的总体效应却存在惊人的相似之处"[①]。在我国,自"文化大革命"结束或十一届三中全会以来,便开始进入改革的时代。"改革开放"更是成为驱动我国经济社会发展的一项基本国策。在高等教育领域从恢复高考开始,我国高等教育发展与改革始终相提并论、如影随形,没有改革就没有发展,甚至分不清哪些是改革哪些是发展。2010年国家开始制定各类中长期发展规划纲要,其中涉及教育的仍然是"改革和发展规划纲要"而不是通常的"发展规划纲要"。由此可见,在政府眼中"教育改革"之于"教育发展"的重要性。但事实上,教育改革与发展之间的关系极为复杂,远非因果性那么简单。既不能以改革代替发展也不能以发展代替改革。一方面改革的目的是为了发展,不能为改革而改革。发展是目的,改革是手段。另一方面发展是发展,改革是改革,二者之间没有必然的因果关系。如果不是人为的破坏,从逻辑上讲,

---

① 斯蒂芬·鲍尔.教育改革——批判和后结构主义的视角[M].侯定凯,译.上海:华东师范大学出版社,2002:作者中文版序·1.

发展本身具有必然性和确定性,甚至是不可遏制的,而改革则具有偶然性和不确定性。"改革通常是混合体,它包容实现了的、部分实现的和没有实现的目标,期待的和不期待的影响,积极的和消极的结果。"①人类社会的实践表明,没有改革也可能会取得发展,甚至还存在没有改革会发展得更好的可能。反之,不断地改革也未必就一定会促成更好的发展。"改革是重要的"只是一般性的说法,关键是为什么改革是重要的以及什么样的改革最为重要。高等教育实践中既要有创新精神和开拓意识,又必须警惕改革的诱惑和发展的幻觉。好的高等教育秩序必须在稳定性与创造性、保守主义与变革主义之间保持平衡。

按照教育部《关于2013年深化教育领域综合改革的意见》,当前我国的教育改革正在进入深水区、攻坚期,深化教育领域综合改革重点在深化,关键在综合。在我国,就整个改革事业而言,的确正在进入深水区,但就教育改革或高等教育改革而言,"深水区"的说法虽然形象,却可能不够准确。如果参照经济改革的标准,我国高等教育改革一直处在"浅水区",从未进入"深水区"。"现在提出的教育改革任务并没有真正触及学校教育的核心问题,没有触及学校内外诸多的既得利益集团,没有触及长期形成的教育管理体制的弊端。"②1998年的《高等教育法》在高校办学自主权方面有所突破,但很多地方也仅仅止于文本,很难落实。如有学者所言:"自《高等教育法》颁布以来,政府对于大学的控制不仅丝毫不见减弱,反而呈愈加强化之势,以至于近年来被视为现代大学制度建设之进展的一些所谓成果几乎不值一提,且让人很难预期究竟何时能有突破性进展。"③2010年出台的

---

① 伯顿·克拉克.高等教育新论:多学科的研究[M].王承绪,徐辉,等译.2版.杭州:浙江教育出版社,2001:266.
② 康健.学校制度重建势在必行[J].教育科学研究,2010(9):5.
③ 吴康宁.中国现代大学制度建设的三个前提性条件[J].探索与争鸣,2013(8):43.

《国家中长期教育改革和发展规划纲要(2010—2020年)》以及十八届三中全会通过的"全面改革六十条"通过顶层设计为高等教育改革指明了方向,但由于对现行大学制度的不足缺乏深入的理论反思,改革目标能否实现还尚未可知。如果到2020年我国高等教育实践中去行政化的改革目标无法完成,无法实现改革本身从"行政取向"向"学术取向"的转型,又哪里来的"深水区"?

和任何事物一样,改革当然有难易之分。按照一般做法,改革总是先易后难,但是只要坚持改革,那些难的问题最终也总要去面对。就高等教育改革而言,表面上看,也有难易不同的阶段;但实质上,由于高等教育本身的复杂性和改革的不确定性,真正容易的改革并不存在。在高等教育系统中,看似简单的制度或行为往往有着复杂的知识背景,改革在短期内难见成效。相反,那些看似复杂的利益或权力纷争却可以通过行政手段快刀斩乱麻,改革往往立竿见影。简言之,高等教育系统中看似简单的改革可能并不简单,而看似复杂的问题实际上也可能并不复杂。"看起来简单但并非如此。看起来复杂的事物却不太复杂。按照新的混沌科学:简单的系统产生出复杂的行为,复杂的系统产生出简单的行为。"①如果我们不能理解高等教育系统和大学组织的特殊性,改革过程中很容易把复杂的问题简单化(教育改革),把简单的问题复杂化(利益分配和权力下放)。当前媒体和学界一直在根据官方的口径"宣传"我国高等教育改革正在进入深水区,这在某种意义上就反映了我们对于高等教育改革本身的"不思",对于高等教育系统特殊性的"不觉"。这种"不思"和"不觉",使得高等教育改革经常沦为"为改革而改革"而不是为了高等教育而改革、为了学生的发展而改革。殊不知,"政府的行动是受意识形态和金钱驱使的,而不是出于考虑什

---

① 迈克尔·富兰.变革的力量——透视教育改革[M].中央教育科学研究所,加拿大多伦多国际学院,译.北京:教育科学出版社,2004:2.

么样的教育对孩子是最好的"①。严格来讲,高等教育改革任何时候都是复杂的,也都是困难的。简单的或容易的变化根本不能称之为改革。虽然有官方的说明和学者的解释,但没有充分证据可以证明,当前的教育改革较之过去真的更复杂、更困难。无论哪个国家,高等教育改革都具有时代性,每一个时代的高等教育改革都有其特殊性。与过去40年的改革不同,当前我国高等教育改革正处在一个承前启后的转型期。所谓转型期就意味着改革处在了十字路口,既有可能通过进一步的改革实现高等教育治理体系和治理能力的现代化,也有可能因为改革失败而退回到旧体制中。正如吴敬琏针对我国经济体制改革所指出的,"由于命令经济或称统制经济旧体制遗产的严重存在,现有的体制具有很强的过渡性质:它既包含新的市场经济的因素,又包含旧的统制经济的因素;既可以通过进一步改革进到较为完善的市场经济制度,又可能通过统制的强化,回到旧体制去"②。经过40年的改革,当前我国的高等教育制度体系中既引进了一些现代化的因素,又带有浓厚的行政化和官本位的色彩。下一步的改革走向何方至关重要。

改革开放以来,我国经济建设取得了举世瞩目的成就,已经成为世界第二大经济体。这些成就的取得与改革开放密不可分。总体上,对于我国经济领域而言,没有改革开放就没有今天的发展成就。但这并不意味着政府的所有"改革"都是好的,都促进了我国经济的发展。在经济领域有时只要政府稍微退出或少一些不适当的干预,在市场这只无形之手的调节下经济自然而然就会实现增长或发展。相反,某些名义上的改革、实际上的权力寻

---

① 迈克尔·富兰.变革的力量——透视教育改革[M].中央教育科学研究所,加拿大多伦多国际学院,译.北京:教育科学出版社,2004:47.
② 吴敬琏,马国川.重启改革议程:中国经济改革二十讲[M].北京:生活·读书·新知三联书店,2013:序·1.

租,可能不是促进了经济发展而是在制约着经济的发展。"如果进一步强化国家对经济和社会的管控,放任行政权力干预市场,并且通过理论包装使其得到某种正当性,将是相当危险的。沿着这条道路前行,中国能够得到的,绝不是什么'具有中国特色的社会主义',而只能是国家资本主义和权贵资本主义。"①高等教育领域同样如此。由于发展或增长的客观存在,政府经常以发展或增长本身作为改革的理由,为不断的改革寻求社会共识或正当性。"在欧美各国及日本,教育改革一方面成为社会改革的中心部分,试图通过改革教育来解决各种教育问题和社会问题。另一方面,教育改革又成为确保当时政府合理性的手段。产生了一种只要进行改革就会好转的幻想,而这种幻想又促进了改革的进行。"②改革的结果赋予了改革本身的价值合理性,改革的工具合理性又导致了改革的结果。二者互为因果,相互强化。改革成就了发展,发展反过来又强化了对于改革的依赖。因此,有必要反思改革本身的合理性或正当性。

总之,经过40年的改革,当前我国高等教育虽然有了发展,但高等教育改革远未成功。相反,"在旧体制与市场化的相互作用下,形成了一个比较独特的国家体制,它既是中国30年来经济发展'奇迹'的能动主体,也是同时期凸现的社会和环境危机的主要根源。它既可能凝固为一个僵化的体制,也可能是一个仍然在'转型'中的体制"③。就高等教育改革而言,在这种比较独特的国家体制下,政府本身既是高等教育的"麻烦制造者"又在充当着高等教育的"改革者",从而使我们的高等教育改革陷入困境。为了能走出这种改革的困境,必须对改革本身进行改革。参照马克斯·韦伯的政治

---

① 吴敬琏,马国川.重启改革议程:中国经济改革二十讲[M].北京:生活·读书·新知三联书店,2013:14.
② 藤田英典.走出教育改革的误区[M].张琼华,许敏,译.北京:人民教育出版社,2001:14.
③ 黄宗智.改革中的国家体制:经济奇迹和社会危机的同一根源[J].开放时代,2009(4):75.

社会学理解框架,高等教育改革应有三个维度,即"政治"(polity)、"经济"(economy)和"价值"(value)。在"政治""经济"的维度之外,"价值"的维度要求高等教育改革绝不能止步于满足政治、经济的需要,甚至是高等教育系统本身的发展,而必须要落实到学生的发展上。如果通过改革只是增强了高等教育服务政治、经济、社会发展的能力,或高等教育系统本身实现了增长,比如规模扩大了、硬件改善了,仍不能够说高等教育改革取得了成功。高等教育的改革不能只是基于功利主义的考量,还必须有道德的含义。"教育改革如果不将促进所有学生的发展作为明确的最终目的,那是不可思议的。这样的所谓'教育改革',不是糊涂的改革,便是'反教育的'改革。与此同时,教育改革如果只是促进部分学生(不论是能力强的学生,还是能力一般的学生,抑或是能力弱的学生)的发展,而不能促进所有学生的发展,以至于实际上要以忽视、'牺牲'其他学生的发展空间为代价,则会成为畸形的改革,导致出现因改革而造成妨碍部分学生发展的问题。"[①]高等教育改革必须要从高等教育育人的本质属性出发,为了高等教育中的学生的发展而改革,而不是为了方便政府的管理而改革,更不能为了通过高等教育来攫取更多的政治经济利益而改革。"作为政治—经济改革的教育改革,要么沦为政治的工具,要么用于经济的筹码,抑或受二者钳夹,效果堪忧。有必要改革教育改革,走向作为社会—文化的教育改革,并保有文化视野。"[②]1995 年,博耶在美国科学和艺术研究会的成立大会上发表了题为"学术的使命"的演讲。在这次演讲中,他深刻指出:"最令我不安的是,我们国家的高等教育事实上已经成为问题的一部分,而不是解决问题的答案的一部分。像这样进一步发展下去,高等教育就会只图个人的私利而不管社会的公益。越来越多的

[①] 吴康宁.教育改革成功的基础[J].教育研究,2012(1):26.
[②] 程天君.改革教育改革——从作为政治—经济改革到作为社会—文化改革[J].湖南师范大学教育科学学报,2012(2):15.

人把高等学校看成是学生获取文凭和教授获得职位的地方,所有的学术性工作与国家最急迫的公民、社会、经济和道德问题似乎都不相干。"①当前我国高等教育的状况虽然与当时美国高等教育的情况有所不同,但值得注意的是,长期以来我国高等教育改革中功利主义取向同样非常明显,政治和经济维度上的考量远多于价值的维度。大学的历史和传统,学术职业的伦理和道德,要么被忽视,要么重视不够。经济上正确和政治上正确几乎垄断了高等教育改革的合法性来源。如果沿着这种逻辑继续改革下去,未来我们的高等教育将是危险的。

---

① 欧内斯特·博耶.关于美国教育改革的演讲[M].涂艳国,方彤,译.北京:教育科学出版社,2002:85.

第二节　为什么要重启高等教育改革

在中国的语境中,由于受到革命传统和延安模式的影响,"教育"和"改革"的含义逐渐被改造。无论"教育"还是"改革"都高度地泛化或被"污染",也有学者称之为"语言腐败"①(decline of language/decay of language)。由于行政权力支配社会,所谓的"教育"可能是"宣传"也可能是"反教育"或"伪教育",所谓的"改革"可能是"革命"也可能是"反改革"或"伪改革"。当前之所以要重启高等教育改革,是因为改革出现了悖论,即改革的结果与改革的初衷相背离,高等教育改革不是为了高等的教育而是为改革而改革。改革有时变成了反改革。我们需要的可能正是我们所排斥的,我们所宣传的可能连我们自己都不相信。比如,我们需要世界一流大学,改革的目的也是为了建成世界一流大学,很多"985大学"也大力宣传世界一流大学建设的成就,但真实的改革结果却不尽如人意。"随着时间的推移,一些'985工程'高校在硬件设施和发表论文数量等方面迅速逼近'世界一流大学';但是在杰出人才培养和学术创新方面,即便与一些非'世界一流大学'相比,其差距也未见有明显缩小的趋势。更令人担心的是,在巨大的物质利益诱惑面前,学术舞弊和科研成果造假之类的现象屡禁不止,个别地方和单位甚至有愈演愈烈之势。"②重启高等教育改革就是要凝聚新的改革共识,澄清什么是真正的高等教育改革。真正的高等教育改革需要坚持高等教育自身的内在逻辑。

---

① 丁立福.详论"语言腐败"[J].学术界,2012(8):134.
② 展立新,陈学飞.理性的视角:走出高等教育"适应论"的历史误区[J].北京大学教育评论,2013(1):112.

经过 40 年的改革开放可以发现,高等教育改革的出路绝不在于把更多的革新和改革引进高等教育系统。高等教育需要改革,但绝不是需要更多的或更新的改革,而是需要真的改革。当前对于我国高等教育系统中存在的问题,无论官方还是学界其实都有基本的共识,即我们的高等教育体制不改不行,高等教育体制改革刻不容缓。如果我们仍然僵化地认为稳定第一,体制问题不能触及,那么高等教育的改革就没有希望。任何体制都是由人建立的,当然也要由人来完善或突破。既然决定了要改革,就证明僵化的体制总是要被突破,不是今天就是明天。"解决问题的办法并不在于设计较好的改革方案,从某些具体的革新和政策上搞再多的花样也无济于事。在一种其结构基本上难以变革的情况下期望采取一个又一个的改革措施,甚至是某些大的举措就能成功是不现实的,而且只能给改革脸上抹黑。在存在一个保守的体制的同时,人们不可能获得一个所期望的不断变革的教育环境,相反,只能是不断恶化的状况。"①改革开放以来,我国在经济上实现了大国的崛起,但我国高等教育发展水平与中国在世界上的大国地位却极不相称。科斯和王宁甚至不无偏激地认为:"中国大学更像一个意识形态无孔不入的行政官僚机构,而不是一个学府。"②历史和实践表明,无论哪个国家,高等教育改革若想取得显著成效都不能仅满足于为政治服务或一味地适应经济社会的发展需要,大学自治与学术自由是指引高等教育健康发展的黄金法则。

近些年,围绕着现代大学制度建设、创建世界一流大学和建设高等教育强国,我国高等教育的改革表面上看轰轰烈烈,但却始终无法像奥尔森所说的那样,通过所谓的"抖掉"(shake off)策略,抛弃掉抑制并最终扼杀学术创

---

① 迈克尔·富兰.变革的力量——透视教育改革[M].中央教育科学研究所,加拿大多伦多国际学院,译.北京:教育科学出版社,2004:9.
② 罗纳德·哈里·科斯,王宁.变革中国:市场经济的中国之路[M].徐尧,李哲民,译.北京:中信出版社,2013:250.

造力的那层坚硬而僵化的"外壳"。20世纪80年代以来,我国高等教育改革一直没有能够建立起高质量的制度框架,而是一直依附于政府的权力意志和市场的金钱逻辑。现代大学之所以为"现代"绝非一个时间概念而是一个品质性的概念。现代大学制度意味着一种高质量的大学制度或好的大学制度。当前我国高等教育改革由于大学自治和学术自由理念的缺失,加之行政化和市场逻辑的影响,在一次次改革震荡中大学制度的质量或品质非但没有根本的提升,相反,由于制度伦理被人为破坏,权力运行的制约和监督体系松弛,大学制度的进步微乎其微,腐败案件频发。由于官本位的框架和行政化的组织结构没有变动,在过度的经费支持下,低质量的制度安排在一次次改革中,为官僚的例行公事和权力寻租提供了便利。"表面上看,新的事件层出不穷。然而,这种表面的流变下却掩盖着最一成不变的常规。"[1]由于政府本身既是高等教育改革的发起者、设计者、推动者,又是高等教育改革成果的评估者和认定者,随着改革目标越定越高,级别越分越细,改革本身也越来越功利。

社会组织中级别的划分原本只局限于政府部门,后来在单位制下大学开始具有行政级别,20世纪90年代以来,"部级大学"的增多使得行政级别问题凸现。近年来,我国高等教育领域级别导向式的改革越来越多。大学里,几乎所有重要事项都被分成若干等级——校长有级别、教授有级别、人才有级别、学科有级别、课程有级别、课题有级别、论文有级别,甚至学生也有级别。中国社会无论对于大学的行政级别,还是对于教授分级以及其他人才项目或计划,总有人认为政府的相关改革是出于善意,是为了大学好。现在问题的关键是,那些以级别为导向的改革目的达到了吗?副部级的行政级别有提高大学校长和教育部的"议价能力"吗?有提高大学的办学水平吗?一级、二级教授的头衔有提高教授群体的"美誉度"吗?各种不同级别

---

[1] 爱弥尔·涂尔干.道德教育[M].陈光金,等译.上海:上海人民出版社,2001:133.

的人才计划有改善我国建设世界一流大学的软环境吗？答案恐怕都是否定的。大学的或学术的价值不是行政级别或其他任何级别可以衡量的，如果用行政级别来衡量大学只会低估大学的重要性。学术职业的重要性也不是那些人才头衔和教授等级能够衡量的，大量地增加学者头衔和强行分级除了增加教授之间的不满情绪，加剧学术的功利主义取向外，不会有任何好处。"如果在将来，政府将不再为人们所做的一切颁发这样的奖赏的话，那么，伸出手来要它们的人也就会日渐稀少。"①高等教育改革过程中过多的级别划分冲淡了大学的特殊性，缩短了学术职业和其他职业的距离。在行政级别的约束下，大学管理者的命运与那些在行政级别上高于他们的人紧密相连。"他们现在的奖惩和未来的提升都取决于上级领导。"②由于有行政级别和单位制度作为桥梁，当前在我国政界与学界间还出现了"旋转门"现象。政府官员热衷于拿博士学位、当教授，并指导博士研究生，而大学的教授则痴迷于官位，追求行政职务和行政级别。大学的地位原本应由大学相互承认而不是由政府官员来裁决，教授的学术水平或社会地位原本由学术同行或大学来决定而不是靠政府通过"戴帽子"来贴标签。未来我国的高等教育改革如果不能使大学与政府划清界限，如果连政府官员和大学的学者都不能真正地实现专业化，那么高等教育治理体系和治理能力的现代化就无从谈起。

长期以来，由于选优主义的价值取向和分级式的策略选择，加之政府的兜底，在我国现有体制下，"失败的改革"几乎成为一种矛盾的措辞。在政府的潜意识里，似乎改革本身就意味着成功，只会越改越好而不会越改越糟。当前我国高等教育的种种改革，无论是建设世界一流大学还是世界一流学科，多以在某种指标上数量的增长或排名的提高而告终。对于高等教育的

---

① 弗里德里希·包尔生.德国大学与大学学习[M].张弛,等译.北京:人民教育出版社,2009:102.
② 吴敬琏,马国川.重启改革议程:中国经济改革二十讲[M].北京:生活·读书·新知三联书店,2013:74.

发展而言,数量的变化并非不重要,规模的增长也并非不重要,但问题在于这种数量和规模的增长绝不能只是表面上有所改变而已。我们知道,大学制度的质量是决定一个国家高等教育发展水平的关键,而政治状况和政治制度又决定了一个国家会有什么样的大学制度。在民族国家框架下,只有健康的国家才会有健康的高等教育系统。因此,"教育要去行政化,政改是根本。否则,'高教法'所说的'国务院教育行政部门主管全国高等教育工作,管理由国务院确定的主要为全国培养人才的高等学校。国务院其他有关部门在国务院规定的职责范围内,负责有关的高等教育工作',就无法删除。从而,'高教法'所说的'依法自主办学,实行民主管理'就落不到实处"[①]。换言之,在我国,高等教育改革的限度来自于政治体制改革。如果没有政治体制改革的推进,高等教育自身改革的瓶颈显而易见。未来如果集权式的高等教育管理体制没有根本性的变动,如果仍然只是不断完善中国特色的现代大学制度而没有能够真的实现高等教育治理体系和治理能力的现代化,即便依靠人才引进计划在我国大学里偶尔产生了几位杰出人才,甚至是出现了获得诺贝尔奖的成果,依然不能改变我国大学在世界一流大学群体中相对弱势的地位,依然不能证明我国已经成为世界高等教育强国。阿西莫格鲁在探讨"怎样的制度安排可以使一国逐渐富强,而又使一国陷入贫困的陷阱而难以自拔"时提出了两个重要的概念:汲取性制度(extractive institution)和包容性制度(inclusive institution)。"所谓汲取性制度,是指在这样政治经济等一系列制度安排下,一小部分人获得利益是通过攫取其余绝大部分人利益的方式来进行,而经济增长所带来的好处主要也被这样的一小撮人所占有;而包容性制度则与此相对,在包容性的制度环境下,人们获得利益主要是与自身的行为相对应。经济增长的益处将会遍及社会上绝

---

① 汪丁丁.新政治经济学讲义:在中国思索正义、效率与公共选择[M].上海:上海人民出版社,2013:434.

大多数人。"①改革开放 40 年来,我国高等教育改革的制度框架基本上是"汲取性"的,即通过重点建设换取局部成功(少数学校或学科排名的上升),但却掩盖了高等教育系统的整体性问题(原始创新乏力)。这种发展模式短期来看,也许是有效的,但如果从稍长一点的时间跨度来看,就会发现弊大于利。由于重点建设制度本身由政府设计并主导的"汲取性"的缺陷,高等教育领域的制度性寻租或权力寻租不可避免。某种意义上,重启高等教育改革的目的,也就是要避免由重点建设所造成"特殊利益集团"尾大不掉和低水平大学制度的"被锁定",通过建立一种包容性的制度框架和治理体系以实现高等教育系统的包容性发展。

---

① 宣晓伟.我们离现代化有多远?[J].读书,2014(4):28.

第三节　中国需要什么样的高等教育改革

实践中"自由而切实的讨论,是改革成功的必要条件"①。改革必然涉及利益,一旦涉及利益就会存在不同的利益群体。要在不同利益群体之间实现"意见的高度统一"很难,甚至是不可能的。"如果某种意见仅仅是因为向一个人反复灌输才使这个人坚持它,那么,无论这是什么样的意见,都不是好的,因为它不能永久存在。"②任何时候真正的改革都必然会面临观念与观念之间的紧张和对抗。高等教育改革也不例外。一项高等教育改革如果没有人赞成当然不可能成功,但如果所有人都赞成没有人反对也间接说明这项改革极可能没有重要的意义。"在今天这样一个价值多元、利益多样的时代,几乎在所有问题上,不论采取怎样的方式,都已无法实现思想的统一。尤其是对于教育改革这样一种几乎牵动整个社会神经的复杂事项,要想统一人们的思想,更属天方夜谭。而且,一旦过度强调统一思想(政府文件中甚至常常要求'思想的高度统一'),那么,与之相伴的便是运动式的思想动员,逐层逐级的文件颁发、大大小小的会议动员、铺天盖地的报道、形形色色的官话套话便会接踵而至。迄今为止教育改革舆论工作的效果表明,所有这一切,除了容易引起人们心理上的逆反情绪外,不会在提高人们对教育改革的必要性与迫切性的认识方面有任何实际意义。"③改革过程中如果只有一个观念或一种理念作为指导,而缺乏具有竞争性的观念与之抗衡,所谓的

---

① 吴敬琏,马国川.重启改革议程:中国经济改革二十讲[M].北京:生活·读书·新知三联书店,2013:296.
② 罗伯特·赫钦斯.民主社会中教育上的冲突[M].陆有铨,译.台北:桂冠图书股份有限公司,1997:8.
③ 吴康宁.反思我国教育改革的舆论支持[J].湖南师范大学教育科学学报,2012(2):8.

高等教育改革很有可能不是真的改革,而只不过是对于相关政策或法律的执行,是一种强制性的制度变迁而不是自主的改革。高等教育历史上,强制性的制度变迁不是没有成功的案例,但更多的是失败的教训。高等教育改革必须尊重大学的自治和学术的自由,而不能任由政府根据自己的需要来设计高等教育制度和大学组织。

无论基于认识论哲学还是政治论哲学,高等教育改革的成功都与思想的繁荣密不可分。一个活跃的思想市场是高等教育改革取得成功的必要条件。思想贫乏或不自由的时代不可能产生伟大的大学,也不可能成就一个高等教育强国。柏林大学在19世纪的崛起不是偶然的。洪堡为柏林大学所做的顶层设计之所以影响深远,就在于洪堡的主张集中体现了那个时代里德国最著名的哲学家,如康德、谢林、施莱尔马赫、费希特等关于大学或高等教育的思想。正是这些哲学家关于教育的理论为当时德国高等教育改革提供了认识论基础,从而成就了柏林大学的辉煌。20世纪美国大学的崛起同样如此。按赫钦斯的说法,"我现在能够想到关于大学的最好定义是:它是独立的思想中心。如果大学不是这样,那么它将失败"[1]。本质上,高等教育是知识的事业,高深知识是高等教育的基本材料。高等教育改革的本质也就是对高深知识的改革,而高深知识本身即是人类思想世界的一部分。"思想世界类似于卡尔·波普尔描述的'第三世界(world 3)',它包括人类对其自身、对自然和社会本质的认识的结晶。"[2]无论何时,也无论在哪个国家,由于高深知识本身的复杂性,高等教育改革必然充满不确定性,很少有固定的时间表和路线图。但同时,由于思想本身的可分享性,高等教育的改革又相对简单,不需要过多的套路或心机。对很多大学而言,只要选对了方向,再

---

[1] 罗伯特·赫钦斯.民主社会中教育上的冲突[M].陆有铨,译.台北:桂冠图书股份有限公司,1997:8.
[2] 罗纳德·哈里·科斯,王宁.变革中国:市场经济的中国之路[M].徐尧,李哲民,译.北京:中信出版社,2013:254.

曲折的道路都不是问题。罗马不是一天建成的，伟大的大学也需要时间的积淀。高等教育改革的魅力就在于：依靠思维的力量使大学在思想世界的自由竞争中得到公认。

汲取历史的经验，中国需要的高等教育改革就是基于自由的思想市场的高等教育改革而不是完全由政府主导的高等教育改革。以自由的思想市场作为高等教育改革的舞台就意味着高等教育改革本身必须是为了高等的教育而不仅是为了改革。在思想市场上，真正为了高等教育的改革必须在教育理论和改革理论之间保持平衡或教育理论必须与改革理论相匹配。"教育理论，包括教育的内容和方法论。变革或者行动理论关注的是，未来实施这种教育理论，应当采用什么样的政策、战略措施和机制。每一个人都有自己的教育理论和变革理论，无论这样的理论如何不清晰、不适当或者不发达。除非有这两种理论的共同作用，不然教育的变革不可能真正走向深入。"[1]单纯基于教育理论的改革容易流于空谈，缺乏可操作性，为教育而教育；单纯基于改革理论的改革则容易流于形式主义，缺乏思想性，为改革而改革。高等教育改革过程中，如果教育理论"弱"、变革理论也"弱"，所谓的改革将形同"放任自流"；如果教育理论"强"而变革理论"弱"，改革将只能是"浅层变革"；如果教育理论"弱"而变革理论"强"，结果就是"为变革而变革"；只有当教育理论"强"、变革理论也"强"时，才能实现"深层变革"。[2] 那么，如何才能保证"强"的教育理论与"强"的变革理论相匹配呢？这就需要借助于自由的思想市场。

常识理性告诉我们，政府是一个权力机构而非知识的权威，而高等教育改革的本质关乎高深知识的生产、传授与应用而非权力游戏。高等教育改

---

[1] 迈克尔·富兰.变革的力量——深度变革[M].中央教育科学研究所,加拿大多伦多国际学院,译.北京:教育科学出版社,2004:72-73.
[2] 迈克尔·富兰.变革的力量——深度变革[M].中央教育科学研究所,加拿大多伦多国际学院,译.北京:教育科学出版社,2004:73.

革中政府的合理定位应该是"顶层设计"或"事后承认",改革的具体实施应该交给大学自己。古代战争中有"将在外,君命有所不受"的传统,高等教育改革实践中政府如果总是通过行政命令或规章制度直接约束大学的行为,那么改革的前景将相当不妙。"当一个人委派专家去生产关于国家和社会本质、其历史演变以及现实状况的科学知识时,他为这些专家规定好应该采用什么样的定义和定量来获得结果,这是非常愚蠢的。这与为获得有利于证明人口发展和财富增长的数据,而规定统计局要获得什么样的原始数据和支持数据没有什么不同,都同样是愚蠢至极。"①政府如果越俎代庖对学科或大学的水平进行排名,并将不符合意识形态要求的学说定义为错误的或危险的,那么自由的思想市场将不可能形成,高等教育改革也将沦为官僚集团和学术群体进行知识与权力交易的"名利场"。如果通过改革,只是学者的头衔增多了,校长的行政级别升高了,学生的学历提高了,甚至是论文发表和引用的数量增多了,这些恐怕也不能看作是高等教育改革的成功。相反,这些现象的出现可能恰恰表明我们的高等教育更加依附于行政权力,大学和学术正在失去尊严,有背离其宗旨、陷入改革的陷阱的危险。现代社会中高等教育相当重要,不能完全留给教授们决定;②但反过来,同样因为高等教育太重要了,也不能完全交给政府决定。"惰性随规模的增加而增加。一所大学比一个系更难发生变革;一国的高教系统比一所大学更难发生变革。这样我们就面临了规划的困境:在改革的名义下,规划者创造出系统,但他们带来了更大的惰性及大量的僵化事物,从而削弱了大学和系的灵活反应的能力。"③政府可以是高等教育改革的发起人或资助者,高等教育的改革也需要政府的支持。但高等教育改革的第一责任人或实施者绝对不能是政府

---

① 弗里德里希·包尔生.德国大学与大学学习[M].张弛,等译.北京:人民教育出版社,2009:244.
② 约翰·布鲁贝克.高等教育哲学[M].王承绪,等译.杭州:浙江教育出版社,2006:32.
③ 伯顿·克拉克.高等教育新论:多学科的研究[M].王承绪,徐辉,等译.2版.杭州:浙江教育出版社,2006:126.

而必须是大学。政府如果以改革为借口来控制大学,甚至由政府来指挥大学怎样办学,由于信息不对称,大学很容易以"反改革"或"假改革"来糊弄政府。"反作用只会产生对立,而改革则需要再度的改革。"①表面上,政府控制了大学;实质上,大学欺骗了政府。有研究发现:"如果制度诱使坏人的数目增加到占总人口比例的三分之一以上,则出现向坏人发展的雪崩效应。反之亦然。"②依此发现,在改革过程中,当"假改革"或"反改革"的大学比例超过三分之一时,整个高等教育改革的失败命运将不可避免。

当今时代是一个改革的时代。经过40年的努力,当前我国高等教育改革已处在了转型的十字路口。一方面由于教育理论受政治化和意识形态的制约,高等教育改革的体制困境无法突破,大学缺乏自主权;另一方面由于改革理论受到行政化和官本位的影响,高等教育改革完全由政府主导,在行政权力支配下,大学主要面向政府或教育行政部门办学。基于此,有必要重启我国高等教育改革,以自由的思想市场为基础,重新审视改革过程中教育理论与改革理论的匹配度,对高等教育改革本身进行改革。从实际情况出发,高等教育改革需要坚持系统思考以实现综合改革,但系统思考不等于全盘计划或行政规划。重启高等教育改革首先需要自由的思想市场。"政府……的影响,应当只限于总的方针政策。除此之外,就必须由其他学者们插手。"③高等教育发展的历史表明,好的高等教育秩序通常是演化的而非规划或计划的,因此要以高等教育的内在逻辑为主来决定改革的方向。"我们不要忘记,每个大学能否健康发展就在于校内由哪些人主持。"④由于高深知识的特殊性,大学天然具有保守性。治大国若烹小鲜,高等教育改革同样如此。"凡有办理大学经验的人都知道,大学的进化很像有机体的进化,是通

---

① 克里希那穆提.一生的学习[M].张南星,译.北京:群言出版社,2004:5.
② 汪丁丁."三分之一"定律[J].IT经理世界.2013(7):114.
③ 阿什比.科技发达时代的大学教育[M].滕大春,滕大生,译.北京:人民教育出版社,1983:61.
④ 阿什比.科技发达时代的大学教育[M].滕大春,滕大生,译.北京:人民教育出版社,1983:62.

过继续不断的小改革来完成的。大规模的突变往往会导致毁灭。"①对于高等教育发展而言,绝不是改得越多越好,也不是花样越新越好。无论是世界一流大学的养成还是高等教育强国的建立,都要尊重高等教育自身的内在逻辑。少一点"长官意志"主导的形式主义的改革,多一点学院式的保守主义,对于大学和高等教育的发展而言,绝对利大于弊。

高等教育改革过程中"顶层设计"和"总体规划"固然重要,但一不小心在实践中就会变成政府通过"决定""通知""意见""办法"等文件来主导高等教育改革。"政府部门对于学校的超强控制,已成为妨碍教育改革深入推进的一个要害性问题。政府部门常常将教育改革的设计者、指导者、管理者、监督者、调控者及评价者等多种角色集于一身,导致学校难以真正成为教育改革的主体;不受限制的权力,是政府部门得以对学校超强控制的主要原因;限制政府部门的权力,乃是有效推进教育改革的必由之路。"②40年的改革经验表明,我国高等教育的改革所缺少的主要不是"顶层设计"和"总体规划",而是基层的活力,重启高等教育改革必须强化大学自身勇于创新的积极性和主动性,而非政府关于高等教育改革的总体方案、路线图和时间表。改革开放以来,我国经济改革的成功就得益于思想的"开放"和市场的"放开",而高等教育改革直到今天之所以总也难以跳出政府的"掌心",与其说是来自意识形态的束缚不如说是来自现实的利益纠缠。由于制度本身的缺陷,在高等教育改革过程中政府的某些部门成了"能够利用手中的权力进行寻租活动的'特殊利益集团'"③。无论当前还是以后,中国高等教育不是要不要改革,我们一直在改革,关键是要什么样的改革。什么样的改革才是我们需要的改革,这应取决于思想市场。"思想市场之所以重要,是因为只有

---

① 阿什比.科技发达时代的大学教育[M].滕大春,滕大生,译.北京:人民教育出版社,1983:20.
② 吴康宁.政府部门的超强控制:制约教育改革深入推进的一个要害性问题[J].南京师大学报(社科版),2012(5):6.
③ 吴敬琏,马国川.重启改革议程:中国经济改革二十讲[M].北京:生活·读书·新知三联书店,2013:256.

在与无知和偏执的无尽无限的斗争中,真理才会展现其面目;并且,没有真理可以一劳永逸地赢得胜利,也没有权威能够作为真理的决断者。"①通过观念的高速流动,思想的充分交流,那些有着重要价值的思想观念才能在价值的排序上被凸现出来,以引领高等教育改革的方向。单一的思想无法构成市场,再多的思想如果没有自由交流或交往理性同样也不能形成市场。只有通过思想在市场上的激烈碰撞,才能丰富我们对于高等教育改革的认识,只有通过思想市场上教育理论与改革理论的共同作用,才能使改革者有智慧和勇气突破禁忌,从而取得意想不到的收获。"没有什么比活跃的思想市场更能解放人们的思想。实际上,如果没有自由思想市场,任何'解放思想'的行动都注定要失败。"②历史上,那些真正伟大的改革从来都不是事先规划或计划好的,而是思想市场自由竞争的结果。在自由的思想市场上,不再是行政权力支配高等教育,而是以大学作为改革主体,充分利用学者的智慧,以学生发展作为改革目标。

总之,中国需要的是好的高等教育改革、有价值的高等教育改革,而不只是一次次"成功的改革"。高等教育改革是一个面向未来不确定情形的博弈过程,一时的成败并不是最重要的,关键是方向要正确。对于我国高等教育改革而言,当前的关键是要改革而不能是反改革,是要真改革而不能是假改革。只要选择并坚持正确的方向,有时某些失败的改革比那些成功了的改革可能更有价值。在自由的思想市场上,我们不但要思考如何使我们的高等教育改革取得成功,我们还要思考什么样的改革才是好的高等教育改革。因为只有是好的改革,其成功才有意义;如果是一项坏的改革,越成功其危害反倒会越大。

---

① 罗纳德·哈里·科斯,王宁.变革中国:市场经济的中国之路[M].徐尧,李哲民,译.北京:中信出版社,2013:257.
② 罗纳德·哈里·科斯,王宁.变革中国:市场经济的中国之路[M].徐尧,李哲民,译.北京:中信出版社,2013:260.

第九章
重申高等教育体制改革

根据现代性的逻辑,"改革"一词常常含有一种积极的标准化的特质,暗示某种值得做的事情。① 长期以来,裹挟于整个国家"改革开放"的宏大叙事,高等教育也一直处在"改革"之中,"改革"成了一种"建设"的手段,或说"建设"本身也是"改革"的一部分。"改革"为"发展"提供原动力,"发展"为"改革"提供合法性。近几十年来,经过全社会"改革开放"的熏陶,一般大众对于改革的"常识",就是假设改革必然带来进步,也就是借着新的计划、新的科技及新的组织来提升效率、经济效益与效能,以臻一个更理想境界。② 在高等教育领域,持续不断的改革也使得改革本身成为高校的一种组织文化或政策意识形态。从政府到高校"为改革而改革"的现象在实践中并不少见。所谓"为改革而改革"就意味着"对于政策制定者来说,学校如何做,其实无可无不可;只要想出的新花样能够满足政治合法性,就可以当作指挥棒来号令学校。结果自然是教育体系里政策泛滥、朝令夕改、学校疲于应付。而教育体系如何获得长足的健康发展、教师如何顺利成长,则无人问津"③。其结果是,改革的悖论不可避免:一方面真正需要

---

① 莱文.教育改革——从启动到成果[M].项贤明,洪成文,译.北京:教育科学出版社,2004:20.
② Thomas S. Popkewitz.教育改革的政治社会学:教学、师资培育及研究的权力/知识[M].薛晓华,译.台北:巨流图书股份有限公司,2007:1.
③ 理查德·埃尔莫尔.二十位教育先行者对教育改革的反思[M].张建惠,译.北京:商务印书馆,2017:26.

改革的深层次的体制问题一直在说,但一直没有改;另一方面在以管理主义为导向的改革实践中,政策制定者又在不断尝试建立新的管理机构,不断推出新的改革花样。

第一节　高等教育体制改革的紧迫性

　　长期以来,我国高等教育的改革与发展呈现出某种"悖论"。理论上,现行体制有明显的弊端,高等教育的发展似乎很难持续;但事实上,在现行体制下,我国高等教育却保持了长期的高速发展,即便放在世界高等教育史上,也算是创造了不小的"奇迹"。这种现象类似于我国的经济改革。根据国外有些经济学家的看法,我国的经济体制和市场环境存在诸多缺陷,理论上,中国的经济可能随时都有"崩溃"的危险。但事实上,改革开放至今,我国的经济发展不但没有崩溃,还取得了举世瞩目的成就,成为世界第二大经济体。当前我国高等教育改革与发展中的这种"悖论",一方面反映了改革价值观的冲突,另一方面也提醒我们注意既有成功背后可能的隐患,所谓"居安思危"。"可以想象,教育改革可能不再代表工业化国家,将它们的价值观、经济以及职业结构运用于其他社会。将来的教育改革可能包括更多和更激烈的争论,这些争论是关于哲学体系的而不是技术的,是关于意义的而不是简单地掌握知识的。"[①]对于高等教育改革,政府的逻辑倾向于加强外部控制,而大学的逻辑则倾向于增加学校自主。这两种机制运作的场域相对独立,但最终会在某些特定问题上有所交集。所谓改革有时就意味着要在政府的控制与大学的自治间达成某种平衡或妥协。若政府的控制完全遮蔽了大学的自主会不利于高等教育发展。需要注意的是,实践中不同的政府、不同的大学传统、不同的控制方法、控制的不同程度,对于高等教育发展实践的影响是不一样的。高等教育的改革和发展,既不可能完全依赖大学

---

① 刘复兴.国外教育政策研究基本文献讲读[M].北京:北京大学出版社,2013:302.

的自然演化,也不可能完全依靠政府的理性规划,而是外部的计划与内部的演化彼此结合、相互促进的结果。

回顾近几十年来我国高等教育的改革,应该说,成就与问题并存。若从近期看,成就是主要的,但若从长远看,存在的问题也不容乐观。当前我国高等教育发展成就的取得,主要得益于中央政府和地方政府的持续加大投入以及重点建设,高等教育体制本身的优越性尚不明显。"高等教育体制核心的机制并没有真正改变,在许多方面依然执行的是中央政府计划经济体制的功能。"[①]沿袭经济发展中省域竞争、县域竞争的改革逻辑,高等教育发展中围绕建设高等教育强国的战略目标,省(市)级政府大力推进建设高等教育强省(市),这对于深化我国高等教育改革和发展起到了至关重要的作用。多年来,在中央与省两级政府的主导下,我国高等教育改革一直倾向于加大投入和重点建设,偏好政治激励(行政级别)和财政激励。毕竟,要改变成功了的制度和政策非常困难。[②] 为了发展的需要,很多问题都被当成发展中的问题,认为随着高等教育的发展,问题自然而然会解决。《国家中长期教育改革和发展规划纲要(2010—2020年)》在"体制改革"部分虽提及"完善中国特色现代大学制度",但其内涵仍主要是对现有体制合法性的再确认而非致力于对既有体制的变革或创新。

对于我国来说,大学作为一种制度原本就是舶来品。外来的制度要适合本土的文化,剧烈的改造不可避免。拉米雷曾讨论了一个不断进化的"现代大学"观念对于塑造全世界高等教育制度的作用。他描述了这种认知图式如何受到美国现代大学形象的影响,以及这种特定高等教育形式在全球传播的过程中如何与当地文化、语言和关于"我们自己"大学系统的国

---

① 钱民辉.中国高等教育体制改革为何总是处在两难之中[J].清华大学教育研究,2013(5):35.
② 香山健一.为了自由的教育改革——从划一主义到多样化的选择[M].刘晓民,译校.北京:高等教育出版社,1990:15.

家阐述产生冲突。拉米雷认为,高等教育发展中的国家模式和全球模式的力量对比,在各个国家的表现形式是有所不同的。那些本土学术传统不足的国家与那些拥有长期学术传统的国家相比,前者所承受的集中于单一的、"世界"大学模式的压力要更明显。[1] 经过一百多年的冲突和调适,当前我国高等教育体制"杂糅"了欧美、日本以及苏联的经验,逐渐形成"党委领导、校长负责、教授治学、民主管理、依法治校、社会参与"等一系列制度安排。近年来,为实现建设世界一流大学和基本建成高等教育强国的中长期规划目标,参照经济改革中建立现代企业制度的成功经验,政府也将"完善中国特色现代大学制度"作为国家中长期教育改革与发展的战略任务。值得注意的是,我国经济改革中现代企业制度的成功得益于市场经济体制的完善,而当前在我国高等教育领域依旧是指令性的计划管理,在计划体制的框架下,大学改革的制度空间逼仄。经济改革中现代企业制度之所以成功,最根本的一点就是,其突显了现代企业的一般性而非中国性。高等教育体制改革也具有一般规律,现代大学制度建设的重点也应彰显其服务于大学改革的一般性而不是突显其依附于政治的国家性。对于高等教育的发展而言,所谓的特色应是其本身发展过程所沉淀的一种文化而非人为赋予的某种口号或符号。对一个国家而言,建设世界一流大学和一流学科的主要标准应是"高水平",只有在高水平的办学质量的基础上才有资格谈"特色",而不能相反,直接把"特色"当成"高水平"的一部分,更不能本末倒置,直接将"特色"当成"高水平"。

一个国家的高等教育体制从具体院校的运行中可以表现出来。基于体制本身的计划性,当前我国高校的学科、专业、课程设置、招生数量与标准、办学层次、学位授予、教师招聘与财政拨款等诸多重大事项多取决于政府的

---

[1] 刘复兴.国外教育政策研究基本文献讲读[M].北京:北京大学出版社,2013:263.

计划性安排或行政授权。虽然不同时期具体的高等教育政策会有所不同，但根本的体制特征依然不变。自1949年以来，我国高等教育的发展在体制上就强调重点建设和层级化。无论是早期的重点高校、重点学科建设，后来的"211工程""985工程"建设，还是当前正在推进的"双一流"建设，那种倾向于"评优"而非"去劣"的体制一直是驱动我国高等教育改革和发展的内在动力。现有体制下，巨大的政治激励和财政激励驱使大学只能根据政府的政策指令而非直接面向社会办学。"改革的驱动者可能不是广泛意义上的公众，而是某一特定利益群体。"①伴随高校对于各类计划和工程的"迷恋"，政府对这些计划和工程的财政资助能力和政治支持能力不断强化。由于行政化和官本位的思维根深蒂固，政校分开、自主办学不但有悖于我国大学的"遗传"，而且也为"环境"所不容，"变异"更不可能在现有体制内生存。"教育是要为其他社会目的服务的，所以教育的理念亦将随那些社会目的的变化而变化。教育也是公共部门或政府职能部门的重要组成部分，因此教育的理念也会受到变化之中的关于政府职能的观点的影响。"②在现有体制下，高校是政府下属的事业单位，人们自然倾向把高校的人才培养和科学研究作为强国的手段，受到政治意识形态关于政府职能的观点的影响，高等教育系统内对大学自治与学术自由的质疑已经超越国家主义和自由主义、政治论哲学和认识论哲学的分歧，相信政府主导的、政策驱动的改革可以促进高等教育发展已经成为这种体制唯一的"遗传密码"，并受到大学决策系统、个人奖励系统与学术生态文化的共同驱动。"大学基因得到了连续复制，因为每一位员工退休或学生毕业，继任者总是前任通过同一标准甄选出来的。其间的运作方式不单取决于个人偏好，还取决于嵌入在遗传密码的体制流程中……其遗传趋势太过强烈。在课程计划、招生标准、教授晋升方面表现

---

① 莱文.教育改革——从启动到成果[M].项贤明,洪成文,译.北京:教育科学出版社,2004:112.
② 莱文.教育改革——从启动到成果[M].项贤明,洪成文,译.北京:教育科学出版社,2004:7.

出的体制基因是自私的,属于忠诚地复制,甚至不惜以大学福利为代价。"① 伴随既有体制的不断循环,通过政府与大学间正式与非正式的强化和"共谋",大学会不断地要求自己紧跟政府的政策导向,以避免错失改革和发展的机遇。

---

① 克莱顿·克里斯坦森,亨利·艾林.创新型大学:改变高等教育的基因[M].陈劲,盛伟忠,译.北京:清华大学出版社,2017:27.

第二节　高等教育体制改革的困难性

当前在完善中国特色现代大学制度的喧嚣中,高等教育改革中体制问题基本被搁置起来。在早期,建立有中国特色的现代大学制度还被作为攻坚阶段我国高等教育体制改革的重点,[①]但稍后,现代大学制度建设就直接被作为了高等教育体制改革的"继承与发展"[②]。但事实上,现代大学制度建设与高等教育体制改革不在一个层面。体制是根本问题,制度是技术问题。根本的体制问题不解决,制度建设很难突破。当前我国高等教育体制的症结所在,就是计划在资源配置中起决定性作用。与计划经济的弊端相比,在教育中计划体制的危害会更加隐蔽。"高等教育缺少显性的经济收益,高等教育体制改革面临和经济体制改革不同的初始条件。高校是非营利机构,其资源投入主要依靠政府财政,不像企业那样受市场竞争机制的直接影响而面临亏损、倒闭等问题,同时高校声誉和品牌的变化需要一个长期的过程。这种情况使高等教育体制的垄断租金长期维持不变,弱化了政府的改革动机。"[③]此外,经由学校制度的编码与规训,计划教育还不断生产着计划体制的拥护者。其结果是,自改革开放以来,我们的经济体制虽然有了根本的变革,基本上实现了从计划经济向市场经济的转型,但教育的体制依然是计划性的。在计划体制下,政校间的界限较为模糊,大学与政府是行政隶属关系。政府与高校职责同构、利益同构、体制同构。

---

① 王冀生.建立有中国特色的现代大学制度——攻坚阶段我国高等教育体制改革的重点[J].高教探索,2000(1):11.
② 马陆亭.从高等教育体制改革到现代大学制度建设[J].中国高等教育,2013(21):19.
③ 王寰安.我国高等教育体制改革为何成效不足[J].高等教育研究,2011(4):36.

凡涉及高等教育改革与发展的重大事项均需要政府审批或领导指示，高等教育机构只是政府的高等教育政策的执行机构而非自主办学的法人实体。经过长期的经营，当前的体制已接近于某种理性的"神话"，即相信体制会告诉我们一切。根据计划管理的原则，政府直接为高等教育改革提供思想的范畴，确定评价的体系和优劣的标准，所有的改革只能以既有制度约束为前提，凡与体制不合的制度安排会被自动排除在改革议程之外。所有这些还不够，最终高等教育改革与发展还必须通过展示计划体制的优越性来为其背后的国家体制"背书"。

近年来，得益于经济发展，政府对高等教育的资金投入不断加大，高等教育发展的成就也有目共睹，但暂时的成功有可能会掩盖政策的失误或改革的不力，以发展代改革甚至会成为教育行政部门的思维定式。巨大的政治激励和财政投入可以显著改进高等教育发展的数量和质量指标，但无法从根本上改变我国高等教育治理体系和治理能力的现代化水平。"在改革的历史上，没有连续性，或是环环相扣的事件及制度。无论是预设的变迁或是正在计划中的改革，所有的案例对于社会计划都会有显著的修正，而这其中包含了我们无法预期到的发展与结果。"[1]在现有体制下，由于重点建设效应的存在，部分院校的发展或许会有质的突破，若干所大学和一批学科也有望在预定的时间进入世界一流大学和学科排行榜的行列，甚至是前列；但我国高等教育系统作为一个整体，由于缺乏高质量的体制安排作为制度保障，高等教育强国建设仍面临严峻挑战。"从教育的角度来看，要改革教育体系，需要很多努力，其中包括拿出最具感召力量的教育实践作为榜样示范，包括提供改革动力，也包括为了鼓励改革、推行变革而对旧体系的蔓延加以

---

[1] Thomas S. Popkewitz. 教育改革的政治社会学：教学、师资培育及研究的权力/知识[M]. 薛晓华,译. 台北：巨流图书股份有限公司,2007：22.

抑制。"①与个别院校的校内改革不同，整个高等教育系统的改革难度更大。单个院校的成功或许可以仅仅依靠资金驱动或政策倾斜，但整个系统的改进则只有依靠解放思想和体制创新。"就像技术创新可以放宽资源约束的条件一样，思想观念的创新可以放宽政策选择面临的政治约束。"②当前我国高等教育体制改革裹足不前和思想的僵化不无关系。长期的计划体制使得既得利益格局逐渐固化，利益的固化使得新的思想观念很难进入政策议程。"在改革的过程中，重要的是排除'惰性观念'，恢复人类的丰富的思考力、感受性、判断力、创造力、表现力和道德。"③在旧的体制化的观念里，改革经常被假定为对利益和权力的重新分配，改革者与被改革者总是相互对立。但事实上，"重要的改变并不是权力和利益结构的变化，而是当权者将新的思想观念付诸实施。改革不是发生在既得利益者受挫的时候，而是发生在他们运用不同策略追求利益的时候，或者他们的利益被重新界定的时候"④。高等教育改革同样如此。改革过程中，与利益和权力的重新分配相比，我们更加需要解放思想，以便于大学在体制上从"被改革"向"自主改革"转变。就像经济改革从计划体制到市场体制的转变不是削弱了政府的治理而是增强了国家的能力，高等教育改革从指令性的计划体制向自主办学、政校分开、去行政化的转变也只会增强国家的高等教育综合实力以及原始创新能力，而不会损害政府对高等教育的有效治理。

体制改革如此重要，但又很难推进，最根本原因就在于人的"体制化"。人的"体制化"是一个渐进的过程，作为体制中的人刚开始会质疑体制，然后会习惯体制，最后将离不开体制。"制度越完善地将预期编码，越能将不

---

① 理查德·埃尔莫尔.二十位教育先行者对教育改革的反思[M].张建惠,译.北京:商务印书馆,2017:62.
② 钱颖一.大学的改革(第一卷·学校篇)[M].北京:中信出版社,2016:302.
③ 香山健一.为了自由的教育改革——从划一主义到多样化的选择[M].刘晓民,译校.北京:高等教育出版社,1990:90.
④ 钱颖一.大学的改革(第一卷·学校篇)[M].北京:中信出版社,2016:302.

确定因素置于掌握中,甚至导致更深层的效应,就是行为趋于与制度规范保持一致;如果这种程度的协调达成,无序与混乱就会消失。"①我国高等教育体制与国家体制高度同构;伴随国家机器的反复运作,高等教育体制逐渐合理化,并开始规训和控制高等教育场域中的人,使他们接受并认同体制,最终无法离开这种体制。时至今日,除却"文革"十年的"动乱"之外,奠基于1949年的高等教育体制,并无根本的变动。体制本身的制度惯性和路径依赖是一个方面,体制中的人离不开或不愿意离开这个体制也是不容忽视的因素。如道格拉斯所言:"制度把个体记忆和我们的感知系统地引导到与它们所允许的关系相一致的结构中去。它们使本质上动态的过程凝固化,并隐藏它们的影响,唤起我们的情感,使我们对标准化了的问题作出标准化的选择。作为对所有这些的补充,它们赋予其自身以正确性,并把它们相互确证的链条散布到我们的各级信息系统之中……我们试图思考的任何问题都自动地转换成了它们自己的组织化问题。它们提供的解决方案只来自其经验的有限范围。"②除人的体制化外,对体制变革的抵触还源于人自身的不安全感。既有体制下,有惯例可循,一切都是确定的。根据既有体制的逻辑,无论是政策的决策者还是执行者,对于应支持什么、反对什么,禁止什么、提倡什么,大多心中有数。一旦体制遭遇变革,不确定性必然会增加,所有人都将面对全新的制度环境,思维和行为方式都要重塑,不安全感会增加。其结果是,当新的制度或制度创新者不足以唤起足够多的支持时,对于体制变革的抗拒将不可避免,变革的失败也将是大概率事件。"我们所知的一切关于政策变化过程和实施过程的东西都倾向于警示改革带来的冲击。以一种持续的、有目的的方式改变已经完全建成的体制是非常困难的事情,并且改革的结果也并非总是那些赞成者或

---

① 玛丽·道格拉斯.制度如何思考[M].张晨曲,译.北京:经济管理出版社,2013:60.
② 莱文.教育改革——从启动到成果[M].项贤明,洪成文,译.北京:教育科学出版社,2004:31.

反对者所预期的。"①由于维持现状符合绝大多数既得利益者的利益及改革的偏好,当前我国的高等教育体制高度稳定,几乎没有抗拒者或反抗者。实践中,当计划本身不足以满足高等教育改革的合法性时,政府巨大的政治激励和财务激励随时可以填补高等教育改革和发展之间因果链的空隙。高等教育改革过程中人们最关注的是,事情如何运作或如何才能运作得更理想,其预设的前提是,现存体制的目标及体制本身是恰当的、合理的,我们所需要做的只是使其更有效率,即通过融入一种理性的或意识形态的策略以使得现有体制更加完善。

当然,所谓计划性的弊端,只是就高等教育发展的一般规律而言;若就政府对高校的控制而言,则未必是弊端,反而是其优势。无论何时,改革的价值取向都与整个社会的核心价值观密切相关。就像"竞争性社会总是颂扬它的英雄,等级制社会则颂扬它的祖先,宗派则会颂扬它的殉道士"②,计划的体制当然需要对高等教育实行计划管理。但若说我国高等教育改革不关注或不重视体制改革也是不对的。早在1985年,《中共中央关于教育体制改革的决定》就针对扩大高校办学自主权从体制层面给出了改革方案,并进行了持续探索。1993年中共中央、国务院印发的《中国教育改革和发展纲要》又提出了要"逐步建立政府宏观管理、学校自主办学的体制"。再往后,1999年出台了《中共中央国务院关于深化教育改革,全面推进素质教育的决定》;2010年又发布了《国家中长期教育改革和发展规划纲要(2010—2020年)》。2010年8月,"国家教育体制改革领导小组"正式成立。为方便开展工作,教育部还设立了"综改司",负责承担国家教育体制改革领导小组办公室的日常工作,承担统筹推进贯彻落实教育规划纲要有关工作,研究提出落实教育体制改革的重要方针、政策、措施的建议,承担组织推进重大教育改革的有关工作,监督检查教育体制改革试点进展情况,承担教育体制改革宣

---

① 莱文.教育改革——从启动到成果[M].项贤明,洪成文,译.北京:教育科学出版社,2004:2.
② 玛丽·道格拉斯.制度如何思考[M].张晨曲,译.北京:经济管理出版社,2013:102.

传工作。2017年3月,经国务院同意,教育部、中央编办、国家发改委、财政部、人力资源和社会保障部联合印发《关于深化高等教育领域简政放权放管结合优化服务改革的若干意见》,旨在瞄准高等教育改革发展中的学科专业、编制、岗位、进人用人、职称评审、薪酬分配、经费使用等方面的深层次问题,进一步向地方和高校放权,给高校松绑减负、简除烦苛,让学校拥有更大的办学自主权。2017年9月,中共中央办公厅、国务院办公厅又印发《关于深化教育体制机制改革的意见》,指出深化教育体制机制改革的主要目标是:到2020年,教育基础性制度体系基本建立,形成充满活力、富有效率、更加开放、有利于科学发展的教育体制机制,人民群众关心的教育热点难点问题进一步缓解,政府依法宏观管理、学校依法自主办学、社会有序参与、各方合力推进的格局更加完善,为发展具有中国特色、世界水平的现代教育提供制度支撑。由此可见,在我国,政府对于高等教育体制改革的重视似乎是一贯的,成就也是巨大的。[①] 现在问题的关键在于,我们对高等教育体制改革似乎总是说得多,做得少;浅层变革多,深层变革少。由于"体制"本身的重要性被忽视,高质量的现代大学制度一直未能建立起来,有时反倒因为制度改革的合法性,导致人们对于体制改革本身多有批评。"在改革方案提出之前,似乎也主张各种弊病的根源皆在于制度,然而当提出制度改革时,却认为改革制度也无济于事。"[②]实践中,现代大学制度建设不可能"单兵突进",若没有更大范围的体制变革作为必要的配套,真正意义上的现代大学制度很难建立。现有体制下,大学与大学之间的竞争条款与评价标准由政府统一设置,大学能够做的就是根据政府的改革要求与政策导向,以制度创新的名义相互模仿,并争取各自利益最大化。由于外部监控不到位以及大学自身自律性匮乏,任何一项良好的制度在被利用的同时,也会被滥用,而且越

---

① 孙宵兵.高等教育体制改革的历史成就及其发展方向[J].中国高等教育,2008(C3):35-38.
② 香山健一.为了自由的教育改革——从划一主义到多样化的选择[M].刘晓民,译校.北京:高等教育出版社,1990:3.

是良好的制度,其滥用时的危害就越大。① 此外,由于改革时机以及外部条件的不匹配,每一次制度变革不成功又会成为批评者的新"靶子",进一步拉低了人们对下一次制度变革的预期。面向未来,除非我国高等教育体制改革真正落到实处,否则我国大学的制度建设或制度改革只能是围着"现代化"的概念"兜圈子",而不可能在现代性的层面上有根本的突破。

---

① 香山健一.为了自由的教育改革——从划一主义到多样化的选择[M].刘晓民,译校.北京:高等教育出版社,1990:23.

第三节　如何推进高等教育体制改革

制度决定人的思维和行为方式。体制作为根本制度至关重要。人的"记忆"和"思维"有赖于体制,一种体制的延续和人的"记忆"与"思维"有关。"谁该被拯救,谁该被牺牲,都是由制度决定的。个人的盘算解决不了这样的问题。做决定者给出的答案要被视为正确,条件就是它得符合个人心目中制度化了的那种思路。"①一种体制一旦建立就会倾向于控制成员的思维和行为,最终的结果就是人的体制化,即人自身成为体制的一部分,而体制本身反倒隐而不显。"制度思考的高端成就就是使得制度完全隐形。"②从社会工程的角度来看,体制相当于"隐蔽工程",虽至关重要,但一旦完工又常常不被重视,人们更喜欢光鲜的外表。只有当"管道堵塞",即发生体制危机时,人们才会想到去"疏通疏通"。反映在实践中,"完全缺乏危机感,是集反改革、维持现状理论之大成"③。当前我国高等教育改革面临的最严峻的挑战就是体制问题。对此问题有两种不同的倾向,一是回避体制问题,试图以发展代改革;二是将体制问题泛化,将所有问题都推给体制。我国高等教育发展中存在体制问题,但绝非所有问题都是体制问题。"确定问题是什么远比认定解决问题的答案是什么甚至更为重要。"④对于体制改革的理解"应植根于一种对政府实际如何运作的认识"⑤,厘清哪些是体制问题,哪些是非体

---

① 玛丽·道格拉斯.制度如何思考[M].张晨曲,译.北京:经济管理出版社,2013:5.
② 玛丽·道格拉斯.制度如何思考[M].张晨曲,译.北京:经济管理出版社,2013:127.
③ 香山健一.为了自由的教育改革——从划一主义到多样化的选择[M].刘晓民,译校.北京:高等教育出版社,1990:30.
④ 刘复兴.国外教育政策研究基本文献讲读[M].北京:北京大学出版社,2013:147.
⑤ 莱文.教育改革——从启动到成果[M].项贤明,洪成文,译.北京:教育科学出版社,2004:24.

制的问题,并针对体制问题,有针对性地进行持续的制度变革,而不只是在危机发生时推出权宜之计。

一般而言,体制改革有两种路径,一种是改良,另一种是革命。所谓改良,即以现有体制为基础,寄希望通过碎片式创新来解决体制运行中出现的各种问题。所谓革命,即反其道而行之,从现有体制的对立面切入,通过颠覆性创新来建立一种新的体制。理论上,"改良"与"革命"各有利弊。由于路径依赖和制度惯性的存在,体制改良的空间往往有限,一旦体制的大方向不容讨论,所谓的改良不过是内部的修修补补。改革过程中,旧制度依然如故、新举措层出不穷,体制的叠床架屋、管理效率的低下,不可避免。相比之下,带有颠覆性的"革命"则可以从根本上改变体制的运行逻辑,以适应新的技术和制度环境的需要。但革命的危险是,代价或成本较高,面临的观念冲突剧烈。"如果改革是建立在对既有体制的强烈批判之上,那么要从这一体制中获得必要支持是不可想象的。"[1]长期以来,我国高等教育体制改革不停地以"制度创新"的名义在现有体制上"打补丁"[2],以试图"改良体制"或"修复系统"。但就像无法通过限制吃肉将食肉动物转变成食草动物一样,[3]我们也无法通过"打补丁"将旧体制改良成新体制。

改革开放以来,我国的高等教育改革始终由政府主导、政策驱动。"关于改革的共识倾向于假定一个特定的政策分析或观念分析会导致一项改革计划,这项改革计划依次带来实践的改变,实践的改变又进而带来特定的结果。"[4]基于此,高等教育改革的精力主要花在由政府政策实施所引发的一系列热点问题上,而对于高等教育发展中的很多根本问题关注不够。

---

[1] 莱文.教育改革——从启动到成果[M].项贤明,洪成文,译.北京:教育科学出版社,2004:193.
[2] 张应强.我国高等教育改革的反思和再出发[J].深圳大学学报(人文社会科学版),2016(1):143.
[3] 克莱顿·克里斯坦森,亨利·艾林.创新型大学:改变高等教育的基因[M].陈劲,盛伟忠,译.北京:清华大学出版社,2017:27.
[4] 刘复兴.国外教育政策研究基本文献讲读[M].北京:北京大学出版社,2013:276.

伴随政策的不断变迁,"我们的教育'体制'可能不知道在做什么"①。表面上看,我国高等教育一直处在改革中,高等教育改革也贯串整个国家改革开放的进程;但实质上,在高等教育领域,体制从未被视为变革的关键变量,我们时代的高等教育体制极其稳定,几乎没有根本的改变。正如"中世纪在如今看来是一个社会极其僵化不变的时代,但对那些经历了那个时代的人来说,那也是一个充满剧变和不可预见性发展的时代"②。对于今天的我们来说,我们时代的高等教育一直在进行改革,几十年来似乎变化很大,但在后人眼里,若从长时间段来看,所谓的改革时代的高等教育体制与建国初期的高等教育体制一样,会被归为同一个体制的稳定时期。历史总是充满吊诡,除非我们进行真正的改革,否则体制的约束会像一种宿命,始终难以摆脱。高等教育的改革和发展受各种因素制约,但体制无疑是根本的。依靠短期的政策刺激或某种权宜之计,高等教育的改革和发展也会呈现出某种"奇迹",但高等教育的可持续发展必须依托健康的体制。唯有在健康的体制下,高等教育改革才能摆脱对特殊政策环境的依赖。没有健康的体制作为保障,那些随机的改革行动和过度的政策性激励极易将高等教育发展引向错误的方向。

  人的理性是有限的,尤其在重要的与非重要的、长期的利益与短期的利益的抉择上经常"捉襟见肘"。高等教育的发展乃百年、千年大计,但人们总是"倾向于高估那些直接或可见的动因的影响,相信显而易见的而不是重要的事情。我们倾向于对微妙的和长期变化的重要性视而不见,倾向于在事情只不过偶然地联系在一起时就推断其中的因果关系,倾向于过度看重我们最近的所见所闻,倾向于受先入之见和刻板印象的强烈影响"③。

---

① 迈克尔·富兰.变革的力量——深度变革[M].中央教育科学研究所,加拿大多伦多国际学院,译.北京:教育科学出版社,2004:1.
② 莱文.教育改革——从启动到成果[M].项贤明,洪成文,译.北京:教育科学出版社,2004:11.
③ 莱文.教育改革——从启动到成果[M].项贤明,洪成文,译.北京:教育科学出版社,2004:29.

要理解体制改革之于高等教育改革的重要性,关键是要将当前的利益与长远的利益串联在一起,以进一步考量我们时代高等教育改革的战略选择。对于高等教育体制改革而言,若不符合当前的利益,改革难以启动;若不符合长远利益,改革即便实施也没有前途。从短期来看,政府通过政策倾斜或加大投入的确可以为部分高校,甚至整个高等教育系统注入活力或增强动力;但长远来看,整个高等教育系统的繁荣必须基于大学的自主成长和自由竞争。"从短期来看,我们可以连续几天不吃饭,可在长时间内,我们要么吃饭,要么饿死。"[1]政府加大资金投入或出台某些保护性政策对于高等教育的发展只是权宜之计,建设高等教育强国的根本出路是通过体制改革增强大学的自主性、扩大大学办学和改革的自主权。"教育改革不是受外界强制的,如果没有内在自发性的根基,是决不会成功的。"[2]无论是在根本的体制上还是在具体的制度安排上,真正的大学都应是独立的而不能是依附的。"大学的战略必须反映出哪些是想做的、哪些是不想做的选择性问题。"[3]当然,所谓的独立或自主也绝非大学的一切事务不受政府约束,而是指大学的核心事务,即教学和科研事务的专业性要得到政府和社会的尊重,并受到国家法律和相关制度的保障。大学不是政府的"假想敌",而是合作的伙伴,促进的目标。

面向未来,高等教育应坚持体制改革不动摇,并争取社会力量的介入。"现代公共政策,不仅仅是决策者的事,更是一个'社会建构'的过程。"[4]根据过往的经验,通过行政手段强制推进体制、结构改革,优点是规模大、速度快,短时期内可以重塑高等教育系统,缺点是改革容易导致体制、机制的

---

[1] 莱文.教育改革——从启动到成果[M].项贤明,洪成文,译.北京:教育科学出版社,2004:166.
[2] 香山健一.为了自由的教育改革——从划一主义到多样化的选择[M].刘晓民,译校.北京:高等教育出版社,1990:69.
[3] 克莱顿·克里斯坦森,亨利·艾林.创新型大学:改变高等教育的基因[M].陈劲,盛伟忠,译.北京:清华大学出版社,2017:290.
[4] 周川.中国高等教育管理体制改革的政策分析[J].高等教育研究,2009(8):53.

单一化,会加剧高等教育生态系统的脆弱性。维特根斯坦形容结构关系就像是由纤维组成的线,线的强度的产生不是由某些纤维贯穿了整条线,而是许多纤维交织在一起的结果。① 高等教育体制改革也不能只有一条主线从顶层贯穿到底层,而应有许多条线纵横交错。"只有一条主线"的改革可能马上见效,但真正影响深远的改革运作往往盘根错节,需要较漫长的时间才能发挥作用。在改革实践中,"几乎不存在一蹴而就的政策。妄图一下达成结果只会威胁政策执行的核心价值,很可能导致政策的不稳定,成为一时风光的结果"②。当前我国高等教育改革过于依赖政策驱动,强调短期绩效(比如大学和学科的排名),对于院校层面的关注远多于系统层面。在院校层面又重视机构变革忽视制度革新。很多时候高等教育改革的成果就是在政府部门以及高校内部新增一些管理机构,而对根本性的结构问题和体制问题却少有关注。从中央政府到地方政府再到大学内部,根据"上下对口、左右对齐"的原则,机构改革始终难以走出"压缩—膨胀"的怪圈。基于"职责同构"③的科层制原则,高等教育管理中的"条块分割"问题始终难以根本解决。在现有"条块分割"体制下,政府作为发起改革的单一主体,改革本身极易导致机构膨胀,难以促成结构优化。高等教育体制改革只有走出机构改革的窠臼,同一部门或跨部门的制度安排才能根据高等教育发展实际需要而结合在一起,才能形成新的富有包容性的治理结构,才能在不同部门以及不同制度之间建立新的权力关系。从"发展建构"的角度讲,重申高等教育体制改革就是要明确我们的高等教育改革"从什么样的制度模式出发,以及正在向什么样的模式前进"④。具体来说,体制的变革或重新设计决策系统的规则,要求高等教育治理权的转移和重新分

---

① Thomas S. Popkewitz. 教育改革的政治社会学:教学、师资培育及研究的权力/知识[M]. 薛晓华,译. 台北:巨流图书股份有限公司,2007:42.
② 刘复兴. 国外教育政策研究基本文献讲读[M]. 北京:北京大学出版社,2013:176.
③ 朱光磊,张志红. "职责同构"批判[J]. 北京大学学报(哲学社会科学版),2005(1):101.
④ 刘复兴. 国外教育政策研究基本文献讲读[M]. 北京:北京大学出版社,2013:16.

配，意味着一些原本集中于政府的权力要下放到其他利益相关者手中。因此，推进高等教育体制改革必须致力于转变政府职能，改变大学与国家的关系，在新的高等教育治理结构中，引入不同的制度化机构，比如学会、专业团体、基金会、第三方评价机构、大学联盟等，通过这些不同制度主体和行动者之间的互动，才能形塑出新的高等教育治理模式，才能开创大学与政府关系的新局面。

第十章
重塑高等教育改革:从计划教育到思想市场

当今时代是一个口号和标签盛行的时代。高等教育领域也不例外。伴随教育口号的不断推陈出新,有价值的教育思想逐渐被稀释。当前在我国,高等教育改革经常被各种口号所左右,在政治或经济口号的引领下,高等教育改革及改革者甚至不需要教育思想。从"中国特色"到"现代化",从"新常态"到"供给侧",从"强国"到"美好生活",高等教育改革中经常充斥着政治正确和经济正确的口号。如雅斯贝尔斯所言:"以所谓新词来冒充深刻奥义。似乎精神是呈现于重新命名中一样。人们往往立刻被惊人的语言所抓住,直到滥用这一语言或者被揭穿假面具为止。为了在教育的混乱中寻找到一种形式,语言的还原也需竭尽全力才能办到。这样,今天的教育现象或是充满任何词的不可理解的、淡而无味的谈话,或是以语言性取代现实性。"①改革开放40年来,我国高等教育改革的政策文本一直在不断重复"推进""深化",也一直在强调"全面""综合",每隔几年也总会有新的改革举措被推出,但直到今天我国高等教育体制的根本问题难以解决。究其原因,很多的改革原本就不是为了解决体制的问题,而是在维持现有体制的稳定性。近年来,《统筹推进世界一流大学和一流学科建设总体方案》《统筹推进世界一流大学和一流学科建设实施办法(暂行)》和"建

---

① 雅斯贝尔斯.什么是教育[M].邹进,译.北京:生活·读书·新知三联书店,1991:120.

设高校名单"的先后出台,标志着我国高等教育改革与发展进入了新的阶段。从我国高等教育改革和发展的实践出发,要实现"到 21 世纪中叶,一流大学和一流学科的数量和实力进入世界前列,基本建成高等教育强国"的战略目标,必须解放思想并加快体制创新,牢牢抓住改革的窗口期,重塑我们的高等教育改革。

第十章 重塑高等教育改革：从计划教育到思想市场

第一节 计划教育：高等教育改革的难言之隐

从计划经济向市场经济的转型既是我国改革开放取得成功的原因，其本身也是最重要的成果，但改革开放40年来，"计划教育"仍是我国高等教育领域最基本的制度安排。当前社会各个领域已没有哪个领域比教育领域的计划色彩更浓厚。多年来，我国高等教育领域虽然也曾有产业化或市场化的改革举措，但其根本体制依然是计划性的。因为在高等教育领域，无论产业化还是市场化都是政府主导下的制度安排。实践中虽然过度的或完全的市场化也会有损高等教育的理想，但计划的危害无疑更大。因此在现代教育史上，拿计划经济的观点和办法，应用到教育上面，以形成所谓"计划教育"，尚属少见。① "一件人所共知的事实是，政府'计划'得越多，个人计划就变得越困难。"②作为培养高级人才的专门活动，高等教育的整齐划一无疑是灾难性的，它即便不会摧毁高等教育也会使教育本身失去活力。如哈耶克所言："要计划一个家庭的经济生活未必有多少困难，计划一个小社区生活的也较少。但是，随着计划规模的增大，对各目标的优先顺序的意见一致程度即趋于减少，而仰仗强力和强迫的必要性则随之增大。"③思想的本质是自由流动，不可能永久被钳制，控制得越严，累积的压力越大，就会越危险。明智的做法是，在思想市场上让观念自由地流动。就像商品的自由流动会增加社会的净福利一样，思想的自由流动也会自然淘汰那些危险的想法。

---

① 徐复观.青年与教育[M].北京:九州出版社,2014:1.
② 弗里德里希·奥克斯特·冯·哈耶克.通往奴役之路[M].王明毅,等译.北京:中国社会科学出版社,1997:98-99.
③ 弗里德里希·奥克斯特·冯·哈耶克.通往奴役之路[M].王明毅,等译.北京:中国社会科学出版社,1997:234.

计划教育的体制下,我国高等教育改革喜欢强调"统一思想"。在官方的话语体系里,"统一思想"的"统一"既是动词也是形容词,既意味着要有"统一的思想"也意味着"要使思想统一",但"统一的思想"到底是什么思想,人的思想是否真的能"统一",如何衡量有没有"统一",没人能说清楚。对"统一思想"的痴迷反映了一种"罐头思维"或"不思",即依靠语言的习惯来逃避思考的痛苦。① 人类社会生活的各个领域,尤其是在思想领域,很难整齐划一,强行的统一往往会付出沉重的代价。如亚里士多德所言:"一个城邦一旦完全达到了某种程度的整齐划一便不再是一个城邦了,这是很显然的。因为城邦的本性就是多样化,若以倾向于整齐划一为度,那么,家庭将变得比城邦更加一致,而个人又要变得比家庭更加一致。因为作为'一'来说,家庭比城邦为甚,个人比家庭为甚。所以,即使我们能够达到这种一致性也不应当这样去做,因为这正是使城邦毁灭的原因。"②城邦是如此,大学亦是如此。如果我们先统一思想,然后再进行改革,改革的结果也就是计划的结果,即改革的结果原本就在计划之中。为改革而改革遂成为一种常态。

根源上,我国高等教育领域计划盛行源于集权的管理体制。权力本不是坏事,但过度的集权就不是什么好事。因为权力的集中不仅意味着权力的转移,而且会改变权力自身的性质。"把从前许多人独立行使的权力集中在某个单个集团的手里,会使权力膨胀到前所未有的程度,其影响极为深广。"③绝对的权力之所以会绝对地导致腐败,既是因为人性使然,更是因为权力的本性使然。无论哪个领域,权力如果没有有效制衡,就会肆意地蔓延,先是不能容忍异己,接着就会倾向于过度自我证明。刚开始权力的拥有者可能会难以容忍尖锐的批评,随着权力的增大就有可能不再接受温和的建议,到最后大权独揽时别人就只能"歌功颂德"。任何一个组织或个人都需要权力,但权力的配置

---

① 斯泰宾.有效思维[M].吕叔湘,李广荣,译.北京:商务印书馆,2015:67.
② 徐贲.统治与教育:从国民到公民[M].香港:牛津大学出版社,2012:55.
③ 弗里德里希·奥克斯特·冯·哈耶克.通往奴役之路[M].王明毅,等译.北京:中国社会科学出版社,1997:161.

最好是分散的,以便于通过权力制衡权力。与计划经济相比,市场经济的优点就是通过竞争制度把权力分散,以最大限度地减少人对人的直接支配。① 市场竞争虽不是主导高等教育活动的核心逻辑,但如果没有竞争性的制度安排,高等教育领域无论如何改革都将缺乏活力。"教育绝不能按人为控制的计划加以实行。教育计划的范围是很狭窄的,如果超越了这些界限,那接踵而来或者是训练,或者是杂乱无章的知识堆集,而这些恰好与人受教育的初衷背道而驰。"②在我国,由于政治和行政权力的主导,计划教育在本质上是反市场竞争的,但同时由于制度性原因所导致的资源稀缺,在计划教育体制下,畸形的非市场竞争又十分激烈,甚至可以说是十分残酷。比如在我国应试教育下中考、高考的竞争,高等教育中课题招标的竞争,人才计划的竞争,学科和大学排名的竞争,等等。遗憾的是,这些竞争不是高等教育或大学的自发秩序使然,而是政府的某种指挥棒在起作用,是为计划而竞争,竞争的结果只会强化政府对于计划本身的偏好而非促使政府废除教育中的计划。如张五常所言:"用增加竞争的方法来促进学术或思想创作可以有好的效果,但如果那竞争的准则选择得不对,例如算文章数量与学报排名,加上墨守成规的评审制度,则会导致悲剧性的发展。"③由于计划体制的束缚,高等教育领域存在很多由行政权力人为制造的竞争。由于竞争准则的选择不当,有可能将我国高等教育改革和发展带入危险境地。当前的"双一流"建设中为了争取有利的排名,各省市和各大学对于大学和学科排行的竞争趋于狂热。但事实上,无论大学排行榜还是学科排行榜都主要是市场导向的而非学术导向的。大多数排行榜的目的主要是通过排行来吸引公众的眼球,进而在市场上获益,而非为大学和学科的发展提供专业性的建议。

在我国高等教育改革过程中,由于计划思维和官本位盛行,政府部门很容

---

① 弗里德里希·奥克斯特·冯·哈耶克.通往奴役之路[M].王明毅,等译.北京:中国社会科学出版社,1997:162.
② 雅斯贝尔斯.什么是教育[M].邹进,译.北京:生活·读书·新知三联书店,1991:24.
③ 张五常.科学与文化:论融合中西的大学制度[M].北京:中信出版社,2015:76.

易把大学和学科的排名直接当作大学和学科发展的水平。为了迎合政府的政策以获取最大利益,大学也就将错就错。其结果是,为了能挤进某个排行榜,以便在政府大力推行的"双一流"建设中占得先机,学术的"大跃进"愈演愈烈,花大钱聘请境外大学在职教授或退休教授作为兼职人员以我国大学的名义在国外发表 SCI 或 SSCI 论文,正作为一种经验在大学间传播。我们知道,职业体育中有所谓"外援",其目的在于提升该体育项目的竞技水平以赢得市场;相比之下,当前我国大学在国际学术发表中的这种花钱买论文的"外援模式"则值得警惕。表面上看,这种模式似乎符合高等教育国际化的趋势,可以提升我国大学在世界上的影响力,尤其是在世界大学和学科排行榜上的名次。但本质上,这种做法过于急功近利,会严重伤害我国大学原本就脆弱的学术生态,虚假的学术繁荣和数量膨胀无助于提升我国大学的真实竞争力。在科学领域,真正有价值的永远是第一、是原创。没有原创性的思想、原创性的科学发现,发表再多的 SCI 和 SSCI 论文都不能使我们的大学和学科成为真正世界一流的大学和学科。由于缺乏对于高等教育和大学本质的反思,当前"重赏之下必有勇夫"的"资本主义逻辑"正在成为驱动高等教育改革的动力。

　　大学的历史上,柏林大学开创了国家主义的新时代;但柏林大学从创建到兴盛,完全是学者主导而非政府的计划主导。后来柏林大学的衰落则完全是因为纳粹极权主义的统治。在纳粹极权主义统治下,大学失去了自治,学术失去了自由,学者成了臣服于国家意识形态的工具。柏林大学的兴衰反映出,处理国家与大学的关系必须审慎再审慎。一流大学的兴起与思想或理念的创新密不可分,一流的大学多会在大学的思想史上留下独特的印记。一部高等教育思想史也是一部一流大学的创业史。中华人民共和国成立 60 多年来,尤其是改革开放 40 年来,我国高等教育改革一直倡导解放思想、转变观念,但因为没有新思想、新观念的涌现,所谓的解放思想和转变观念最终只能沦为教育口号。"从历史上看,人们总是在有教育改革的实际可能之前,先已经感觉到教育出了问题,因此需要改变。但是,在替代性的理念或可能性出现之前,教育改革实际上是不可能的。当今中国的教育也面临着这样一个局面,一方面是感觉到它必须改变,但怎么改变,什么是替代的模式,甚至是否应该寻找替代模式,都还是意念模糊,悬而未决的问题。"①在我国,官方的重要文件和领导人的重要讲话一直主导着高等教育的办学思想。伴随着党和国家重要政治文件的出台或最高领导人的讲话,很多新的政治话语径直被移植到高等教育领域,成为改革的指导思想。当政治上提"中国特色的社会主义理论体系",高等教育改革就要求建立"中国特色的高等教育思想体系";当经济改革中提"建立现代企业制度",高等教育改革就要求"完善中国特色现代大学制度";政府文件刚一提"深水区""新常态""供给侧改革",高等教育改革的政策话语也会积极跟进。这种状况的反复出现,反映了高等教育改革的某种困境或难言之隐,即在计划教育体制下,由于原创性的改革思想匮乏,牵强附会的创新便会成为遮羞布。为了掩饰高等教育改革中思想创作的贫乏,大学里各种新名词、新口号层出不穷。如雅斯贝尔斯所言:"从基本的意识出发,为了在一个时代里立足,人们把这一时代作为一个新的世界,在其中旧的一切再也不够用了,因此,人们为了使新的东西发挥效用,非常乐意地为新东西命名,如新的思想、新的生命感、新体育、新的客观性、新的经济领导等等,似乎一加上新的字样,就具有良好的价值判断,而不是新的则只配有贬低的价值。"②无论在理论上还是实践中,大学的观念一旦被官方的政治话语所操纵,就会忘记大学和高等教育的本质所在。我国高等教育改革过程中由于政府垄断了对大学制度和思想的供给,大学的办学者逐渐失去主观能动性。为了避免可能的或不必要的风险,办学者会主动避免进行思想创作。对于大学校长而言,放弃个人思考,服从政府的计划安排,紧跟政府的意图,成为高等教育改革过程中最"理性"的选择。

---

① 徐贲.统治与教育:从国民到公民[M].香港:牛津大学出版社,2012:127.
② 雅斯贝尔斯.什么是教育[M].邹进,译.北京:生活·读书·新知三联书店,1991:118.

第二节　思想市场：重启改革的必由之路

在我国，20世纪80年代由于思想解放的缘故，高等教育改革一度取得较大的进展，涌现出了一批杰出的大学校长。但进入90年代以后，随着政府对意识形态控制的强化，加之各种计划和工程的反复推进，高等教育改革愈来愈缺乏想象力。为了掩饰观念上的落伍和思想上的贫乏，对语言的精心改造或包装成为高等教育界时髦的行当。比如，"大学"（university）本身就意味着一种"制度"，"大学制度"的说法在语用学的意义上已稍显多余，而"现代大学制度"作为一个概念，如果脱离了中国的语境，即便是高等教育研究的同行也会不知所云，而"有中国特色的现代大学制度"本身可能就是一个矛盾的修辞。"现代"在价值上追求一种"普遍性"，而"中国特色"则强调"特殊性"，"有中国特色的现代大学制度"就意味一种既普遍又特殊的大学制度。再比如，为了拉近与研究型大学的距离，我们发明了"教学研究型大学"和"研究教学型大学"；为了拉近与高等教育发达国家的差距，我们先是发明了"世界一流大学"的说法，继而又提出了"世界知名的高水平大学"和"有世界影响力的高水平大学"；而为了推进学科建设，我们也先后提出了"重中之重学科""国家重点学科""优势学科""世界一流学科"等不同的说法。这些词看似新颖，实际上模棱两可，似是而非，没有清晰的含义。概念的混乱反映了实践的混乱，实践的混乱也意味着改革内涵的空洞化。"随着这种过程的继续演进，全部语言的意义逐渐被剥夺而文字则变成了空壳，失去了任何具体的内容；它们既可以表示一件事物的正面，又可以表示它的反面,它们之所以被使用仅仅是因为仍然附着在它们身上的感情联系。"①由于缺乏深刻的教育思想作为改革的指导,改革逐渐沦为口号式的改革。空洞的口号只是改革的伪装,对于高等教育实践很难发生作用。"就像黄鼠狼能吸空鸡蛋而不留任何痕迹一样,这些词也可以使它们所限定的任何词失去含义,而表面看上去却丝毫未损。"②为了改革可以发明概念,也可以更新口号,但如果不能改变大学的现实,口号终将是口号。"重复可以把最崇高的用语变为毫无意义的陈词滥调,把最杰出的作品变为索然无味的老生常谈。"③改革的口号或媒体的宣传或许可以暂时满足人们对一流大学的想象,但口号或宣传文案终究无法自动成为现实。只要我们在思想上没有创新,只要我们仍旧基于错误的主张改造大学,大学就只能像惯例一样存在,而不可能有实质性的变革。

　　大学的本质在于追求真理和育人。为了追求真理和育人,大学的科学研究必须侧重基础,强调研究本身的教育性。对于大学而言,自然科学领域的研究是为了发现自然的规律,人文社会科学领域的研究则是为了传世的思想或理论。如果过度导向应用或实用,使自然科学的研究技术化或工程化、人文社会科学的研究政策化或对策化,那么大学将失去育人的知识资源和思想资源,最终会危及社会公共利益。大学的学者可以为政府提供政策性建议,但政策性建议必须基于科学的研究,而不能以学者的身份或智库的名义到处为政府的政策"背书"。政府对高等教育改革的考量,应超越实用主义和功利主义,要站在人类文明的高度而不是眼前利益的角度进行思考。"一个社会如果没有一小撮在思想创作上有成就的人,社会的经济发展会走

---

① 弗里德里希·奥克斯特·冯·哈耶克.通往奴役之路[M].王明毅,等译.北京:中国社会科学出版社,1997:175.
② 弗里德里希·奥克斯特·冯·哈耶克.致命的自负[M].冯克利,等译.北京:中国社会科学出版社,2000:134.
③ 雅克·巴尔赞.艺术的用途和滥用[M].严忠志,译.杭州:浙江大学出版社,2009:186.

进一个死胡同,早晚会受到严重的局限约束。"①我国高等教育改革短期的计划性和目标导向较为明显。按这种模式运行下去,我国大学在短期内也许就可以在世界大学排行榜和学科排行榜上取得不俗的成绩,但"玻璃天花板"也很快就会出现。因为若没有自由的思想市场,没有足以传世的思想可以融入人类的文明体系,就不可能诞生真正伟大的大学。

我国高等教育改革过程中对思想市场的忽视有多方面原因。一是受传统政治文化的影响,政府往往更看重学者的社会责任而非学术自由。二是现有政治体制下,过度强调思想的统一,客观上会抑制学界思想创作的空间。三是思想本身作为一个范畴,在我国学界没有受到重视。"重学术发表轻思想创作"在我国大学里是一种常态。自中华人民共和国建立以来,在"思想改造"运动影响下,加之学校教育中长期推行"思想政治教育","思想"作为一个范畴被"污名化","思想问题"往往也是"政治问题"。我国大学的学术研究为了政治的正确或发表的安全,涉及"思想"的问题通常会因为敏感而被主动或被动回避。如斯特劳斯所言:"在一个缺少灌溉系统无法生存的社会里,任何政体都不得不确保灌溉系统的完好无损。任何政体都必须动用武力保存自己而不至于被颠覆。"②作为意识形态的供给方,政府应强化理论研究和思想创作,不能以意识形态的灌输代替思想创作。唯如此才能真正在意识形态领域拥有话语权力。思想的问题终究需要通过思想市场的自由竞争来解决。大学是思想创作的重镇。无论如何,大学都是国家的大学。政府应有理论的自信、制度的自信和道路的自信,应通过思想市场的自由竞争来强化自身在意识形态领域的话语权力。

由于思想市场的缺位,当前我国高等教育改革缺乏想象力。改革过程中,为了维护现有制度的合理性,人们选择将危险往后推。为了维持暂时的稳定,高等教育领域的很多改革都以不改变现有制度安排作为前提。改革

---

① 张五常.科学与文化:论融合中西的大学制度[M].北京:中信出版社,2015:38.
② 列奥·施特劳斯.古今自由主义[M].马志娟,译.南京:江苏人民出版社,2012:249.

的目标是不断强化政府对于大学的控制而不是驱动整个高等教育向真正好的制度去转型。在思想市场上,评价一个国家的高等教育制度是不是好的制度,不是看在这种制度下大学科研论文的产出率或被引率,而是看对于人性的培养是否重视。有时候一种不好的高等教育制度也可以导致较高的论文产出率和高被引率,但归根结底,一种好的高等教育制度除了要有发表效率之外,还要有道德目的,且符合伦理的考量。就像好的国家制度要有利于实现人的尊严一样,如果一种高等教育制度强迫或诱使学者生活在恐惧和顺从之中,无论发表论文的效率有多么高都不是一种好的制度。"大学改革的实质是为了能够系统完整地体现其目标,因此,对我们的大学目标只做一些调整、修饰或变更最终会是一场空欢喜,除非大学自身已开始明确无误地、坚决果断地、名副其实地重新认识其使命。"[①]当前的"双一流"建设将我国大学和学科发展引入国际视野,面向现代化、面向世界、面向未来是必要的,但在竞争准则的选择上对于世界大学排行榜和学科排名的"迷信"必须警惕。如果世界一流学科和世界一流大学建设被各种排行榜所左右,结果将是灾难性的。排行榜上的"一流"绝不是"双一流"建设的真正目的。作为全面深化高等教育综合改革的重要举措,"双一流"建设需要明确,经过建设我国高等教育在制度与理念、人才培养和科学研究以及社会服务等方面会出现什么样的变化。简言之,"双一流"建设首先要回答我们需要什么样的世界一流大学,什么样的世界一流学科。毫无疑问,我们需要的绝不只是排名的一流,而是大学和学科发展水平的实质性提升,是学科和大学对于国家经济社会发展的实质性贡献,尤其是对于人类文明的应有贡献。如果我们的高等教育改革只讲结果、不问原因,只有成败、没有是非,那么即便在短时间内"双一流"建设取得了显著的成效,大学和学科排名迅速上升,这种局面也终将是表面的、暂时的,不具有可持续性。

[①] 奥尔托加·加塞特.大学的使命[M].徐小洲,陈军,译.杭州:浙江教育出版社,2001:46.

通过巨额的资金投入和海外人才引进,加之各学校对论文发表的重奖,我国的某些大学和某些学科极有可能在很短的时间内,就在世界大学排行榜和学科排行榜上进入世界一流的行列,甚至是前列。但如果我们的大学理念与制度没有更新,如果我们的高等教育体制问题没有根本性解决,这种排名的提升将很快会遭遇瓶颈,停滞不前。经济学上对于国家的发展有所谓的"中等收入陷阱"的说法,大学的发展同样也有"中等水平陷阱",即如果体制的根本问题不能解决,自由的思想市场无法出现,大学无论如何努力,国家的高等教育水平都将无法持续提升至顶尖。具体而言:高等教育改革中硬件条件的改善、经费投入的增加和体制改革的进程共同决定我国大学最后可能达到的高度。如果体制改革没有跟上,即便有再多的经费投入,我国大学的水平也不可能持续不断上升至顶尖,而很有可能进入平台期或落入"中等水平陷阱"。历史和实践表明,一流的大学需要自由的社会和民主的政府。真正的高等教育改革应是大学"自由的改革"而不是一直"被改革"。如果体制本身不改,仅仅试图通过重新设计高等教育改革来实现"双一流"建设的目标是不可能的。"教育机制从来就是政体的一部分,这不是说,所有的教育体制都是由国家政府权力所控制,而是说,教育机制的存在形态——能否独立,独立到什么程度,甚至在一定程度上违背国家政府权力意志——是由政体所制约的。"[1]如果我们始终严格控制大学的思想创作,有意抑制自由的思想市场的形成,如果我们的高等教育改革方案始终是计划取向的,缺乏思想市场的自由竞争,那么"到21世纪中叶,一流大学和一流学科的数量和实力进入世界前列,基本建成高等教育强国"的战略目标将很难实现。

---

[1] 徐贲.统治与教育:从国民到公民[M].香港:牛津大学出版社,2012:201.

第三节　改革再出发:以自由思想纾解计划思维

得益于近代的启蒙运动,当前自由已是普适的价值观。对于高等教育改革而言,思想自由至关重要。"思想的真正涵义不是'想',而是'思'。'思'的本质是'自由'。"[①]除非能够自由思想,否则不可能进行有效思维;[②]而除非进行有效思维,不然不可能采取正确的行动。当然,对于高等教育的改革,自由的思想市场只是必要条件而非充分条件。在任何社会,任何国家,都绝非给予了思想的自由,就必然会产生自由的思想市场;亦绝非有了自由的思想市场,就一定可以保障高等教育改革取得成功或建成世界一流大学。思想的自由仅仅在于保障那些可能传世的思想不被人为地扼杀,自由的思想市场也只是防止极端的计划体制可能引发人对人的思想的直接控制。当前在我国由于功利主义和实用主义哲学盛行,在政府和大学的价值序列上,实际的利益总是优先于思想的自由。现有制度空间里,由于大学习惯于被政府计划好的改革所推进,无论是大学的管理者还是学者大多就范于现有的价值体系和制度安排。"每个政体都有它的缺陷,人在任何一种政体里生活久了,就会习惯于这样的生活,也就会变得难以察觉它的缺陷。亚里士多德指出,政体最严重的内部缺陷,往往是政体中人和支持者最不容易察觉的。"[③]在这种状况下,要解放个人的创造力就必须首先创造有利于思想自由的条件。

思想自由诚然可贵,但人类生活中完全排除计划也是不可能的。因为计

[①] 汪丁丁.我思考的经济学[M].北京:生活·读书·新知三联书店,2003:102-103.
[②] 斯泰宾.有效思维[M].吕叔湘,李广荣,译.北京:商务印书馆,2015:250.
[③] 徐贲.阅读经典:美国大学的人文教育[M].北京:北京大学出版社,2015:292.

划原本就是人类理性的一部分。关键是要明白什么事能够计划,什么事不能计划。需要计划的事若不计划会造成不必要的损害。"凡事预则立,不预则废。"同样不可计划的事若强行去计划也会造成不必要的灾难。"按照理智的判断,我们可以分辨出两种计划:一种是在特定情况下不可缺少的细节安排,另一种是对一个无法达到的整体进行全盘计划,后一种计划是会造成灾害的。与此相应,我们也可以分辨出两种活动,一种是在人类能力范围内的自由施展,另一种则是在虚构的空间肆意妄为。"①由于受到有限理性的约束,在人类社会生活的很多领域计划都赶不上变化。人类的文明在绝大部分时间里都是在缓慢地演化,是传统而非理性的力量左右着社会的秩序。近代以降,受启蒙运动的影响,科学主义逐渐主宰人类的生活世界。理性力量的扩张导致了传统的祛魅,计划的思维开始渗透到人类社会生活的各个方面。各种各样的科学被建构出来以便为那些不可计划的计划寻找依据。计划的盛行除了理性主义和科学主义的影响之外,还和权力的过度集中密切相关。计划的制订和实施所需要的不仅是理性和科学,更重要的还是权力。因此,计划的思维与集权的管理体制总是分不开。在集权管理体制下,计划具有不可避免性。在我国高等教育改革过程中,"理性的自负"和"权力的集中"使政府制订出的教育计划大大超过了应有的边界和限度,政府处处在计划,大学事事被计划。而在其内部,大学也是处处计划,教师和学生则是事事被计划。更可怕的是,由于计划体制极为复杂的利弊已经完全湮没在精心设计的程序中,计划的危机被一种自称为科学的计划方法(规划或战略规划)所掩盖。尤其重要的是,由于政府的兜底和那些既得利益者的大力支持,整个社会对于高等教育改革中由于计划思维可能引发的种种危险视而不见,似乎忘记了除计划以外我们的高等教育改革还有其他可以选择的行动方式。

计划的烙印体现在我国高等教育改革的方方面面。我们时时计划、处

---

① 雅斯贝尔斯.什么是教育[M].邹进,译.北京:生活·读书·新知三联书店,1991:22.

处计划,表面上看,似乎大家都在千方百计要把高等教育办好,但实质上,不过是通过计划来实现权力对于高等教育的控制,即通过权力的强制为高等教育的发展规定好了时间表、路线图和目的地。"不间断地制定(订)计划对我们人类来说,是完全必要的,这里并不反对做计划,而是反对指导制定(订)计划的错误意识倾向,以及反对那种想把不可知的一切拉入计划之中的做法。"①同样,我们反对计划教育也并不意味着反对一切教育计划或规划,更不意味着支持高等教育中的无政府主义或放任主义,而只是意味着对于高等教育领域内哪些可以计划、哪些不可以计划要有清晰的认识。"好的制度是竞争出来的,没有什么圣贤或理论家可以预先制定出'好'的制度。"②我国高等教育改革中往往是该计划的没有计划,而不该计划的则事无巨细地加以计划。而一旦某个计划取得了成效,就会被管理者作为经验迅速推广到相关或不相关的领域。结果,计划性与功利性相互叠加,越计划越功利,越功利越计划。"可以加以计划的方面,所取得的一项项成果终使人们看不到对整体精神培养的迫切性,首先是在这种教育观念指引下,即对将来生活有用与未来职业做准备的知识才是有用的,因此,就不断地在课程中塞进更多的材料,增加专业,直到学校分裂成许多专业学校,这些学校都是以将来生活职业的不同任务为宗旨的。在这种情况下,整体精神的传授、对教育团体的信仰都越来越不起作用。到处都是为争夺学生数目而在各专业之间展开了激战,以及为满足专业精细化而降低原来作为人的教育的总体要求。"③高等教育的目的在于唤醒人的自由精神,张扬人的天性,丰富人类对世界和自身的认知。为了高等教育的整体性不被计划分割,应以自由的精神去领导所有的计划或为竞争而计划,而不能以计划去控制人的思想自由,去避免必要的思想市场的竞争。

---

① 雅斯贝尔斯.什么是教育[M].邹进,译.北京:生活·读书·新知三联书店,1991:29.
② 汪丁丁.我思考的经济学[M].北京:生活·读书·新知三联书店,2003:96.
③ 雅斯贝尔斯.什么是教育[M].邹进,译.北京:生活·读书·新知三联书店,1991:32.

由于无法摆脱计划体制的束缚,我国高等教育改革回避了根本性的体制问题,而将希望寄托于政府的种种宏伟"计划"上。期待在根本体制不变的前提下,通过有计划的改革促使杰出人才和优秀成果大量涌现,从而极大地提高我国高等教育的办学水平,实现"双一流"建设的宏伟目标——这种思维存在问题。我国大学在科学研究方面的落后有深刻的制度原因。高等教育改革如果不触及根本性的体制问题,如果不能建立起一个自由的思想市场,英明的校长和杰出的科学家即便有也只能是偶然现象。哈耶克在《通往奴役之路》一书中曾透彻分析了极权主义体制下为什么总是"恶人"执政。如他所言:"能够诱使那些按我们的标准看来算是好人的人们去追求极权主义机构中领导地位的东西很少,而阻止他们去那样做的东西却又很多,对那些残酷无情、寡廉鲜耻的人们来说,仍然存在着这样做的特别机会。他们要做的一些工作,其恶劣性是没有人会怀疑的,但是为了某种更高的目的,这些工作是必须要做的,而且还必须做得同任何其他工作一样熟练,一样有效率。由于有些需要做的工作本身就是坏事,是所有受到传统道德教育的人所不愿做的,因而愿意做坏事就成为升官得势的门径。"①现有体制下,官本位和行政化主导大学的逻辑,无论校长还是大学教师都很难以学术为本,以育人为本。人的本性是趋利避害,当现有的制度安排将资源倾斜于行政权力,那么学术和育人的重要性自然就会下降,追逐权力就顺理成章地成为一种"理性"选择。

大学是一个知识分子聚集的地方,对于思想和自由的追求理应成为居于主导地位的价值观。由于计划体制对于集权管理的偏好,在强制—服从模式下,为了安全而放弃自由,为了利益而牺牲思想就成为一种普遍的价值选择。随着知识分子价值偏好的改变,加之制度的同型性,大学的学术生态迅速被改变。"制度结构一旦相似,参与者个性中的精神结构(psychic structures)或者规律(regularities)就呈现共性,在学校或者其他工作场所

---

① 弗里德里希·奥克斯特·冯·哈耶克.通往奴役之路[M].王明毅,等译.北京:中国社会科学出版社,1997:167.

中,如果个体的时间在制度中度过,并且这些制度控制着有效的奖赏和惩罚时,个体的精神结构或者规律就更加相似。"①受制于行政隶属关系,我国大学和政府无论在制度还是观念层面都具有高度的一致性或相似性。在行政级别的阶梯上,为了向上攀登,大学校长需要收敛知识分子的锋芒,降格到道德和知识标准比较低的地方。唯有如此才能更好地符合政府对于"官员"的角色定位。在政府的眼中,大学校长是其任命的官员,需要服从政府的指令,并对政府负责。而大学校长为了方便开展工作,也多会继续沿用官本位的逻辑,以级别诱惑那些希望得到行政级别的人。如此一来,那些坚守大学精神的知识分子会逐渐地远离大学决策的核心地带。

为了摆脱体制的困境,首先要解放思想。没有什么是不可改变的,只要思想是自由的。"在社会演化中,没有什么东西是不可避免的,使其不可避免的是思想。"②重塑高等教育改革必须直面体制问题,而要解决体制问题就要以自由思想来纾解计划思维。"言论自由,学术思想自由,是人类自由的最后堡垒。只有靠着此一堡垒,才可以为人类留下无限生机,才可以使人性保持其无限的可能性。现代的政治家,多半根据教育原理去谈教育方针,而不轻于根据一时的政府要求去规定一种所谓'计划教育'。"③中华人民共和国成立60多年来,由于高等教育集权管理体制依然没有根本改变,高校根据政府的文件办学,在政府的精心设计下进行改革,几乎成为一种惯例。改革开放40年来,虽然在经济领域从计划经济向市场经济的转型已经不可逆转,但在教育领域,尤其是高等教育领域,计划教育的体制依然根深蒂固。一般来说,高等教育制度安排比其他制度更倚重更广泛的制度环境,即政治体制。一个国家的制度环境中如果缺乏大学自治和学术自由的传统,要创建

---

① 帕翠西亚·冈伯特.高等教育社会学[M].朱志勇,范晓慧,译.北京:北京大学出版社,2013:91.
② 弗里德里希·奥克斯特·冯·哈耶克.通往奴役之路[M].王明毅,等译.北京:中国社会科学出版社,1997:72.
③ 徐复观.青年与教育[M].北京:九州出版社,2014:2.

一所优秀的大学、培养出杰出的人才就会举步维艰,而大的制度环境中一旦建构出符合大学传统的制度安排,一流大学的创建和杰出人才的培养就会容易得多。① 发达国家的实践表明,在大学自治与学术自由的制度环境下,人的天赋才容易兑现;而在封闭和应试的制度环境下,即便是天纵之才也容易夭折。当前我国的制度环境中,由于计划体制的存在,符合大学传统的高等教育制度安排尚未形成,大学及其学科领域的划分、学术工作的程序、学者的社会角色等都还极其特殊。整体上,我们的大学还不是自治的,政府对于大学的支持更多是出于功利主义或实用主义的考虑。由于政府垄断着资源和权力,政府的计划性导致大学的被计划。按雅斯贝尔斯的说法:"什么地方计划和知识独行武断,对精神价值大张挞伐,那么这些计划和知识就必然变成自身目的,教育就将变成训练机器人,而人也变成单功能的计算之人,在仅仅维持生命力的状况中人可能会萎缩而无法看见超越之境。"②近年来,我国政府对高等教育的财政投入不断增加,为了能在政府主导的改革中分得一杯羹,高校会提前谋划,做好准备。结果,计划像密不透风的墙一样,严重伤害了大学的自治和学术的自由。各种各样的计划,让大学和学者自顾不暇。一个个宏大的计划,既可能为我们绘制了宏伟的蓝图,也可能扼杀了高等教育改革的"可能世界"。对于大学而言,改革的前提是对于高等教育本质的追问。"仅凭金钱人们还是无法达到教育革新的目的,人的回归才是教育改革的真正条件。"③大学的成长或学术的发展有客观的规律,期待过高、改革过急,无异于拔苗助长。学术不同于体育。以计划为核心的举国体制可以用来奥运夺金,但绝不适合用来推动高等教育改革。真正伟大的科学发现从来不是计划好的,真正伟大的大学也从来不靠人多取胜,甚至也不是简单的金钱付出与回报。高等教育(大学和科学)的繁荣需要自由的思想市场。

---

① 帕翠西亚·冈伯特.高等教育社会学[M].朱志勇,范晓慧,译.北京:北京大学出版社,2013:180.
② 雅斯贝尔斯.什么是教育[M].邹进,译.北京:生活·读书·新知三联书店,1991:35-36.
③ 雅斯贝尔斯.什么是教育[M].邹进,译.北京:生活·读书·新知三联书店,1991:51.

下编

变革中的高等教育景观

第十一章
资本主义视野中的大学

  大学是人类社会最古老的机构之一。从中世纪产生直到成为现代社会的"轴心机构",在近千年的历史进程中,大学与资本主义之间一直存有千丝万缕的联系。历史上,无论是大学还是资本主义均是西方文明的独特产物;而现实中,二者都已成为西方文明的重要组成部分。中世纪大学的兴起,曾得益于西方古老的行会制度,而理性资本主义起源的结构和经济等因素也可以在行会组织中发现端倪。[①] 在西方,资本主义精神最早萌芽于中世纪的意大利,而最早的中世纪大学也兴起于意大利。随后,受到资本主义精神的影响,近代早期大学里兴起了学术管理资本主义,并最终在19世纪促成了"象牙塔的变迁",导致了研究型大学的起源。20世纪中叶以来,在学术管理资本主义基础上,高等教育市场化和学术商品化逐渐深入大学的"骨髓","资本主义吞并了民族国家的理念"[②],大学制度被嵌入资本主义制度体系中,学术资本主义成为主导大学发展的信条。无论是历史上的学术管理资本主义还是当前的学术资本主义都曾饱受批评,但吊诡的是,正是在一片批评声中,资本主义对大学的影响反倒逐渐加深。资本主义的繁荣往往带来现代大学的繁荣,资本主义的危机通常也意味着现代大学的危机。19世纪

---

① 李南海.行会与近代理性资本主义的起源——马克斯·韦伯行会思想述论[J].漳州师范学院学报(哲学社会科学版),2013(4):99.
② 比尔·雷丁斯.废墟中的大学[M].郭军,等译.北京:北京大学出版社,2008:41.

的学术管理资本主义促成了研究型大学的起源,而当前的学术资本主义又正在促成研究型大学向创业型大学的转型。"或许正是因为这种经济资本与大学教育之间的相互渗透构成了大学历史上的一个重要转折点,而这种情况与其在19世纪末、20世纪初与政府在国家建设中作用的结合相关,或与二战结束后研究型大学的崛起相关,或与60年代到80年代期间从精英式高等教育到大众化高等教育的转变相关。要确定'学术资本主义'或'企业型大学'在大学历史上是开创了一个新时代呢,还是并没有那么彻底但仍不失为对大学已经在扮演的多种角色的一种重要补充,或许还为时过早(不过,我们发现第一种说法较为普遍)。已经很清楚的是,在学术界和工商业界的遭遇中,大学的使命和结构已发生变化。"①人类社会自20世纪中叶以来,资本主义已从一粒种子长成参天大树,中世纪大学也已从西欧一隅走向了全球。那么,从历史到现实,大学的兴起与资本主义的出现,研究型大学的起源与学术管理资本主义的引入,创业型大学的建立与学术资本主义的蔓延,它们彼此之间有没有某种内在的关联呢?如果有,那又是一种什么样的关联呢?

---

① 西蒙·马金森,马克·康西丹.澳大利亚企业型大学的权力结构、管理模式与再创造方式[M]. 周心红,译.杭州:浙江大学出版社,2007:45.

第一节　如何理解资本主义

什么是资本主义？对此几乎无法回答。当然，这绝不意味着"资本主义"是个空洞的概念；相反，这表明了"资本主义"作为一个概念具有十分丰富的内涵，是一个复杂的多面体，很难"一言以蔽之"。威廉斯在《关键词》一书中认为，capitalism"这个词一直被用来指涉一种特殊的、历史性的经济制度，而不是指涉一般的经济制度"，是"发展中资产阶级社会"之产物。① 韦伯在《新教伦理与资本主义精神》一书中指出，资本主义不仅体现在理性化的劳动组织形式、法律和行政机关的理性结构上，更体现在"一种经济制度的社会精神气质（ethos）"上。② 舍勒则提出，资本主义首先不是财产分配的经济制度，而是整个生活和文化的制度。③ 而黄仁宇则认为，资本主义是一种社会现象，其成为一种组织和一种运动，牵涉到全社会。④ 在人类社会中，资本主义的生产模式很早就存在，但是资本主义作为一种组织制度只能追溯到16世纪，而capitalism作为一个概念或词汇出现则更晚，直到19世纪初期才出现在英文里。但随着工业资本主义的胜利，从19世纪末期开始，资本主义开始席卷全球，首先作为一种经济组织形式，继而成为一种意识形态和国家制度，最终成为主导一切的时代精神，在现代化和全球化浪潮的裹挟下迅速扩张。"你会觉得词不达意，对它恼火至极，将它扫地出门，它却几乎立

---

① 雷蒙·威廉斯.关键词:文化与社会的词汇[M].刘建基,译.北京:生活·读书·新知三联书店,2005:34.
② 马克斯·韦伯.新教伦理与资本主义精神[M].马奇炎,陈婧,译.北京:北京大学出版社,2012:46.
③ 白蔚.三位"马克斯"对资本主义精神的解读[J].社会科学辑刊,2006(3):37.
④ 黄仁宇.资本主义与二十一世纪[M].北京:生活·读书·新知三联书店,1997:512.

即越窗而返。因为你找不到替代它的合适的字眼。"①当前世界范围内虽然在社会制度的层面上还有资本主义和社会主义之分,但在社会生活的层面上,以现代化为载体,资本主义的逻辑已经蔓延到世界的各个角落,资本主义无处不在。作为一个形容词,"资本主义"经常被用来描述我们时代作为一个整体的社会。"教育、经济、技术、媒介、文化都处于资本的结构暴力之下,我们可能落入经济资本主义、技术资本主义、传播资本主义(communicative capitalism)、社会资本主义乃至教育资本主义之中。人性的资本主义也许在萌芽中逐渐成熟。"②由此可见,资本主义逻辑或价值体系已经渗透到人类生活的方方面面,作为我们时代文化与社会的"关键词","资本主义"几乎可以加在任何一项社会活动或组织机构前面。

历史上,作为一种经济生活现象,资本主义首先在13至14世纪之间出现于意大利半岛,③在15至18世纪间,整个西方世界则经历了一个漫长的从封建主义向资本主义的过渡时期。具体而言,15世纪时在西欧,资本主义作为一种经济制度或组织形式开始萌芽,至19世纪时资本主义借助民族国家全新的政治架构迅速扩散到全球。"它'本身'即成了国家。"④在20世纪大部分时间里资本主义与社会主义分庭抗礼,并在"冷战"时期达到高峰。20世纪80年代末,随着东欧剧变、苏联解体,社会主义阵营与资本主义阵营的意识形态的对立逐渐被瓦解。在市场经济以及市场化和现代化所主导的新的话语体系里,资本主义成了我们时代现代性精神的象征。到目前为止,经过几百年的演变,资本主义不仅完成了资本的积累,更为重要的是它培育了一种资本主义的生活方式,哺育和培养了现代的资本主义人。那么,到底什么是资本主义呢?作为一种历史性制度,资本主义的特殊性又在哪里呢?

---

① 费尔南・布罗代尔.资本主义的动力[M].杨起,译.北京:生活・读书・新知三联书店,1997:31.
② 金生鈜.资本主义教育精神:教育的现代性困境[J].教育研究与实验,2014(6):6.
③ 黄仁宇.资本主义与二十一世纪[M].北京:生活・读书・新知三联书店,1997:1.
④ 黄仁宇.资本主义与二十一世纪[M].北京:生活・读书・新知三联书店,1997:122.

第十一章 资本主义视野中的大学

按照沃勒斯坦的说法,"学术界有三种考察资本主义的方法。第一种是描绘资本主义首要的社会活动或社会现象。第二种是描述这些活动或现象发生的过程。第三种是描述主导这些过程的结构。但这三种方法都有其不全面之处,很难把资本主义和此前的其他制度区别开来"①。不过,方法存有问题并不等于制度的差异不存在。资本主义本身是在实践中生成或演化出来的而非理论建构或理性设计的结果。它是"后人创拟的名词,用以概括历史上广泛的组织与运动(虽说资本主义尚未全部成为历史),其本身不可能按计划,有预定进度地依时产生。"②按哈耶克的说法,资本主义可以被看作"在人类合作中不断扩展的秩序"。"这种扩展秩序并不是人类的设计或意图造成的结果,而是一个自发的产物。"③作为一种自发的和演化的产物,在西方,资本主义制度和其他历史性制度之间是连续性的统一体而非某种突然的断裂。这也正是"迄今所假定的有关资本主义/现代历史性制度的结构和运行过程的所有独特性,在实践中都不如在理论中明显"的原因所在。④ 当然,这样讲绝不是要抹杀资本主义制度与别的历史性制度在具体社会运行过程和结构上的区别,而只是表明这些差别本身可能并不重要,重要的是为什么是资本主义制度而不是别的历史性制度如此彻底改变了人类社会的生活。

回顾历史,对人类发展产生重要影响的社会形态,一个是封建主义,另一个是资本主义。虽然在封建主义之前,人类曾有过原始社会、奴隶社会,在资本主义之后还出现过社会主义,但就对人类影响而言,封建主义和资本主义占据了人类文明史上的黄金时期,影响最为深远。尤其是资本主义,它既被视为封建主义的对立面,也被当作社会主义的反义词,其产生至今虽然危机不断,但却创造出了最为辉煌的物质文明与精神文明。据布罗代尔的

---

① 沃勒斯坦.曹荣湘,编译.什么是资本主义?[J].马克思主义与现实,2001(1):37.
② 黄仁宇.资本主义与二十一世纪[M].北京:生活·读书·新知三联书店,1997:232.
③ 弗里德里希·奥古斯特·冯·哈耶克.致命的自负[M].冯克利,胡晋华,等译.北京:中国社会科学出版社,2015:1.
④ 沃勒斯坦.曹荣湘,编译.什么是资本主义?[J].马克思主义与现实,2001(1):43.

考证,资本主义一词在1850年代仍不被经常使用,20世纪初,资本主义在政治论坛中得到广泛应用,1902年桑巴特发表《现代资本主义》一书,资本主义一词才被引入学术界。① 韦伯认为,在早期的资本主义形成时期,源于宗教的天职观念至关重要;而在资本主义秩序形成以后,经济的冲动逐渐代替了宗教的冲动,理性主义趋向于功利主义。但资本主义之所以为资本主义,其核心价值观是不变的。这种不变的核心价值观就是对于金钱或财富的不懈追求。按照资本主义的逻辑,为了金钱或财富,一切皆可"资本化"或"商品化"。"资本是资本主义的一个关键因素,资本主义一词由资本而来。资本主义历史发展的冲动是万物商品化。历史资本主义是具体的、有时间和空间界限的生产活动的统一,无休止的资本积累是它的经济目标或'法则',这一法则指导着基本经济活动,或在这些活动中起支配作用。"② 无论是出于对上帝的崇高的信仰还是为了世俗的个人享乐,在资本主义的价值体系中"资本"总是第一位的。用马克思的话说,资本主义价值体系中"货币是最高的善"③,而用西美尔的说法,"金钱成为我们时代的上帝"④。当然,仅有资本并不能自然而然地导致资本主义的产生,资本虽为其必要条件,但远非充分条件,资本主义的形成还需要有资本家的存在。"'资本'和'资本家'是'资本主义'的支架并赋予其含义。若仅仅用于历史探索,只有当你把'资本主义'一词从认真地用'资本'和'资本家'两个词套起来的时候,你才能界定其含义。'资本'是可触知的现实,是一套容易鉴别的资源,处于无休止的运作中;'资本家'是筹划或试图筹划将资本纳入不断的生产进程之人,对于此一进程,一切社会皆仰赖系之。'资本主义',大体上(也只能大体上)是通常很少出于利他目标的这种营营不息的行事方式。"⑤ 由于"资本"和"资本家"都

---

① 费尔南·布罗代尔.资本主义的动力[M].杨起,译.北京:生活·读书·新知三联书店,1997:31.
② 张岩.如何理解资本主义——兼评厉以宁的《资本主义的起源》[J].中国图书评论,2006(5):37.
③ 马克思.1844年经济学哲学手稿[M].北京:人民出版社,1985:110.
④ 金生鈜.资本主义教育精神:教育的现代性困境[J].教育研究与实验,2014(6):2.
⑤ 费尔南·布罗代尔.资本主义的动力[M].杨起,译.北京:生活·读书·新知三联书店,1997:32.

和金钱有关,资本主义经常被误认为是一种利用人性的贪婪来推动经济增长的制度安排。但事实上,这完全是对理性资本主义的误解,因为仅仅靠人性中的贪婪,资本主义是不可持续的。"一定要彻底抛弃那种认为资本主义本性贪婪的幼稚想法。对利润永无止境的贪婪和资本主义完全不是一回事儿,也有悖于资本主义精神。对于这种非理性的欲求,资本主义甚至完全是一种抑制力量或者至少是一种理性的缓解力量。但是,资本主义旨在通过可持续的、理性的、资本主义的企业运作追求利益并且永久性地再生利益。"①贪婪是人的本性之一,它绝不是资本主义的本质。资本主义的本质在于理性地营利而不是为了营利不择手段。韦伯就曾将"天职观念和在天职中献身于劳动的观念"称之为"资本主义精神",并认为正是这种"将赚钱视作献身于天职"的精神诱发了资本主义秩序的形成。

总之,作为一种事实,资本主义兴起于西方;作为一种价值,资本主义是西方文化独特的理性主义传统的产物。"西欧封建与资本主义同构性确实极高:自治市镇、法人团体与公司三者在词源与法律渊源上几乎无从区别。"②虽然不同文明中都曾经有讨论过资本主义的萌芽问题,但事实上资本主义在西方兴起之前,没有充分证据足以证明世界其他文明的发展也有可能自发走向这种理性化的道路。韦伯在他的《宗教社会学论文集》里有一卷专论中国不能产生资本主义的原因。如他所言:"如果一个国家是拥有理性的成文宪法和遵从理性制定的法律,同时具备由训练有素的公职人员领导的依照规则和法律运转的政府所组成的政治联合体,那么它只存在于西方。这种情形同样适用于在现代社会中最具决定性力量的资本主义。"③当然,资本主义兴起于西方并不等于资本主义专属于西方,就像民主兴起于西方并

---

① 马克斯·韦伯.新教伦理与资本主义精神[M].马奇炎,陈婧,译.北京:北京大学出版社,2012:7-8.
② 刘仲敬.守先待后:思想、格局与传统[M].桂林:广西师范大学出版社,2015:122.
③ 马克斯·韦伯.新教伦理与资本主义精神[M].马奇炎,陈婧,译.北京:北京大学出版社,2012:7.

不代表着其他地方不需要民主。但需要注意的是,受到社会文化传统或政治制度和意识形态的影响,不同人在不同国家或不同时期对于"什么是资本主义"会有不同的理解。此外,在世界范围内,资本主义既取得过辉煌的成就也爆发过严峻的危机。对于资本主义批评者有之赞扬者亦有之。布罗代尔则认为:"资本主义既不是好的,也不是坏的,既不是道德的,也不是弄虚作假者。资本主义就是资本主义。对我们来说不在于对它进行判断,而是弄懂它是怎么回事。"①根据韦伯的研究,资本主义早期历史上"在贵格派从事的商业领域,资本主义被当作一种实践工作伦理的有效工具,从而促进产业繁荣、加速商业和宗教发展的良性循环。资本主义是追求工作效率的自然结果,但它是一种手段,而不是目的"②。第二次世界大战以后,由于受到冷战和意识形态的干扰,相当长的时期内,资本主义与社会主义严重对立,相互"妖魔化",理性被禁锢,人性被奴役,造成了巨大的社会灾难。20世纪80年代以后,随着新自由主义意识形态的兴起,市场经济在全球范围内重新受到肯定,资本主义精神与制度的优越性再次显现。在我国,由于受政治宣传的影响,"资本主义"经常被作为贬义词,主要指西方世界的社会制度和经济形态,包括其意识形态,是社会主义的对立面。由于长期的反资本主义宣传,"无论在学校中或在报纸上,都是把商业企业精神看成是不名誉的,把赚取利润说成是不道德的,把雇佣100个人视为剥削,却把指挥100个人说成是光荣的。"③近几十年来,随着改革开放的深入和市场经济体制的逐步建立,资本主义逐渐被作为一个学术问题而不再只是意识形态问题。"伴随着市场社会的全球化,资本主义精神成为人类各个社会的基本生存样态,成为不同文化、不同国家、不同人群的共同特征,而不是某些具体社会的经济特

---

① 费尔南·布罗代尔.资本主义的动力[M].杨起,译.北京:生活·读书·新知三联书店,1997:96.
② 理查德·唐金.工作的历史[M].谢仲伟,译.北京:电子工业出版社,2011:53.
③ 弗里德里希·奥古斯特·冯·哈耶克.通往奴役之路[M].王明毅,冯元兴,等译.北京:中国社会科学出版社,2015:148.

征,也不是某种社会具体体制的体制特征。"①实践证明,对于人类社会的发展与进步而言,资本主义虽然不完美,但是很有用。作为西方文明或人类文明的一种象征,资本主义精神的发展也可以看作人类理性主义整体发展的一部分②。作为人类文明的一部分,资本主义不仅是一种特定的社会经济制度,也不只是政治和法律制度,作为一种社会现象或现代性的结果,资本主义的形成和发展既是人的精神和观念变化(从传统到现代)的原因也是其自然产物。

---

① 金生鈜.资本主义教育精神:教育的现代性困境[J].教育研究与实验,2014(6):1.
② 马克斯·韦伯.新教伦理与资本主义精神[M].马奇炎,陈婧,译.北京:北京大学出版社,2012:70.

第二节 资本主义与大学的关系

资本主义与大学间存在十分密切的关系,但这种关系既不意味着二者之间存在因果性,也不意味着二者之间的关系有唯一性。无论如何,资本主义的产生都不可能仅仅是由于大学的兴起或科学的繁荣,大学的进步也不可能仅仅是受到资本主义理性的获利欲望的驱使。大学起源于中世纪,但在认识论的维度上或理性主义的文化传统上,可以追溯到古希腊时期,而资本主义的出现则无论如何都是一种近代现象。大学与资本主义的产生虽有时间上的先后顺序,但绝非"在此之后,因此之故"那么简单。本节从资本主义视野来探讨大学的问题,只是希望能够查明资本主义在大学发展与变迁中究竟以什么样的机制起到了什么样的作用?

历史上,中世纪大学最先出现在意大利,资本主义精神也首先萌芽于13世纪的意大利。[1] 这不是历史的偶然,而是反映了二者间某种内在的关联。放宽视界,不仅大学的兴起与资本主义精神的萌芽存在这种一致性,近代科学兴起问题与资本主义在西方而且仅在西方兴起的问题也是完全并行的。[2] 大学、科学和资本主义出现于且仅出现于西方,究其根源均在于西方文化传统中独特的理性主义。"除了现代西方,没有哪个国家和哪个时代经历过这种整个国家机器的运转,如政治、技术和经济状况,都完全依赖于经过专业训练的公职人员组织的情况。社会日常生活中那些最重要的功能部门已经完全掌控在受过技术、商业和法律训练的公职人员手中。"[3]作为一种文化传

---

[1] 黄仁宇.资本主义与二十一世纪[M].北京:生活·读书·新知三联书店,1997:90.
[2] 托比·胡弗.近代科学为什么诞生在西方[M].周程,于霞,译.北京:北京大学出版社,2010:5.
[3] 马克斯·韦伯.新教伦理与资本主义精神[M].马奇炎,陈婧,译.北京:北京大学出版社,2012:6.

统和世界观、人生观,在西方,理性主义首先导致了古希腊科学的产生,古希腊科学在中世纪的繁荣又促成了大学的兴起,而大学的建立反过来又刺激并促成了近代科学革命。如韦伯所言:"中国和伊斯兰世界有着各种形式的高等教育机构,这其中的一些机构在表面上与我们的大学,至少是学院很是相似。但是理性的、系统化的、专业化的科学以及与之配套的训练有素的专业科研人员只有西方具备,从而使科学在西方文化中占据了统治地位。"①时间上,早期资本主义在中世纪的末期出现,略晚于中世纪大学的产生,与近代自然科学的兴起基本上一致。中世纪时起源于古希腊的理性主义文化传统导致了中世纪大学的产生,并为近代科学的出现奠定了智识基础,而后来大学作为一个理性的机构进一步推动了科学在西方世界的繁荣,而科学的繁荣则不可避免地促进了人的理性的进步和现代理性组织的萌芽。

从近代早期开始,这些理性的工业组织为了通过市场获利,反过来又促进了科学和技术的发展,并让科学知识的成就服从于资本主义的技术标准和无限欲望。"它的理性特征基本上取决于那些最重要的技术因素的可靠性。这就从根本上决定了资本主义的现代形态依赖于现代科学的特点,特别是基于数学和精确理性试验的自然科学的特点。从另一方面看,科学的发展和以科学为基础的技术进步,在它们实际的经济运用中又从资本主义利益中得到了重要的刺激。"②由此观之,资本主义的发展推动了近代科学革命,而近代科学革命对于近代大学的复兴则居功至伟。除近代科学革命之外,近代大学的复兴还得益于民族国家,而民族国家的建立在很大程度上要归功于资产阶级革命,而资产阶级革命的目的即推翻封建主义,建立资本主义。洪堡式的大学就是资产阶级社会的产物。③ 在民族国家框架下,近代大

---

① 马克斯·韦伯.新教伦理与资本主义精神[M].马奇炎,陈婧,译.北京:北京大学出版社,2012:6.
② 马克斯·韦伯.新教伦理与资本主义精神[M].马奇炎,陈婧,译.北京:北京大学出版社,2012:14.
③ 杰勒德·德兰迪.知识社会中的大学[M].黄建如,译.北京:北京大学出版社,2010:56.

学适应资本主义政治、经济和文化发展的需要,重构了学科制度和大学制度。现代大学里政治学、经济学、社会学的划分以及人类学的设立,其初衷完全是为了适应资本主义发展和扩张的需要。"和经济理性和其他功利主义一样,社会科学是随着工业资本主义的到来而诞生的一种常识的专业变体。"①以社会科学的名义,大学为资本主义制度提供了合法性来源,同时也为资本主义社会培养出了资本主义人。如果没有大学对于人的启蒙就不可能有科学研究的理性化,而没有科学研究的理性化就不可能有技术、行政以及法律的理性化,而若没有这一切,就不可能有人类社会经济生活的理性化,也就不可能有资本主义。

长期以来,由于意识形态的问题,资本主义经常被误解,甚至被"污名化",大学在资本主义体制形成和完善过程中的能动作用以及资本主义对大学发展和变迁的积极影响被忽视,学界研究的重点在于批评资本主义精神和制度如何导致了大学的异化以及人的异化。历史上,对资本主义教育精神和制度的批判,从卢梭到马克思,从桑巴特到舍勒,不绝如缕。批评的核心就是认为,资本主义对物质及其利益的崇拜导致了人的物化和精神的平庸化,严重损害了教育的品质和大学的理念。按利奥塔的说法,"资本主义是现代性的名称之一"②。现代教育在某种意义上也就是资本主义教育,教育的现代性困境也就是资本主义的困境。但事实上,对于现代教育的困境,我们应客观看待而不应存有意识形态的偏见。很多时候我们之所以认为现代教育是不好的,最根本的原因可能还在于,我们首先就认为资本主义本身就是不好的。如果这个大前提不改变,后面的讨论就没有意义。在人类社会发展史上,作为一种扩展的秩序,资本主义的兴起绝对是一种进步而不是退步。虽然物质领域的进步主义经常遭到哲学家的批评,但肆意否认人类的进步同样是反理性的也是危险的。当然毋庸讳言,无论在精神层面上还

---

① 费夫尔.西方文化的终结[M].丁万江,曾艳,译.南京:江苏人民出版社,2004:261.
② M.彼德斯.王成兵,译.利奥塔,教育和后现代状况中的资本主义问题[J].哲学译丛,2000(2):54.

是在制度层面上,资本主义都不是一种完美的存在。与古典性相比,现代性也的确有难以克服的弊端。但人类几百年的实践表明,资本主义的精神和制度深刻反映了人性的现实需要,即理性地追求财富。实践中,财富本身既可以成就教育的理想,也可能成为控制人生的力量。但因为追求物质财富或过度追求物质财富所带来的弊端而否定资本主义以及资本主义教育的合理性,则是违反人性的,也是违反逻辑的。如果人性真的可以像哲学家假设的那样渴望真善美,真的能做到"对于身外财富的关注,只应如同是'披在圣徒肩膀上的一件轻薄斗篷一样,随时可以弃之一旁'"[1],那么我们真的根本不需要什么资本主义,更不可能产生资本主义。说到底,正是人性本身的不完美才使得资本主义的精神和制度虽然不完美但却很有用。

根据对资本主义理解的不同,探讨资本主义与大学的关系也有不同的方法。第一种做法通常是描述性的,即简单介绍资本主义国家的大学。传统上,由于受到政治意识形态的主导,资本主义被作为不同于社会主义的国家制度。资本主义国家的大学也被意识形态化,大学被人为地区分为资本主义(国家)大学和社会主义(国家)大学。这种标签式的分类法极大地扭曲了大学与资本主义的关系。第二种做法是揭示性的,即分析在资本主义制度下的大学是如何运作的,它的功能是什么。相关研究多从(新)马克思主义立场出发,以高等教育问题为切入点,对于资本主义的社会制度和资本主义国家的大学制度进行"无情的批判",认为大学不仅仅是"意识形态上的武装"还"用于保护统治的范式和社会架构免受批判性的审查和颠覆"。[2] 这种研究虽然也能自圆其说,但结论和观点过于激进,批判性多于建设性。第三种做法是分析性的,即尝试从学理的角度而非政治的角度对资本主义与大学间的内在联系进行深度分析,以探究资本主义精神或制度体系对于大学

---

[1] 马克斯·韦伯.新教伦理与资本主义精神[M].马奇炎,陈婧,译.北京:北京大学出版社,2012:183.
[2] 杰勒德·德兰迪.知识社会中的大学[M].黄建如,译.北京:北京大学出版社,2010:99.

的影响以及大学对资本主义体制的贡献。当然,上述区分仅仅是理论上的,实践中不同做法往往交织在一起,绝不会如理论上的区分那么明显。

  当前在世界范围内随着政治意识形态的宽松,市场(化)逐渐成为资本主义的代名词。在市场化的语境中,资本主义逐渐恢复了其本性,即"对(形式上的)自由劳动进行理性的资本主义组织"[①]。大学作为重要的社会机构,也是一个典型的理性组织。与资本主义工业组织的主要区别在于,大学不是以资本为基础的组织而是以知识为基础的组织。但无论如何,也无论何时,知识与资本之间并没有不可逾越的界线,资本主义绝不是大学的天敌;只要市场机制存在,知识的商品化或学术的资本化的可能性就始终存在,以资本主义组织的方式改造大学的冲动也会始终存在。大学的历史上,从18世纪开始兴起的学术管理资本主义到当前如火如荼的学术资本主义,资本主义的逻辑始终伴随大学的成长,也始终威胁着大学的成长。当前学术资本主义虽极大地提升了大学在市场上的筹资能力,但同时"学术资本主义给教授、行政管理人员和公立大学造成了巨大的风险。尽管只有某些教授、学术专业人员和行政管理人员从事学术资本主义。但他们引起的风险可能要由整个单位或作为一个整体的大学来面对。这些风险表现在多个方面:生意失败、产品责任、无法满足社会对经济改善和工作机会的创造的期望,以及最为重要的,忽视学生"[②]。事实上,大学自中世纪产生以来,在从传统向现代转型的过程中,既曾受益于早期资本主义的理性精神,也为后期资本主义的功利主义哲学所侵蚀。一方面,在资本主义理性精神的刺激下,大学繁荣了科学与技术,成为生产、传播与应用高深知识的主要制度化场所;另一方面,由于受到功利主义哲学的侵蚀,大学理性中"知识本身即是目的"的传

[①] 马克斯·韦伯.新教伦理与资本主义精神[M].马奇炎,陈婧,译.北京:北京大学出版社,2012:11.
[②] 希拉·斯劳特,拉里·莱斯利.学术资本主义:政治、政策和创业型大学[M].梁骁,黎丽,译.北京:北京大学出版社,2008:192.

统正逐渐消逝,非营利组织营利化的倾向日益明显。"随着高等教育半私有化(在美国由来已久,在欧洲正在逐渐提高),以及邻近大学校园的合资办学性质的科学公园与日俱增,学术界最终成了改革的跟屁虫,被误认为是摇着尾巴的资本主义的走狗。"① 当然,资本主义及其衍生物对于大学的影响绝不只是单向的。在西方世界乃至于全球范围内,资本主义在深刻改变大学的同时,大学也在改变着资本主义。在资本主义经济危机与繁荣的周期性振荡中,只要现代大学不倒,人们对资本主义最终走出危机的希望就会一直存在。比如,在德意志的现代化进程中,大学教授为国家官僚机器提供了大量可供选择的改革方案。"社会保险计划""福利国家方案""社会市场经济理论"等,无一不是德国大学教授为克服自由放任的资本主义弊端所做出的努力。② 大量事实表明,作为相对独立的第三部门,资本主义体制下的大学不但为资本主义社会培养了大量合格的"继承者"和"接班人",更为关键的是,这些大学还以其理性的判断和专业的研究赋予了资本主义超强的纠错能力。

---

① 史蒂夫·富勒.智识生活社会学[M].焦小婷,译.北京:北京大学出版社,2011:7-8.
② 李工真.大学现代化之路[M].北京:商务印书馆,2013:58.

第三节　从学术管理资本主义到学术资本主义

资本主义与大学相互影响,资本主义改变了大学,大学也影响了资本主义。但事实上,由于资本主义是一项"根本制度",而大学是一个"附属制度",大学制度只是镶嵌在资本主义制度上的一个"小齿轮"。因此,"主要问题是作为一种机构的大学能够在多大程度上参与到资本主义的官僚体系之中"。"只要体制是资本主义的和官僚主义的,大学就将属于这一体制。"[1]由此可见,资本主义对于大学的影响往往是决定性的,而大学对于资本主义的反作用则是相对的。从近代大学到现代大学,从学术管理资本主义到学术资本主义,资本主义的精神和逻辑始终在左右着大学的发展方向。

西方大学的历史上,传统的学术体制是行会模式,以团体因素为动机、注重裙带关系。资本主义的逻辑起点是"资本",为了实现理性化营利,管理资本主义与科层制中"不带情感或利害关系"的原则具有天然亲和性。米尔斯就认为,"科层制"(bureaucracy)一词是资本主义的英雄时代的遗存。[2] 为促进大学体制从传统向现代的转型,用理性化的现代文化取代非理性化的传统文化,在近代早期的大学里,随着宗教改革和新教的兴起,民族国家的政府开始尝试在科层化基础上引入商业化的原则,以便于在学术体制内部培育一个市场或在大学(与政府)之间建立起一个学术的市场。在市场化和商业化的基础上,所谓的学术管理资本主义,就是要通过市场来招贤纳士,并实现贤能治理(meritocracy)。"从18世纪到19世纪初,形成了序列排名与量化评分的精致体系。评分制将社会身份和资历的传统性权威转换为现

---

[1] 比尔·雷丁斯.废墟中的大学[M].郭军,等译.北京:北京大学出版社,2008:156.
[2] 莱特·米尔斯.白领:美国的中产阶级[M].周晓虹,译.南京:南京大学出版社,2006:61.

代、理性的权威。评分制改造了学者们自己的精神,同时也造就了它自己的学者。它是现代客观评价意识形态的重要组成部分。如果没有这种工具,就没有现代学术界的贤能治理体制,大半个教授世界也要塌陷。"[1]与旧有的行会管理模式相比,在学术管理资本主义模式下,"大学教师要获得任命或晋升,就要取得'赞誉'(applause)并积攒名声"[2]。在学术的市场上,赞誉或名声的获得取决于同行的评审而非政府的命令。当然,政府对大学的学术管理也绝非袖手旁观。"明智的官员能够利用虚荣心对学者进行有效的管理。给予他们'亲切的会面、简短的交谈',或者将某学者'列入国王的少数随员名单',这样的事情比'滚滚金钱流出国库用于促进科学发展'更为有效。这就是官房主义—资本主义的公共政策。"[3]其结果,随着资本主义价值体系的迅速扩散,自18世纪以来,传统意义上宫廷式、社团式、家族式、亲属式的学者任命方式已不能适应时代的需要,大学的理性化自然要求那些优秀的学者能够通过适当的途径脱颖而出,最终以管理资本主义为核心特征的新体制适应了现代学术活动的要求,从而为近代大学的复兴和研究型大学的起源奠定了制度性基础。

回顾历史,学术管理资本主义体现了政府的理性化,但政府的这种理性化也造成了学者的商品化,导致了大学的集体非理性。因为对于优秀学者的竞争最终演变为对响亮而浮夸的大名的追逐,"学术商品化已经导致挖人的价格快速攀升,超过了凭资历所能达到的顶点"[4]。究其原因,政府的介入破坏了学界的潜规则,学者的名声和赞誉作为一种口碑被纳入了量化的评

---

[1] 威廉·克拉克.象牙塔的变迁:学术卡里斯玛与研究性大学的起源[M].徐震宇,译.北京:商务印书馆,2013:157.
[2] 威廉·克拉克.象牙塔的变迁:学术卡里斯玛与研究性大学的起源[M].徐震宇,译.北京:商务印书馆,2013:14.
[3] 威廉·克拉克.象牙塔的变迁:学术卡里斯玛与研究性大学的起源[M].徐震宇,译.北京:商务印书馆,2013:13.
[4] 威廉·克拉克.象牙塔的变迁:学术卡里斯玛与研究性大学的起源[M].徐震宇,译.北京:商务印书馆,2013:460.

价体系,并迅速建立起了相应的等级秩序。学术评价领域自发秩序被理性设计所取代。随着现代理性化和可计量化评价标准的建立,学术管理资本主义要么沦为了一种"金融投机方案"(financial speculation)①,即通过招揽享有巨大声誉的学者来为大学谋利;要么就成为大学教师通过外校的任职聘书来向政府或大学索取更高薪水的借口。

以学术管理资本主义作为开端,近代以来资本主义逻辑对大学的影响可以分为两个阶段、三种形式。第一个阶段就是"学术管理资本主义",即采用资本主义的方式对大学的学术事务进行管理。在19世纪的德国,"经过官僚制和资本家精密机器的理性化改造,学术生活的面貌大为改观。而理性化的两个强大引擎也相应地由政府和市场来充当——其现代形式就是国家官僚行政体制和管理资本主义(managerial capitalism)"②。在政府与市场的共同作用下,传统的学术体制成功实现了现代化,学术管理的科层化和学术人才流动的市场化共同催生了近代大学。进入20世纪后,学术管理资本主义这一概念逐渐为学术资本主义所取代。对近代以及近代早期的大学而言,学术管理资本主义极大地促进了大学体制与学术活动的理性化,但也"导致了市场意识形态和资本主义价值观深深侵入学术界"③,进而引发了学术资本主义的危机。在学术资本主义框架下,继屈服于科层化的铁笼之后,市场成为大学的主宰者,学术成了生意。韦伯在"以学术为志业"的演讲中最早提及资本主义生产方式对于学术生产的影响。如他所言:"大型的医学和自然科学研究机构是'国家资本主义形态'的企业,如果没有大量的经费,这些机构是难以运转的。就像所有的资本主义企业一样,这里也出现了同

---

① 威廉·克拉克.象牙塔的变迁:学术卡里斯玛与研究性大学的起源[M].徐震宇,译.北京:商务印书馆,2013:442.
② 威廉·克拉克.象牙塔的变迁:学术卡里斯玛与研究性大学的起源[M].徐震宇,译.北京:商务印书馆,2013:9.
③ 威廉·克拉克.象牙塔的变迁:学术卡里斯玛与研究性大学的起源[M].徐震宇,译.北京:商务印书馆,2013:547.

样的发展:'工人与生产资料的分离'。"①受到韦伯相关论述的影响,早期对于学术资本主义的研究或论述较多集中于学术生产方式而非学术本身。学术资本主义"泛指古典的学术精神被资本主义侵蚀,即学术生产开始离开其自身的价值标准,按某种类似于资本生产的方式自我复制与生产"②。直到20世纪末,学术资本主义仍然被用来描述学术劳动性质的变化而非学术本身的资本化。克莱德·巴罗在1990年出版的《大学与资本主义国家》一书就对商业利益支配学术团体的现象进行了深入探究。③ 斯劳特和莱斯利1997年出版的《学术资本主义》一书则认为:"目前发生的变化与19世纪最后25年学术劳动上产生的变化同样巨大。19世纪末的工业革命创造的财富为中学后教育及其伴随的专业化提供了基础,而20世纪末的政治经济全球化则正在打破过去一百年发展起来的大学专业工作模式。全球化正在为学术职业的某些方面创造新的结构、激励和奖励,同时对这一职业的其他方面造成限制和抑制。"④稍有不同的是,与20世纪初期韦伯对于学术资本主义的严厉批评相比,在20世纪末学者们对于学术资本主义已经能够平静地接受,并赋予了它积极的意义。有学者甚至把高等教育系统中由学术资本主义所引发的一系列变革称为"第二次学术革命"⑤。

值得注意的是,资本主义逻辑对于学术的"入侵"并没有止于学术劳动性质和方式的市场化。当前在高科技主导产业发展的新时代,科研成果的专利化与商业化逐渐成为学术资本主义的新内涵,即以资本主义组织化的方式,金钱与学术之间建立起了直接联系,学术的专利化或商品化成为大学里通行的游戏规则。"资本主义为研究经费这一科学问题带来了解决办法:

---

① 马克斯·韦伯.学术与政治:韦伯的两篇演说[M].冯克利,译.北京:生活·读书·新知三联书店,1998:19.
② 温正胞.学术资本主义与高等教育系统变革[J].教育研究与实验,2011(2):70.
③ 帕翠西亚·冈伯特.高等教育社会学[M].朱志勇,范晓慧,译.北京:北京大学出版社,2013:111.
④ 希拉·斯劳特,拉里·莱斯利.学术资本主义:政治、政策和创业型大学[M].北京:北京大学出版社,2008:1.
⑤ 温正胞.学术资本主义与高等教育系统变革[J].教育研究与实验,2011(2):71.

直接的办法是向企业的研究部门提供资金,在那里性能和再商品化的迫切要求将研究优先引向'应用';间接的办法是设立私人、国家或合资的研究基金会,按计划资助大学的院系,研究实验室或独立的研究组织,这些基金会并不指望研究工作立即产生利润,但它们之所以在一段时间里以蚀本的方式资助研究,在原则上是为了获得具有决定意义的革新,即十分有利可图的革新。"[1]在学术资本主义框架下,大学与学术的性质发生了根本性的变化。一方面要募集大量的经费以支持有用的学术研究,另一方面有用的学术成果也可以卖出大价钱。受到学术资本主义的刺激,在现代大学里科研过程与创新过程实现了一体化,金钱首先通过科研过程转化为知识,知识又通过创新过程转化为金钱。"贴近市场的领域的教学科研人员中有创业倾向的或者受到需要资源的大学的极大鼓励的,他们可能组建中心,并作为学术资本家在中心里花费大部分时间。"[2]在那些具有资本主义精神的创业型大学里,应用性和可专利化正在成为学术研究的首要原则,大学希望以应用性成果或专利技术为资本,通过市场化的手段和商业化的途径来获取办学资源。科学家转变为科学商人,企业精神在大学中迅速蔓延,学术不再是象征性资本而是成为金融资本或风险资本的一部分。在资本主义的大框架下,学术"资本主义"最终取代"学术资本"主义成为大学的新势力。

综上所述,作为现代性的重要象征,资本主义既可以用来指某种特定的政治、经济或社会制度,也可以被视为一种具有普遍价值的理性主义的代名词。大学和资本主义都在西方而且仅在西方兴起,这绝非某种巧合而是西方文明中理性主义发展的自然结果。作为西方理性主义文化传统的产物,无论在时间上还是在空间上,大学的兴起和资本主义的出现都有某种内在

---

[1] 让-弗朗索瓦·利奥塔尔.后现代状态:关于知识的报告[M].车槿山,译.南京:南京大学出版社,2011:157.
[2] 希拉·斯劳特,拉里·莱斯利.学术资本主义:政治、政策和创业型大学[M].梁骁,黎丽,译.北京:北京大学出版社,2008:165.

一致性。一方面大学作为资本主义体制的一部分,为资本主义精神和制度形式提供了合法性来源,并培养了资本主义人;另一方面作为理性资本主义的延伸,学术管理资本主义和学术资本主义又深刻影响了大学的发展方向,并形塑了现代大学的存在方式。对于大学而言,学术资本主义既是新兴的又是传统的。说其新兴是因为,学术第一次成为可以直接营利的资本,并成为资本主义的一部分或一种资本主义;说其传统是因为,学术资本主义不过是近代早期大学里的学术管理资本主义的逻辑在现代大学里的延续。拓宽视野,学术资本主义也是我们时代更为广泛的知识资本主义和跨国资本主义的一部分。在经济全球化的大背景下,随着国家与大学之间的联系变得不再稳定,大学与资本主义之间的关系必将日益亲近。① 虽然高等教育有其自身的规律和使命,虽然大学不是知识工厂和专利公司,大学教授也不是知识资本家;但在知识经济和知识资本主义的时代,基于资本主义的逻辑,学术资本主义仍无可避免。"今日大学正在成为一个不同类型的机构,它是由资本主义企业而不是民族国家塑造成形的。……对卓越的追求可以使大学用商品形式来规范知识生产。"②在即将到来的后资本主义社会或知识社会里,我们的首要任务绝不是继续争论资本主义是大学的天敌还是天使,也不是要继续追问学术资本主义到底是好的还是坏的,学术资本主义就是学术资本主义,它可能既是现代大学危机的征兆也是现代大学转型的机遇,对于我们来说,关键不在于对它进行价值判断或道德批判,而是要弄懂它是怎么回事,它是如何运作的。

---

① 杰勒德·德兰迪.知识社会中的大学[M].黄建如,译.北京:北京大学出版社,2010:55.
② 杰勒德·德兰迪.知识社会中的大学[M].黄建如,译.北京:北京大学出版社,2010:168.

第十二章
大学之用途与滥用

当今时代人们普遍认为,大学是重要的,甚至太重要了。分歧的关键在于,大学因何而重要。政治论者认为,大学影响经济社会的发展;认识论者则认为,大学丰富人类对世界和自身的认识。但无论政治论的还是认识论的,归根结底都是实用主义或工具主义的,即将大学作为实现某一目的的工具。按席勒的说法:"现代人处于分裂状态,用现代术语来说,就是处于疏离状态。他总是审视自己的冲动和目标,总是处于忐忑不安的状态。现代人受没完没了的个性危机的影响,只有人深思熟虑之后才会采取行动。结果行为的工具性越来越强,盘算越来越多,根本不是自发的。"[①]现代社会中的大学也是这样。有组织的无政府状态早已不再是大学的常态,理性的规划或战略管理成为一种惯例。为了满足社会的需要或欲求,组织的自发秩序被遮蔽,建构主义主导着大学的工具理性。作为一种理性机构,现代大学的工具主义既不能归因为它的组织属性,也不能归因于大学人的自利性,本质上它是我们时代精神的一部分。在以工具理性为核心的时代精神的影响下,学者们对于真理不再心存敬畏,学术职业也不再是天职的召唤,此时大学作为工具的重要性也就意味着大学本体的危险性。为了满足国家和社会的需要,世界一流大学和一流学科建设正在演变为一种学术的攀比,或国际高水平论文发表的锦标赛;而为了满足机构或学科排名的虚荣,普通高校

---

① 雅克·巴尔赞.艺术的用途和滥用[M].严忠志,译.杭州:浙江大学出版社,2009:33-34.

"大学化",研究型大学"哈佛化"亦愈演愈烈。无论在哪个国家,"学校将自己归属于'大学',极力地求得大学的公认,以此增强自身存在的永恒性。高等教育制度竭尽全力将自身描绘成大学,常常炫耀不符合实际的制度历史或者自画像,'(其)编撰的传统'中,多数是民族国家自身典型的特征"[①]。就像一个人的失败通常也可能源自他的成功一样,在我们这个时代,当人们倾向于将大学当作万能或全能的机构加以狂热追求时,它的用途就极容易遭到滥用,从而导致大学的异化。不同国家间一流大学的竞赛虽然不像"冷战"时期的军备竞赛那样危险,但学术发表的竞赛对于经济社会发展的负面影响同样不容忽视,且不能不察。当各国政府丝毫不顾及大学的本质,忽视人性的培养,投入巨资以求在国际学术发表中胜出时,大学的用途常常会起到反面的作用。正如"艺术既能美化和提升给予其生命的文明,也能削弱和破坏文明"[②],我们时代的大学也既有可能提升人类的文明,也有可能削弱智识生活的活力。关键的关键还在于,我们如何理解大学,如何使用大学。

[①] 帕翠西亚·冈伯特.高等教育社会学[M].朱志勇,范晓慧,译.北京:北京大学出版社,2013:186.
[②] 雅克·巴尔赞.艺术的用途和滥用[M].严忠志,译.杭州:浙江大学出版社,2009:25.

第一节　警惕强国民族主义

在现代社会中"国家"是一个挥之不去的"迷思",强国民族主义作为某种无法治愈的顽症时时发作。在民族国家框架下,人们不由自主地将个人的幸福、安宁与国家的强大联系起来。但事实上,国家的强大和个人的幸福没有必然的联系,过度地追求国家的强大还可能会本末倒置。因为没有个人的自由、幸福与安宁,国家的强大又有什么用。无论何时,国家只应是实现公民幸福的一种手段,国家的强大本身绝不能成为最终的目的。在人类历史上,大国或强国总是周期性地出现,但强大的国家并不总是意味着人类文明或文化发展的顶峰。因为强大的国家既可能是人类文明的象征也极有可能是暴力统治的工具。强大的国家可能带给人民幸福与安宁,也有可能更加沉重地奴役自己的人民。当前在民族国家的计算和算计下,现代大学正在逐渐沦为强国民族主义的工具,在公共舆论的视野里,似乎国家的强大与大学的崛起可以互为条件和因果。当大学崛起与大国崛起被媒体和学界有意无意地相提并论时,它也就与我们时代对大学的大肆吹捧不谋而合。"这些陈词滥调的思想犯了一个根本性的错误,我们应该充分认识到这一点。这种思想的错误在于,它认为一个国家的伟大是因为它拥有好的学校,即好的小学、中学和大学。这是过去一个世纪虔诚的'唯心主义'思想留下的一个后遗症,它把学校认定为一种军事力量,但这种力量学校本身是没有的也不可能有的。在那个世纪,为了表示对一件事情的高度热情,或者只是为了显示出对事情的一种特别尊崇,必须把事情夸大到英雄神话般的程度。"①无论在历史上还是现实中,将国家的强大简单归因于学校或大学的强大都是一种可怕的误导。就像滑铁卢战役的胜利绝不能认为是伊顿学院的功劳,第二次普法战争的胜利也不能简单地归功于柏林大学的校长和教授们。大学的崛起与大国的崛起背后有着完全不同的逻辑。

历史上,中世纪大学兴起之时,欧洲在政治上还处于无政府状态,民族国家尚未萌芽。近代以来,柏林大学兴盛之时,德国境内也还是邦国林立。时至今日,在欧洲一些小国大多都有世界一流的大学,而在欧洲之外很多大国的大学倒经常是末流的,甚至是不入流的。大学的崛起更多的是文明的演化,是学术与教育不断繁荣的结果;而大国的崛起背后却更多的是经济力量,尤其是军事力量的快速壮大。因此,无论在理论上还是实践中,大学的崛起都无法直接促成,更无法保障大国的崛起,大国的崛起也不必然意味着大学的崛起。但遗憾的是,在强国民族主义情绪下,很多人总是先有信念而后再找理由来支持自己的信念。经由这样一个"合理化"过程,政治家总是会莫名地自负,认为强大的国家就一定能建成一流的大学,同时高等教育研究者也容易有一种难言的虚荣,喜欢夸大大学的重要性,乐于强调一流大学对于大国崛起的重要。面对此种政治正确的论调,我们在思想上一定要有所警惕。"绝不可把'合理化'理解成这样'化'了之后的信念就真正'合理'了。"②对于一个国家而言,大学是很重要的,但这种重要性有一个必然的边界,即大学对于一个国家的文明程度,对于教育和学术事业的繁荣,对于人性的培养和美好生活的实现都很重要,或至关重要;但对于国家经济的增长、军事的强大,即便在今天大学所起的作用依然十分有限,至少不像人们想象的那么大。如果有人认为美国的强大完全是因为它拥有诸多世界一流大学,那即便不全是倒果为因也肯定是夸大其词。自中世纪以来,强国可以没有世界一流大学,拥有世界一流大学的也可以不是强国。既是一流强国

---

① 奥尔托加·加塞特.大学的使命[M].徐小洲,陈军,译.杭州:浙江教育出版社,2001:47.
② 斯泰宾.有效思维[M].吕叔湘,李广荣,译.北京:商务印书馆,2015:38.

又拥有世界一流大学的情况也有,但没有充分证据可以证明二者的同时出现有内在的必然性。充其量,大学的崛起只是大国的崛起的一个组成部分,既不是必要条件,更不会是充分条件。就像危难之时教育无法救国,和平时期大学的崛起亦无法保证大国的崛起。"一个伟大的国家,一定有伟大的大学;同样,没有伟大的学校,也就成不了伟大的国家。但是,国家的宗教信仰、政治家的治国才能以及其他众多因素也同样说明了这个问题,一个国家的伟大与否取决于诸多因素综合体现的结果。"[1]因此,对于世界一流大学建设中的强国民族主义情绪,我们必须有所警惕。

当前在民族国家的框架下,大学是国家的大学。大学与国家在最高目标上具有一致性。"在整个近代时期,大学是在特殊的(通常也就是民族的)政体结构中传播这种知识。高等教育的组织结构,在某种意义上讲,反映的不是教育制度的结构,而是政治制度结构。在更中央集权的政体中,大学趋向更加的中央授权与中央资助,教授也更可能成为国家公务员。这种区别的一个主要意义在于,在更中央集权的政体中,人们感觉到高等教育的成败更可能归因于国体、国家教育部,而不是创业型大学的校长或者友善的赞助人。于是,弥补这些失败的改革,很可能促使更中央集权的路线出现。"[2]对此事实,我们无法否认,也无须否认。国家可以为大学提供充足的资源,以及制度性保护,大学亦可以为国家经济社会发展服务,但必须注意的是,大学与国家在最高目标上的一致性绝不意味着大学就应对国家的需要亦步亦趋抑或完全沦为国家的工具。不容否认,对于国家而言,大学是有用的,而且是有大用。也正是基于这种有用性,大学在现代社会才不断走向繁荣。但大学的繁荣也进一步刺激了人们对于它的欲求,为了满足各种各样的需求(欲望),对大学的滥用几乎不可避免。如克拉克·克尔所言:"美国人民那么多的希望与恐惧现在都关系到我们的教育制度,特别是我们的大

---

[1] 奥尔托加·加塞特.大学的使命[M].徐小洲,陈军,译.杭州:浙江教育出版社,2001:48.
[2] 帕翠西亚·冈伯特.高等教育社会学[M].朱志勇,范晓慧,译.北京:北京大学出版社,2013:187.

学——希望长寿,希望进入外太空,希望更高的生活水准;害怕俄国或中国的霸权地位,害怕炸弹和毁灭,害怕个人在变化世界中失去目标。由于所有这些原因和其他原因,大学已成为国家目标的至高手段。这是新的气象。这是现在席卷我们大学的转型的实质。"①鉴于实践中组织的自利性和欲望的无限性,为了防止国家对大学的滥用,必须使国家与大学保持适当的分离,正如当初国家和教会的分离一样。如果出于强国的目的,使大学彻底沦为国家富强的工具而不是人类文明的使者,那绝不是福音而很可能是噩耗。

总之,现代大学对于国家的繁荣与发展的确十分重要,但本质上大学的用途有其边界,不应也不能被肆意地滥用。否则,只会适得其反。诚如斯特劳斯所言:"如果事先没有经过可靠诊断,或者这个诊断被无根据的希望或对权力的恐惧所篡改,那么对症下药的政治商议就没有任何价值。我们一定要意识到,我们必须从几乎无希望处寻找希望。为了治愈我们社会的弊病,我们可能被迫满足于能暂时减缓病症的方法,但我们不能把治标和治本混淆起来。"②无论何时,也无论何地,大学就是大学,建设世界一流大学和世界一流学科必须遵循大学的逻辑而非国家主义的逻辑。建设高等教育强国也需要遵循高等教育的逻辑而非强国的逻辑。虽然世界一流大学(学科)和高等教育强国建设在客观上会有利于国家的强盛和经济社会的发展,但无论如何,高等教育和大学本身都不应成为强国民族主义可兹利用的工具。如果我们在价值观上被强国民族主义情绪所绑架,以强大的政府作为大学的主人,继而再以大学的强大作为国家强大的工具,那么无论是世界一流大学(学科)建设还是高等教育强国建设都有可能会半途而夭折。因为,强大的政府为了国家的利益,总是试图凭借无限的权力来推行"完美的计划"以实现建设世界一流大学(学科)的梦想,从而极有可能会破坏大学的自发秩序,损害大学的自治和学术的自由,使真正的创新成为不可能。

---

① 克拉克·克尔.大学之用[M].高铦,等译.北京:北京大学出版社,2008:50.
② 列奥·施特劳斯.古今自由主义[M].马志娟,译.南京:江苏人民出版社,2012:25.

第二节　遏制大学职能膨胀

一般而言，大学有三种用途，即提供高等的教育、高深的学术和专业的服务。现代社会的专业主义倾向使得现代大学的专业服务职能急剧膨胀。无论擅长还是不擅长，只要国家或社会提出要求，大学都会装腔作势地做出积极回应。近年来，伴随着对大学功能的滥用，大学作为专业组织的含义正在受到侵蚀，无论主动还是被动，大学越来越多地卷入了不能胜任或不擅长的活动之中。伴随着大学非正式职能的增加，大学体制在跨界活动中的非专业性愈来愈明显，非正式职能对于核心职能的挤占效应也愈来愈明显。此外，由于经济全球化和市场化的影响，当前在大学内部还存在一系列关于资金、排名、声誉以及学术生产的无休无止的竞争，大学实际上所发挥的用途和它宣称的用途之间的差距正不断拉大。

历史上，大学的产生虽有实际用途的考量，但其走向繁荣却主要是因为其满足了人们精神生活和理性启蒙的需要，它的合法性源于哲学而非社会学。而今天随着高深知识的应用性的不断增强，随着大学的世俗化的日益加深，社会学和政治经济学成为大学主要的合法性来源，哲学的重要性被遮蔽。当今时代国家对于大学的重视不再是由于大学可以为民众提供系统的人生哲学或培养高贵的人性，人们进入大学接受高等教育也不再是为了过一种幸福的生活，而是为了获得政治经济的收益，并同时完成自身的社会化。在当今时代，大学作为一个专业化的学术组织，投资与收益主导着一切。大学正因为经济原因以及因为要求大学为经济服务而改变。表面上，我们的时代是大学最为繁荣的时代，人类历史上还没有哪个时代像今天的人们这样对大学如此狂热，也没有哪个时代有如此多的人进入大学接受了高等教育；但实质上，当今时代的大学在理念上完全被功利主义和功能主义所主导，进入了大学未必意味着接受了高等的教育。现代大学由于对精神生活的遗弃，将自身降格为了一个高等文凭生产的流水线。在这条流水线上，大学被各种职能或功能所分割，人也根据社会需要被贴上不同的标签或戴上不同的面具。当我们的时代根据政治、经济和社会的需要，建设了越来越多的大学，培养了越来越多的学生时，我们可能也自觉不自觉地用大学的职能摧毁了大学的精神，改变了大学的性质。"它们就好比是机器，由于长期的使用和滥用，已变得破损不堪了。"①某种意义上，由于我们对大学的过度使用或滥用，我们时代的大学已不再是真正意义上的大学。更可怕的是，当前我们完全无视对大学的滥用可能带来的危机，而是把一切问题都归咎于大学改革做得还不够好、不够彻底。其结果是，既有的改革刺激了进一步的改革，而丝毫不顾及改革本身的副作用。我们一厢情愿地相信，通过不断的改革可以使大学变得更好、更有用，大学的理想会在改革过程中变得越来越清晰，世界一流的大学很快就会诞生。但事实绝非如此。由于由政府主导的改革容易忽视对大学本质的反思，为了眼前的利益或满足现实的需要，"在多数情况下，只会出现这些实践的'虚拟采纳'(virtual adoption)，直至这种时尚消失殆尽"②。如果我们改革的方向有误，改革越努力、越成功，我们距离理想的大学可能就会越遥远。

不可否认，当今时代确实需要大学，需要更多更好的大学；但我们不能把"需要"异化成了"想要"③。大学是可以培养专业的人才，也可以贡献专利技术，还可以提供社会服务；但这些仅仅是大学的具体职能，而大学之所以为大学的本质远不在此。我们的时代对于大学用途的考量多聚焦于其形而下的层面，而忽略了更为重要的形而上的东西。在形而下的层面，大学的用

---

① 奥尔托加·加塞特.大学的使命[M].徐小洲,陈军,译.杭州:浙江教育出版社,2001:36.
② 帕翠西亚·冈伯特.高等教育社会学[M].朱志勇,范晓慧,译.北京:北京大学出版社,2013:297.
③ 王建华.我们需要什么样的大学[J].高等教育研究,2014(2):1.

途很容易被滥用,随着大学职能的膨胀,大学什么都能做也就意味着大学什么都做不好,乃至变得徒有虚名。如加塞特所言:"一个机构试图给予其不能给予和得到的东西,那它是虚伪腐化的。然而,这条具有欺骗性的原理却存在于目前大学的整个规划和机构组织之中。"[1]苏格拉底也曾指出,假想一个人具有一种他实际上并不具有的美德,这是一种接近于疯狂的行为。[2] 同样的逻辑,假想一所大学具有一种它实际上并不具有的职能,也是一种接近于疯狂的行为。它会让大学一天天变坏,连带着让我们的时代精神也一天天地趋向于不公正。社会对于大学的狂热会使大学误以为自己真的无所不能,在巨大利益的诱惑下,大学对于真理的追求将被对金钱和权力的渴望所遮蔽。在信息不对称的情况下,为了完成那些不可能完成的任务,智识的诚实将不复存在,公然的造假或学术扯淡将成为公开的秘密。大学的本质是形而上的,其"大用"是精神而不是职能。现代社会大学的任一具体职能都很容易被替代,但其精神则无可替代。我们必须清楚什么时候该用大学的职能,什么时候该张扬大学的精神。遗憾的是,当今时代的大学被高度地组织化和制度化,实用色彩日益浓厚,精神性日益稀薄。大学早已不再是"世俗的教会"而是变成了"知识工厂"和"专利公司"。

某种意义上,对大学的滥用也是对理性的滥用。因为对理性的滥用不可避免地导致人们对于大学制度的性质和用途做出错误的解释,进而根据这种错误的解释来肆意建构所谓的"现代"大学制度。那些凭空想象的制度体系也许听起来很美,讲起来很正确,但实施起来可能完全就不是那么回事。作为现代社会的一个神话,大学之于理性就犹如教会之于信仰。就像中古时期人们期待通过进入教会以获得信仰一样,现代人也期待通过进入大学以获得理性。但伴随着越来越多的人进入了大学,大学本身的性质也发生了根本性的变化。"目前大学成功地转变成了一个全球性制度,但这同

---

[1] 奥尔托加·加塞特.大学的使命[M].徐小洲,陈军,译.杭州:浙江教育出版社,2001:63.
[2] 尼采.历史的用途与滥用[M].陈涛,周辉荣,译.上海:上海人民出版社,2000:42.

时也是大学分崩瓦解的时期。在这个意义上讲,目前的阶段类似于19世纪,人们普遍对大学的未来深表忧虑与期待。"①作为一个理性的场所,过去的大学最重视的是"理念",而现在的大学最重视的则是"用途"。重视大学的"用途"没有什么不好,但若只强调"用途"就绝对是一种严重的误导。在数据为王的时代,大学陶醉于各种指标的进步、排名的提升,而对于教育本身的危机浑然不觉。我们在最需要教育的时代却极大地忽视了教育自身的重要性。"通过教育从而获得反思和辩驳能力,而这种能力也是具有高尚人生境界的一种标记。无知之人对真理竟狂吠不止时,哪怕他是皇帝,我们都可以对其嗤之以鼻,而将其看作未受过教育启蒙、灵魂干瘪苍白的粗鄙之人。"②毫无疑问,大学的重要源于人的重要,而人的重要则在于人的想象力。大学教育的本质就是沟通人的心灵和情感,丰富人的想象力。如果大学忽视了对于人的教育而致力于论文的发表,抑或为政府和产业提供专业的或并不专业的咨询服务,结果将是灾难性的。长期以来一直有一种说法,认为大学将是永恒的。严格来说,这种说法是错误的或不严谨的。大学既不是自古就有,也很难保证将来一定永在。从中世纪到现在,大学作为一个组织屡经波折,凭借思想创作和科学研究,侥幸躲过一次又一次危机,充其量只能说是"幸存"。当前由于失去了对于人性的关照,现代大学表面上光鲜,实质上危机重重,前景并不明朗。巴尔赞曾言:"我们时代的艺术是一种没有理论的惯例。"③我们时代的大学又何尝不是如此,甚至有过之而无不及。由于缺少思想创作和观念创新,现代大学不过是沿袭近代大学的惯例而已。

总之,在"职能主义"导向下,功利主义的教育败坏了教育本身,科学主义的学术也腐蚀了学术的志业。表面上看,现代大学科学研究高度繁荣,经典的大学理念似乎还在被坚守,但实质上,高等教育实践中正在发生的事情

---

① 帕翠西亚·冈伯特.高等教育社会学[M].朱志勇,范晓慧,译.北京:北京大学出版社,2013:194.
② 雅斯贝尔斯.什么是教育[M].邹进,译.北京:生活·读书·新知三联书店,1991:19.
③ 雅克·巴尔赞.艺术的用途和滥用[M].严忠志,译.杭州:浙江大学出版社,2009:23.

与我们所言说的可能完全不是一回事。从理念到制度,从规则到实践,其间的脱节已经司空见惯。世界各国的大学改革都像是说一套做一套,理论上或政策文本上宣称的目的和实践中执行的计划可能完全是两回事。从联合国教科文组织涉及教育治理的文献到各国政府关于教育改革的文件,字面上可能都还会重申要尊重大学的自治和学术的自由,也可能都在强调大学教育之于成人的重要意义;但现实中的大学改革在政府的控制或主导下则完全被各种各样的实用计划所分割,高等教育因丧失目标而显得支离破碎或高度形式化。由于失去了经典的教育理念作为引领,在利益的驱动下,很多人之所以选择上大学不再是为了高等的教育,而只是为了一种能够授予高级文凭的四年制培训,其目的更多在于文凭或证书的获得而不是高深的知识,更不要说是为了获得系统的人生哲学。按照施特劳斯的说法:"学术本是文明社会用于防御野蛮的壁垒,却更经常成为回归野蛮时代的工具。历史已经证明,学术在逐步退化,但这次面临的危险是前所未有的,因为这次的危险源于我们称为哲学的东西。通过这种哲学,人类的宽容被推向极端,极端的宽容是不可能的,所谓的绝对宽容最终变成某些人的极度仇恨,这些人最明确有力地表明,人类及大千事物的本性里有无法改变的标准。换而言之,人类企图使每个人都接受教育,最终导致对教育质量的不断忽视。"[①]现代大学深受大众民主和市场经济的影响,越来越重视能够产生直接的经济效益的科学技术,而忽略了用以培养人性的人文教育,其结果是,现代大学培养的人越来越追求外在的利益而忽视了内在的品质和德性。

---

① 列奥·施特劳斯.古今自由主义[M].马志娟,译.南京:江苏人民出版社,2012:72.

第三节　重申思想创作

人类历史上,雅斯贝尔斯所谓的"轴心时代"是第一个思想的盛世,这一时期所创造的思想从根本上决定了我们今天的生活方式和思维方式。随后,西方的文艺复兴和启蒙运动又创造了人类社会第二个思想的盛世,现代社会的一切观念或思想均可在那里找到根源和原型。20世纪以来,人类社会逐渐被利益所主导,进入一个经济的盛世,同时也是"无思想"时代。[①] 我们时代原创性的哲学观念付之阙如,物质主义大行其道。如尼采所言:"在这样一个强制与表面服从的世界中——一切现代的哲学行为都是政治的或官方的,被我们的现代政府、教堂、大学、道德和怯懦约束得仅剩下一个学术幻影,它靠着'但愿……'的叹息和'从前曾经……'的知识来过活。"[②]作为人类思想的堡垒,大学与思想的创作和原创性思想的诞生密不可分。一方面大学在创造着伟大的思想,另一方面大学也在被伟大的思想所创造。现代大学的很多观念或理念均源自于19世纪,得益于当时的启蒙运动。对于现代大学而言,19世纪可以看作是思想的"终结期"。20世纪至今的大学不过是对于19世纪近代大学观念的扩充或落实。第二次世界大战以来,世界范围内高等教育改革风起云涌,但原创性的大学观念却极为罕见。某种意义上,19世纪也是一个高等教育大转型的时期。在此之前,大学是思想的殿堂,一流的大学往往以一流的思想为标志,伟大观念的涌现或变迁直接影响大学的兴衰,同时大学的兴衰也象征着思想的繁荣与衰退。就大学的发展而言,在20世纪以前成就一流大学的往往是伟大的人物、经典的理念而非巨

---

① 汉娜·阿伦特.人的境况[M].王寅丽,译.上海:上海人民出版社,2009:导言·7.
② 尼采.历史的用途与滥用[M].陈涛,周辉荣,译.上海:上海人民出版社,2000:37.

额的资金、显赫的排名。历史上,那些经典的教育理念之所以能够成就伟大的大学,根本的原因在于,那些提出经典理念的思想家往往也是大学的制度创业家(institutional entrepreneurs)。这方面的人物,国外的有洪堡、弗莱克斯纳,国内的有蔡元培、梅贻琦等,他们都既是经典大学理念的诠释者也是现代大学制度的开创者。"成功的制度创业家能够利用自身的社会资本、政治权力和领导技能,成功地应对这些多元的,通常又彼此冲突的制度需求。制度创业家'率先集体努力将新的信念、规范和价值观融入社会结构中'。他们对制定政策议程、预先安排事件、管理政治冲突方面有着巨大的影响力,于是加强了他们活动的合法性和可信度。"[1]20世纪中叶以来,大学逐渐成为收入最大化的自利性组织,相较于科学的发现、人才的培养和组织的发展,思想的重要性逐渐在淡出。能够集教育思想家和制度创业家于一身的大学校长或政府教育官员近乎绝迹。

　　社会实践中由于思想经常意味着异议,在政府眼中思想的传播是危险的,但是控制思想会更加危险。一个成熟的政府或理智健全的社会对于异端思想必须宽容,对于理性的批评要勇于接受,至少是承受。既不能把对成绩的肯定异化为对于现有制度的奉承,也不要将对现状的批判当成对于根本制度的否定。正如施特劳斯在他的书中所警示的:"正因为我们是民主的朋友和同盟,我们才不可对民主阿谀奉承。"[2]遗憾的是,现实中政府很容易把对大学现状的批评当成对高等教育政策的反对,而把某些人的奉承认为是支持。伟大思想的创作需要宽松的环境也需要时代的机遇。思想的创新没有什么规律,它需要宽容和自由的氛围来慢慢孕育。大学的思想创作不是为了对抗政府,而是为了防止政府犯致命的错误。大学不是政府的敌人,但也不能成为政府的朋友或盟友,更不能成为政府的奴仆。在思想领域,如果大学坚持与政府作对,那么它极有可能失去政治的合法性;同样,如果大

---

[1] 帕翠西亚·冈伯特.高等教育社会学[M].朱志勇,范晓慧,译.北京:北京大学出版社,2013:295.
[2] 列奥·施特劳斯.古今自由主义[M].马志娟,译.南京:江苏人民出版社,2012:24.

学沦为政府意识形态的"传声筒"或宣传部门的"喉舌",那么一旦政府的行为出现偏差,将没有任何有组织的力量可以发出必要的预警,并提出建设性的批评和专业化的建议。最终,受损的是整个国家,受害的是全体人民。一个理智健全的社会,一个文明的国家,必须赋予大学以独立的地位、自由的空间,必须宽容学者对于主流意识形态的异议。无论在历史上还是现实中,没有哪个国家的大学会企图颠覆所在国家的政权或正常的统治。本质上,大学是非政治性的学术组织,大学擅长的是思想而不是行动,其对于政府的批评只是为了使自己的国家更加自由、民主和文明。

政府应相信大学的善意,承认大学的智慧,勇于接受来自大学的批评。政府若对大学怀有敌意,为了避免批评的发生,主动收紧言论自由的空间,或垄断意识形态的供给,所得到的可能并非是真正的思想认同或政治忠诚,而更可能是一种虚假的服从或故意的阿谀奉承,从而导致整个社会各个领域之中象征性行为大量发生。"象征性行为(symbolic behaviors)往往就出现在这种情况之下,试图操纵外部行动者的印象,或仅仅显示出想满足种种需求的意图。所有象征性行为成功与否,取决于其维系组织合法性的程度。在犬儒主义者看来,这是公众关系问题,更难听一点,是欺骗、谎言。不过,从组织角度看,象征性行为体现出组织在面对难以支持的环境时想努力获取生存,或者需要保护资源、维系价值观。"[1]符合政府意愿的象征性行为,在表面上维系了思想的统一和社会的稳定,但实质上却掩盖了根本问题所在。一旦被延缓的深层次的危机被引爆,整个社会将失去凝聚力,迅速被瓦解。"所有的装饰都会掩盖被装饰的东西。"[2]思想领域的问题终究应该经由思想的创作来回答。在这方面,大学具有得天独厚的优势。政府若以绩效作为统治的唯一的合法性来源,继而以意识形态来替代思想创作,选择通过控制大学来抑制思想自由,不仅会导致价值观的混乱,还会导致人的面具化和语

---

[1] 帕翠西亚·冈伯特.高等教育社会学[M].朱志勇,范晓慧,译.北京:北京大学出版社,2013:296.
[2] 尼采.历史的用途与滥用[M].陈涛,周辉荣,译.上海:上海人民出版社,2000:95.

言的毒化,这既不利于大学也不利于国家的发展。

在西方理性主义文化传统中,对真理的追求曾居于核心地位。古典时代追求真理是为了过一种正义的生活,中古时代追求真理则是为了证明上帝的存在。近代以来,科学革命以及知识价值革命导致了真理的隐退。19世纪以后,随着科学研究制度化为大学的第二职能,真理作为一种求知的信仰,逐渐成为一种可有可无的装饰。对于现代大学而言,有用的理念已经取代求真的理念、求善的理念。换言之,现代大学的正当性更多地来自于科学研究成果的有用性而非追求真理的终极意义。在源头上,大学的用途只是追求真理、生产思想,大学是人类的精神家园;但是在现代化的过程中,随着知识被区分成"有用的"和"无用的",各种各样与真理无关的职能或用途被强加在大学身上。过度的使用严重损害了大学的生命力。过量的用途也严重约束了大学的想象力。表面上,随着大学规模的增大,"为真理服务"的人似乎也在增多,但实际上,在现代大学里人们对于真理本身或思想创作已不怎么太感兴趣,而是执着于科学知识的有用性或者仅是为了学术论文的发表。"现在科学要开始统治生活了。现在不是能产生成熟、警惕与和谐的个性的时代,而是进行也许是对国家最有用的工作的时代,人们将按照时代的需要来被塑造。这样他们也许很快就会在这部机器之中各就各位。"[①]对大学的理想而言,与对真理的追求或思想的创作相比,那些所谓的科学知识或许有用但并不特别重要。科学问题的解决有赖于方法的改进,而对真理的追求或思想的创作则需要献身精神。无论何时,追求真理和创作思想都是大学的正途,大学里的科学研究要服从于对真理的追求。如果大学对于科学的探究背离了追求真理的初衷,那也就意味着对于大学的滥用。如尼采所言:"一个人可以非常成功地变成一个冰冷的'知识魔鬼',然而,如果我们发现一大群博学的研究者,在一个对他们特别有利的时代变成了一群魔鬼,

---

① 尼采.历史的用途与滥用[M].陈涛,周辉荣,译.上海:上海人民出版社,2000:56.

那么,很不幸,通常说来这个时代可能缺少一种伟大而强大的正义感。"①遗憾的是,我们时代的大学可能就缺少这种推动真理的最高贵的动力,今天的大学所推崇的是论文的高被引者或所谓的科学精英而非原创性的思想家。

本质上,大学的合法性深植于人类的精神生活而非物质生活和社会生活。如加塞特所言:"把大学当作一种精神比把它当作一个机体更为合适。"②如果由科学的有用性所引发的对于大学的滥用使得我们对于真理的追求被废弃,使得人类的精神生活的重要性不断让位于物质生活和社会生活,那么大学本身也将崩溃,至少也会变得极其脆弱或萎靡不振。王尔德在回答克莱格"艺术为什么是无用的"时曾言:"一件艺术品就像一朵花一样无用。一朵花为了自身的喜悦而绽放,我们则在观赏花时获得片刻喜悦。我们与花的关系仅仅如此而已。当然,人可以卖花,这样花对他就是有用的,但是这与花本身没有任何关系。这并非其本质的一部分,而是非本质的,是一种滥用。"③大学不是艺术品,也不是花,当然也不是无用的,但大学的用途必须是其本质的一部分,一旦某种用途超出了大学本质的范畴,就会成为一种滥用。巴尔赞在论述艺术与社会的关系时曾举现代建筑和大型城市的关系为例。如他所言:"高楼形成大城市,变为大城市的象征。在这种情况下,大城市的人反对高楼,将高楼贬为非人的东西,将高楼的影响视为胁迫性的。人们想方设法抵制这种影响,试图使城市恢复以人为本的特征,他们建造和使用建筑,过度使用建筑,结果却将这种滥用合法化。"④20世纪中叶以来,在世界范围内,伴随研究型大学的崛起,科学研究在现代大学中被滥用,其过程与结局与之极其类似。大学可以甚至必须通过科学研究为经济社会发展服务,但绝不应因此而放弃对于真理的追求。大学也可以甚至是必须

---

① 尼采.历史的用途与滥用[M].陈涛,周辉荣,译.上海:上海人民出版社,2000:44.
② 奥尔托加·加塞特.大学的使命[M].徐小洲,陈军,译.杭州:浙江教育出版社,2001:96.
③ 王尔德.艺术是无用的,因为……[J].读者,2016(15):9.
④ 雅克·巴尔赞.艺术的用途和滥用[M].严忠志,译.杭州:浙江大学出版社,2009:162.

参与人类物质生活和社会生活的创造,但追求真理始终应是大学永恒的理念,是大学最根本的用途。与具体的科学和技术相比,以思想创作为核心的真理是更高级的统治力量。大学若放弃了思想的创作或对终极真理的追求,科学本身也将沦为理性建构主义的玩物,行之不远。其结果是,作为重要教育制度的大学也将被完全破坏。

总之,大学虽然不是有机体,但具有和有机体类似的逻辑,即进化或演化。大学是一个理性的机构,但大学本身却不是理性设计出来的而是逐渐演化而来的。基于理性建构主义的逻辑,现代人喜欢"重估"一切价值,"重构"一切制度。在现代人看来,既然国家机器都可以重构,大学制度当然也可以推倒重来。但历史表明,那些尝试先废除大学然后重建高等教育制度的国家,无一例外都是失败的。大学的发展有其内在的逻辑,不以人的意志为转移。在真理或规律面前,再强势的统治者、再大的权力也无可奈何。如哈耶克所言:"理智的人倾向于过高地估计理智,倾向于认为我们必须把自己的文明所提供的优势和机会,一概归功于特意的设计而不是对传统规则的遵从,要不然就是认为,我们运用自己的理性,通过对我们的任务进行更为理智的思考,甚至是更为恰当的设计和'理性的协调',就能消灭一切依然存在的不可取现象。"[1]现代大学的很多困境或危机就源于这种理性的自负。当前受到功利主义的驱使,人们对于大学索取无度,为了使大学能够满足社会的各种欲求,诸多的改革被不断施加在大学身上。政府会尝试投入更多的钱,招聘更多的人,设计更好的制度,以使大学成为万能或全能的机构。但大学的改革绝不只是钱的事,甚至也不是人的事,大学的改革首先要弄清楚大学的本质。此外,大学也不能一直处在"改革"的状态之中,好的制度建立后,接下来需要的应是持之以恒地付诸实践,而不是继续改革。如果我们忽视或无视大学的本质,完全按照主观的愿望或某种欲望对大学进行不间

---

[1] 弗里德里希·奥克斯特·冯·哈耶克.致命的自负[M].冯克利,等译.北京:中国社会科学出版社,2000:58.

断的"改革",由政府无节制地供给各种各样的大学"制度",那么若干年后,大学将真的成为"普通"高校,真正的大学将趋于绝迹。当然,由于高等教育本身具有政治性,让政府完全不干预大学也是不可能的。比较务实的办法就是,政府在主持或干预大学的改革时能更加审慎而不是肆意妄为。政府能够做的应是诱导大学自己产生良好的秩序,而不是设计好"游戏规则"然后强加给大学。实践表明,大学自发产生的秩序在表面上看可能不够严密,甚至会经常流于形式,但是它和由政府制定的规则相比,却有更强的生命力。大学制度的失效虽然也有大学自身的原因,但更多的时候"是因为有人试图干涉甚至阻碍它的机制运行,或是想改进它的具体结果"[1]。因此,无论是伦理上还是实际用途上,好的大学制度需要的都不是尽善尽美的程序,而是无穷无尽的可能。对于大学而言,政府的强势介入和顶层设计,既有可能堵住制度的漏洞,也会窒息思想创作的空间。

---

[1] 弗里德里希·奥克斯特·冯·哈耶克.致命的自负[M].冯克利,等译.北京:中国社会科学出版社,2000:95.

第十三章
高等教育适应论的省思

《现代汉语词典》将"适应"解释为"适合（客观条件或需要）"。作为一个专门概念或学术用语，"适应"（adaptation）在生物学中使用，心理学、地理学、社会学等学科也有涉及。根据百度百科上的介绍，在生物学中，"适应"主要是指生物的形态结构和生理机能与其赖以生存的环境条件相适合的现象。在心理学中，"适应"是指在同一器官内，由于刺激物的持续作用而使感受性发生变化的现象。在地理学中，关于人地关系也有"协调论"或"适应论"的说法，主张地理学的主要任务是研究如何协调自然环境与人类文化生活的关系。在社会学中，帕森斯所提出的 AGIL 分析框架，首先就强调了"适应"，即系统必然同环境发生一定关系，为了能够存在下去，系统必须拥有从外部环境中获取所需资源的手段。由于"适应"是人类社会和自然界的一种普遍现象，很多学科只要涉及对于系统关系的研究，都会有关于"适应"的理论。与上述提及的学科一样，教育学的历史上也不乏关于"适应"的说法，自然主义教育观主张，教育要适应人的天性；国家主义教育观则认为，教育要为社会发展服务，适应国家政治、经济、文化需要。20 世纪中叶以来，国内外高等教育研究者就大学与环境的关系或高等教育与社会需要的关系提出了不同看法，"适应论"就是其中重要的一种。对此，支持者有之，反对者亦有之。对于一种理论有不同看法是完全正常的，如果所有人都意见一致那才是不正常的。不过，无论支持还是反对高等教育适应论都不是最重要的。高等教育适应论作为一种理论能否成立主要不在于支持者多还是反对者众,关键还在于能否对于高等教育发展中客观存在的"适应现象"做出令人信服的解释,而不能只是对于适应本身的简单描述或循环论证(tautology),即以高等教育实践中客观存在适应社会的现象来证明适应论是对的,再以适应论是对的来证明高等教育只有适应社会才能发展。

第一节　高等教育：从适应到适应论

就字面上讲，所谓"适应"有两个层面，一个是指客观的结果，另一个是主观的愿望。主观与客观相互交叉，大概有四种情形，一是主观上想适应，客观上也适应；二是主观上不想适应，客观上必须适应；三是主观上想适应，客观上无法适应；四是主观上不想适应，客观上也不适应。由于高等教育系统高度复杂，实践中四种情形虽无法精确区分但都会存在。需要注意的是，对于适应或不适应，在主观上不能偏执，客观上不能强求。简言之，适应有一个"度"的问题，自然而然或顺其自然往往效果最佳。对于高等教育与环境之间的关系，按照高等教育生态学的原则，适应论也应是顺其自然，自然而然。按泰希勒的说法："大学这种学术组织之所以能够历经几个世纪的发展之后依然存在，似乎是因为它在平衡何时应该有效适应外部需求以及何时拒绝适应方面做得比较成功。"[①]但遗憾的是，由于功利主义盛行，今天我们经常忽视生态学原则的科学性，总试图强行将主观的愿望变成客观的结果，以为人定胜天或想要就会有。换言之，现代社会由于实用主义和功利主义哲学居于主导地位，政府和市场总是希望根据自己的需要或欲望来规划或计划高等教育，认为高等教育可以想怎么办就怎么办。事实绝非如此。大学有内在的逻辑，高等教育也有基本的规律。适应论一旦脱离了实际，突破了底线，违背了大学的宗旨和教育的规律，主观上的适应论就将导致客观上的不适应。实践中，那种为适应而适应的做法既伤害了高等教育本身，也将不利于国家政治经济和科学文化的发展。

---

① 乌尔里希·泰希勒.迈向教育高度发达的社会：国际比较视野下的高等教育体系[M].肖念,王绽蕊,主译.北京:科学出版社,2014:136.

第十三章　高等教育适应论的省思

如果以适应"度"作为参照系,理论上"适应"可以分为"真适应"和"假适应"。所谓"真适应"就是在"适应度"的范围之内,高等教育与政治、经济等相互适应,相对独立,并相互促进。所谓"假适应",即超过了"适应度",政治、经济凭借权力意志和金钱逻辑对于高等教育进行实质性的控制。由于高等教育或大学完全失去了自主权,这时所谓的"适应"不过是一种官方为现行政策进行辩护的说辞,或学界对于高等教育与政治、经济关系的一种"误解",而不是真的"适应"。由于"适应"这一现象的客观存在,"适应论"本身可能没有错,至少是一种可以自圆其说的理论,问题的关键就在于,由于"适应度"的不好把握,实践中"假适应"盛行,"适应论"经常沦为"服务论""依附论"或"强迫论""控制论",极大地损害了高等教育的价值合理性和大学的独立性。在我国,长期以来政府部门一直要求高等教育要适应政治、经济发展的需要,这并不奇怪,完全符合《高等教育法》的相关规定,也符合高等教育政治论哲学的逻辑和政府自身的立场。可奇怪的是,在高等教育系统内部也同样选择了政治论的而非认识论的逻辑,忽视高深知识生产的特殊性,积极主张或强烈要求高等教育适应政治、经济发展的需要。高等教育实践中由于认识论逻辑的缺乏,政治论逻辑愈发膨胀,适应论非常容易变形,从而成为政府对于高等教育的控制论或高等教育对于政治、经济的依附论或服务论。

在我国,由于历史的原因,"为人民服务"一直是社会主义意识形态的关键词。在这种意识形态里,抽象的"人民"往往具有至高无上的地位,所有其他社会事物都要为其"服务"。社会实践中,抽象的"人民"被具体的政治、经济所代替。1978年的《中华人民共和国宪法》就规定:"教育必须为无产阶级政治服务。"20世纪80年代以来,在高等教育领域,从为无产阶级政治或"文化大革命"服务转型到高等教育必须适应政治经济和科学文化发展的需要,为社会主义现代化建设服务,这无疑是一种巨大的进步。此时"适应"虽然仍含有"服务"的意味,但毕竟有本质的不同。改革开放以前,尤其是在"文革"期间,我国高等教育完全没有主体性,高等学校要么被停办,要么彻底沦为意识形态和阶级斗争的工具。改革开放后,为了能摆脱以阶级斗争为纲,适应以经济建设为中心的新局面,高等教育适应论的提出具有历史必然性和积极的理论意义。在当时的历史情境下,我国高等教育的发展观不可能直接从"服务论"跃迁到"超越论",也不可能从政府对于大学的控制转型为大学自治、学术自由;就当时人们对于高等教育发展的理解而言,"适应论"是一个务实且合理的选择,符合常识理性和实用主义哲学。改革开放40年来,随着我国高等教育的进一步发展及学术思想的进一步解放,适应论的误区也逐渐显现。大学自治与学术自由的缺失使得高等教育的超越性一直无法得以实现,高等教育自身的规律被政治、经济领域的规律所规训,杰出人才无法涌现。高等教育发展为适应而适应,结果却导致了越来越多的不适应。时至今日,我们必须明确,以适应论的名义强调高等教育要为经济社会的发展服务,这没有错误;但同样无法否认的是,高等教育除了直接为经济社会发展服务之外,还可以通过独立的学术研究和自由的思想市场为国家、为社会做出更大的贡献。

基于人性的"实然与应然两重性"[1],高等教育兼有适应性与超越性。一方面基于政治论哲学,高等教育要适应社会的需要,另一方面基于认识论和本体论哲学,高等教育又要保有超越性,二者之间必须维持一种平衡。如果主观上以适应论的名义过分强调高等教育的适应性,就容易破坏适应与超越之间的平衡,导致高等教育发展中工具理性膨胀、价值理性衰落。反之,如果过于强调高等教育的超越性,主张大学躲进象牙塔,远离社会需要,也会造成灾难性的后果。不过,无论如何都不能将"适应"与"适应论"等同起来。实践中,高等教育发展由于过度适应或过度不适应所造成的一系列后果,远非某一种理论所能承受得起。对于适应的讨论我们需要的是实践理

---

[1] 鲁洁.实然与应然两重性:教育学的一种人性假设[J].华东师范大学学报(教育科学版),1998(4):1.

性,对于适应论的讨论我们需要的则是理论理性。对适应论无论是积极影响还是消极影响都要客观看待,毕竟理论与实践之间的关系十分复杂。当前我国高等教育发展中所存在的种种问题,说到底是制度或体制的问题,而主要不是某种理论的问题。适应论只是某些学者对于我国高等教育发展现实情况的一种概括或总结,而不是指导或决定高等教育改革的根本因素。

在美国,高等教育适应论也是一个重要的理论,甚至是"处于主导地位的理论"[①],但美国高等教育仍然是世界上最好的高等教育。中国和美国的差异就在于,美国高等教育中虽然适应论非常突出,但由于自由思想市场的存在,适应与超越间的平衡并没有被打破。而在中国,由于自由思想市场的缺乏,加之政府对于高等教育的过度控制和行政主导学术,适应论的负面效果很容易被放大。在美国,高等教育适应论的重要驱动力主要源于市场,政府无法直接干预大学,更不能任意限制学术的自治与自由。适应论的缺陷在于市场变化太快,高等教育根本无法完全适应。与美国相比,我国高等教育适应论的驱动力主要源于政府,政府可以通过学科专业目录、课程设置和招生计划数来直接控制大学的办学。如果说在美国适应论主要是指高等教育要适应市场的需要,那么在我国由于制度环境的影响,适应论则主要指高等教育要适应政府的需要,按政府的意志办学。实践中,在政府的统一规划下,所谓政治、经济、文化的需要有时不过是借以实现其对大学进行实质控制的借口。

由此可见,虽然都是适应论,但在中国与在美国却有着本质的不同。适应市场虽然也有弊端,但较之政府的一元化控制,市场机制更加多元。在多元化的市场上,由于不同观念之间竞争的不可避免,适应论只是一种理论,不可能完全主导高等教育的发展。而在一元化的国家体制里,适应论很容易演变成意识形态的附属物,通过国家层面的政策文本直接影响,甚至左右

---

① 杨东平.大学二十讲[M].天津:天津人民出版社,2009:248.

着高等教育的发展。对于这种状况,我国学界和政府都需要反思。对于学界而言,如果仍然要坚持适应论,必须对于高等教育所要适应的对象有更严格的界定,必须在政治、经济之外加上价值的维度。对于政府而言,如果仍然需要高等教育适应政治、经济以及文化、科学的发展,也必须正确理解高等教育的复杂性和特殊性,需要看到高等教育除了适应性之外还存在着超越性。高等教育的超越性和适应性一样,对于国家和社会的进步具有十分重要的意义。按洪堡的说法:"国家决不应指望大学同政府的眼前利益直接联系起来;却应相信大学若能完成它们的真正使命,则不仅能为政府眼前的任务服务而已,还会使大学在学术上不断地提高,从而不断地开创更广阔的事业基地,并且使人力物力得以发挥更大的功用,其成效是远非政府近前布置所能意料的。"①世界各国高等教育发展的历史表明,有时过于强调大学为社会服务并不能真的提升高等教育的服务能力和水平;相反,如果大学与政府或社会的需要保持合适的距离,致力于人的理智的发展和人性的改善,反倒更能促进人类文明的进步和国家的繁荣。

众所周知,社会系统中影响高等教育发展的因素很多,其中理念、制度、利益与权力是最基本的。理念意味着作为人造物,高等教育系统不可能做到价值中立而必须进行价值选择。选择过程中何种价值优先直接反映在人们关于大学的理念上。强调人的理智的发展或人性的改善的教育与强调直接为社会服务的教育不仅在理念上存在巨大差异,实际的制度形式也会迥然不同。与理念的超越性相比,制度的安排更强调适应性。理论上,高等教育制度应该与理念相适应,才能更好地发挥作用。实践中,高等教育制度往往会迫于外在的压力而适应于利益或权力,从而违背理念的内在需要。由于内生性需要的不足,高等教育极容易复制适者生存的逻辑。无论何时,高等教育的发展都不能脱离社会,都处在一个开放系统之中。无论主动还是

---

① 弗·鲍尔生.德国教育史[M].滕大春,滕大生,译.北京:人民教育出版社,1986:125-126.

被动,有意还是无意,高等教育的内容与结果都要适应社会需要或为社会发展服务。如果高等教育完全不适应环境的需要或不为社会发展服务,那么其合法性危机将不可避免。毕竟,任何社会事物都无法在真空中存在,适应环境是所有事物生存和发展的第一要求。高等教育也不例外。需要注意的是,不能为适应而适应或过度适应。相反,基于人的超越性的内在需要,高等教育必须尽可能地摆脱利益的纠结和权力的干扰,给予那些被实践证明了的普适价值和经典理念更加崇高的地位。无论何时,高等教育发展中在理念上一定要划清善与恶的价值界线,并坚信高等教育不但可以改善人也可以改善社会,而不只是适应环境。

参照马克斯·韦伯的政治社会学理解框架,对于"适应论"的讨论也可以有三个维度,即"政治"(polity)、"经济"(economy)和"价值"(value)[1]。高等教育的发展和政治、经济之间存在"适应"的问题毋庸置疑。"因为任何一个社会都不能容忍一个革命的教育制度。"[2]这里问题的关键在于,"价值"的维度不能缺失,即高等教育的发展对于政治、经济的适应绝不能以损害高等教育本身的"价值"或人的价值作为代价。具体而言,即学术与政治、学术与经济的关系必须处理好。在学术与政治的关系上,一个极端是学术政治化,即"权力即知识",另一个极端则是政治学术化,即"知识即权力"。在人类的历史上,学术的政治化远远多于政治的学术化。在行政权力支配社会的前提下,政治对于学术可以任意宰割,学术成为政治的玩偶。这时高等教育与政治的关系已不是"适应"而是"侍奉",即政治是学术的主人,政府是大学的主人。以"侍奉"为核心的"主仆关系"显然有违高等教育的内在逻辑和学术自治的黄金法则,绝不能长久存在。某一届政府或某个政治家可以基于某

---

[1] 汪丁丁.新政治经济学讲义:在中国思索正义、效率与公共选择[M].上海:上海人民出版社,2013:9.
[2] 罗伯特·赫钦斯.民主社会中教育上的冲突[M].陆有铨,译.台北:桂冠图书股份有限公司,1997:11.

种意识形态的需要废除大学或将学术自由压制到最小的限度,但这终非长久之计,求知的天性终要冲破愚昧,理性本身终将恢复人之为人的荣光。短时间看,也许政治可以压制学术,强迫学术"适应"政治的正确性,但从稍长一点的时间距离看,学术又终将战胜政治,恢复其独立性。学术与金钱的关系跟学术与政治的关系类似。金钱的确可能对学术产生诱惑。在金钱逻辑主导下,学术也极易成为资本主义的一部分。但毕竟学术有学术的逻辑,无论如何经济上正确都不可能替代学术上正确。像政治权力的局限性一样,再强大的经济实力也不可能永远一手遮天。在经济理性与价值理性的博弈中,价值理性也会成为最后的胜利者。

总之,在政治、经济与价值三个维度中,短期看是政治理性、经济理性主导着价值理性,似乎总是价值理性适应政治理性、经济理性;但长期来看,价值理性又总是最后的胜利者。高等教育与政治、经济的关系,从短期来看,总是政治、经济在主导着高等教育,高等教育只能适应政治、经济。但事实上,只要我们放宽视野,拉长时距,就会发现,高等教育对于政治、经济的适应总是有一定的"度"的,如果超过了必要的"度"就不再是"适应"而是变成了"强迫"。由于"强迫"违背了"适应"的基本规则,最终无论对于高等教育还是对于政治、经济而言,都是弊大于利。因此,问题的关键不在于"要不要适应",而在于"适应什么""如何适应",而要明确"适应什么"以及"如何适应",就要对人性和教育有正确的理解,就要有关于教育的正确的哲学。"教育的首要目的是要知道对人来说什么是善的。要按照各种善的次序来认识善。价值是有等级的。教育的任务就是帮助我们了解这个价值等级,并且以这个价值等级为生。……这种教育不会使青年适应一个坏的环境,而将鼓励他们改善它。它不会忽视直接的需要,但是它将使这些需要和比较远的、不那么明确的和比较重要的善放在正当的关系上。这种教育将是改造社会的唯一有效的手段。"[1]如果忽视了价值理性的重要性,只是将教育作为满足需要或欲望的工具而不是改善人性的阶梯,如果只是将大学作为意识形态的机构而不是独立思想的中心,那么适应论将是极端错误的。一旦高等教育的发展在理念上出现了根本性的偏差,适应论将会导致灾难性的后果。纳粹时期的德国就是如此。在我国,由于高等教育天然地缺乏独立性,很多人想当然地认为,在那些极端情况下,高等教育对于环境的一味适应所造成的恶果应由政府而不是大学负责。其实不然。面对已不可改变的结果,抽象地说是政府的错或是大学的错没有任何意义。有意义的事是避免错误的发生。高等教育对于环境的一味适应(不分好坏、对错)对于自身所造成的伤害丝毫不亚于对社会所造成的伤害。严格来讲,高等教育无法直接伤害社会而只能通过自我伤害来间接地危及社会的良性发展。诚然,在任何时候高等教育都不是完全独立的,无法脱离社会;任何人对于高等教育的理解也都镶嵌于历史和文化的情境中;但有一点可以明确,即任何社会中的教育都必然是关于人的教育,任何时候教育对于社会的贡献以及对于环境的改善均取决于受过教育的人。因此,归根结底,高等教育的发展既要适应社会发展的需要又要"改善作为人的人"[2]以及由受过教育的人所组成的社会。

---

[1] 杨东平.大学二十讲[M].天津:天津人民出版社,2009:253-254.
[2] 罗伯特·赫钦斯.民主社会中教育上的冲突[M].陆有铨,译.台北:桂冠图书股份有限公司,1997:58.

第二节 高等教育适应论的合理性与局限性

由于在高等教育系统中适应的客观存在,无论是否明确提出,适应论作为一种理论都是普遍存在的。无论联合国教科文组织还是任何一个民族国家的政府部门,都不会主张高等教育不要适应环境的需要或不要为社会发展服务。在我国,1998年出台的《高等教育法》在第四条明确规定:"高等教育必须贯彻国家的教育方针,为社会主义现代化建设服务,与生产劳动相结合,使受教育者成为德、智、体等方面全面发展的社会主义事业的建设者和接班人。"2010年公布的《国家中长期教育改革和发展规划纲要(2010—2020年)》在"高等教育"部分同样强调"高校要牢固树立主动为社会服务的意识,全方位开展服务"。在国际上,1995年在联合国教科文组织所发布的《关于高等教育变革与发展的政策性文件》中就强调:"高等教育必须有适切性的问题已有新的含义,也变得更为紧迫,因为现代经济要求毕业生能不断更新知识、掌握新的技能并具有在不断变化的劳务市场中不仅能善于找到职业,还能创造职业的素质。"[①]1998年首届世界高等教育大会所发布的《面向21世纪世界高等教育宣言——愿景与展望》也明确指出:"在过去几个世纪的持续发展中,高等教育已充分证实其适应、改变和促进社会变革和进步方面的能力和稳定性。"[②]由此可见,适应以及适应论绝不是中国的特色而是普遍的选择,虽然我国高等教育的适应以及适应论的确有其特殊性。

一般而言,"适应论"所讨论的是系统之间的关系,主要是高等教育系统与政治、经济系统之间的关系。大学与政府之间的关系属于组织间的关系,

---

① 王晓辉.全球教育治理:国际教育改革文献汇编[G].北京:教育科学出版社,2008:77.
② 王晓辉.全球教育治理:国际教育改革文献汇编[G].北京:教育科学出版社,2008:115-116.

不应在"系统论"的范畴内。组织与组织是相互独立的,具有不同的场域逻辑,一般不存在谁适应谁的问题。系统间之所以存在适应或不适应的问题主要是因为共在一个社会大系统内,各子系统相互镶嵌在一起。如果子系统间不能相互适应就会导致整个社会无法正常运转。由于社会科学中的概念存在"家族相似性",在适应论的讨论中,极易混淆大学与高等教育的区分。在很多国家,根据传统,大学可以自治、学术可以自由,但无论在哪个国家,高等教育系统都必须接受国家的监督或控制。按布鲁贝克的说法:"高等教育越卷入社会的事务中就越有必要用政治观点来看待它。就像战争意义太重大,不能完全交给将军们决定一样,高等教育也相当重要,不能完全留给教授们决定。"①沿袭中世纪大学的传统,在西方,大学一直是极为特殊的组织。自治与自由是大学的核心价值观。对于大学而言,自治与自由是第一位的,适应是第二位的。大学自治与学术自由是实现其为社会服务这一职能的前提。如果违背了大学自治和学术自由的原则,适应就会戕害大学的价值观,并最终损害公共利益。作为社会的子系统,高等教育必然要与政治、经济、文化、科学等其他子系统相适应。理论上,大学自治、学术自由与高等教育要适应政治、经济发展的需要之间并不矛盾,有时甚至相互促进,即只有大学自治、学术自由,高等教育系统才会更加充满活力,才能生产更多的高深知识,更好地满足政治、经济、社会发展的需要。反过来,政治、经济、社会的良性发展也可以为大学里高深知识的生产提供更多的资源。因此,阿什比就认为:"在过去,每所大学都是独立的有机体,各按其内在规律去吸收营养和发育成长。如今的大学已成为经济发展和国家生存绝对不可缺少的事物。……它们在向前演化的进程中,正经历着遗传体系经常遇到的进退两难的困境:一方面它们本身必须改变以适应社会的新形势,否则将遭受社会的抛弃;另一方面,它们在适应社会的改变中,又不能破坏大学

---

① 约翰·布鲁贝克.高等教育哲学[M].王承绪,等译.杭州:浙江教育出版社,1998:32.

的完整性,不然就将无法完成它们所承担的社会职责。"①现代以降,世界各国由于大学在高等教育系统中的极端重要性,为了让高等教育系统更好地为政治、经济的发展服务,政府对于高等教育的调控经常转化为对于大学的直接控制。高等教育系统对于政治、经济系统的适应也经常变形为大学的知识生产逻辑对于政治和经济逻辑的适应。为了能更好地适应,政府凭借权力的意志和金钱的逻辑直接干预对高深知识合法性的裁决以及具体的生产过程,最终所伤害的不仅仅是高等教育系统,而且直接损害高等教育服务政治、经济发展的能力,使得高等教育系统与政治、经济系统的适应性大打折扣。

对于高等教育而言,适应是一个客观的事实,适应论则是一种主观的建构。所谓主观的建构就意味着高等教育对环境的适应必须有价值层面的考量,即要适应好的,不适应坏的。唯有如此,高等教育的价值理性才能彰显,才能通过高等教育最终促进人与社会的不断改善、和谐发展。按赫钦斯的说法:"适应论……的显著失败,向我们提出了我们需要一个比较好的教育定义。让我们承认每个社会必须有个试图使青年适应他们社会和政治环境的制度。如果社会是坏的,例如,坏到像纳粹国家的程度,这个制度将以同样坏的目的为目的。这个制度使一个人坏到成为一个坏国家易于驾驭的国民,它可能有助于完成这个社会的社会理想。这种制度可能是社会所希望的,甚至可能是社会所需要的,如果它持续其形式并完成其目的。用实用主义的话来说,用在社会上得到成功来说,它可能是一个'好'制度。"②由此可见,适应论如果只强调适应作为一种客观结果,或仅服从于功利主义目的,不区分价值上的好坏,就很容易导致高等教育或大学成为利益和权力的帮凶或共谋,违背高等教育的理念以及大学的宗旨。在美国,赫钦斯之所以反

---

① 阿什比.科技发达时代的大学教育[M].滕大春,滕大生,译.北京:人民教育出版社,1983:12-13.
② 杨东平.大学二十讲[M].天津:天津人民出版社,2009:251.

对高等教育适应论就是因为在他看来,"适应说排除了任何关于道德伦理之标准方面的考虑。不管环境是好是坏,都必须适应。因此,建立在这种理论基础之上的教育制度,最终必定要成为一种不讲价值的制度。一种不讲价值的教育制度乃是与'教育'这个名词相矛盾的。"①在我国,长期以来由于在哲学理解上的偏颇,高等教育的概念经常含混不清,适应的边界也非常宽泛。庸俗的实用主义取向使得高等教育的功利主义价值凸显,人的主体性没有得到充分的重视。"一个国家所接受的那种政治哲学将决定该国教育的类型。"②在马克思主义哲学框架下,我国高等教育具有浓厚的意识形态色彩,缺乏独立性,处于从属或附属的地位。从为政治服务到为经济服务,高等教育系统一直缺乏价值层面的考量。政府总是习惯于把高等教育或大学看作是灌输意识形态和实现经济社会发展的工具。在这种情形下,如果仅仅基于存在适应的事实来提倡适应论,然后又基于适应论为高等教育适应环境或为政府服务的做法进行辩护,无疑会导致很多问题。在我国,高等教育适应论的局限就在于,仅仅基于事实判断而忽略了价值诉求,过于强调适应的必要而忽视了超越性的存在,从而导致大学违背其固有的宗旨,沦为普通的高等学校或科学研究机构。与适应一样,超越也是一种客观的价值存在。如果说高等教育适应论的合法性植根于社会需要,那么超越论的合法性则源于人性的需要。高等教育的发展既不能忽视社会的需要也不能忽视人性的需要。历史上,由于忽视社会的合理要求,大学曾陷入漫长的"冰河期";现代以降,由于越来越忽视了人性的内在需要,所谓的世界一流大学也可能沦为"失去灵魂的卓越"③。

---

① 罗伯特·赫钦斯.民主社会中教育上的冲突[M].陆有铨,译.台北:桂冠图书股份有限公司,1997:19.
② 罗伯特·赫钦斯.民主社会中教育上的冲突[M].陆有铨,译.台北:桂冠图书股份有限公司,1997:65.
③ 哈瑞·刘易斯.失去灵魂的卓越:哈佛是如何忘记教育宗旨的[M].侯定凯,译.上海:华东师范大学出版社,2007.

无论历史上还是现实中,关于"适应论"的分歧主要就在于对教育以及高等教育的理解不同。从人性的角度出发,"教育的目的是改善人。任何制度要想使人变坏的不是教育,而是别的什么东西。例如,如果民主是最好的社会形式,一种使青年适应民主的制度将是一个教育制度。如果专制是一种坏的社会形式,一种使青年适应专制的制度将不是一个教育制度,它愈使青年适应就愈不是一个教育制度"[①]。如果忽视了人性的价值,仅从社会需要或社会本位的角度出发,教育则不过是促进经济、社会发展或生产人力资本的工具。在关于适应论的讨论中,如果我们只注意到高等教育作为社会活动的产业属性而忽视其作为育人活动的精神属性,就会导致对于高等教育功能的误读。本质上,高等教育既是一种人才培养的社会活动又是一种让人成为人的精神活动。与这两种活动相对应,高等教育系统中的人也要同时参与两种生活,即社会生活和精神生活。就"作为一种社会活动"而言,通过高等教育中的专业教育可以使人适应社会分工的需要,成为社会经济发展所需要的高级专门人才,满足过一种物质意义上的世俗生活。就"作为一种精神活动"而言,高等教育的目的是让人成为真正意义上的人,对人生和世界有更深入、更丰富的理解,追求一种德性意义上的幸福生活。早期的高等教育,无论教学还是研究,主要是一种精神活动,追求一种人的理智的发展或智性美德;现代以来,由于工业化的全面推进和知识经济的兴起,高等教育活动的精神性不断被削弱,为社会服务的职能逐渐凸现。高深知识的认知论价值被功利主义所掩盖。高等教育不再是真正的教育,大学也不再是象牙塔而是成为经济社会发展的服务站。在我国,高等教育系统中精神活动与社会活动的失衡所付出的代价是巨大的,即"病态适应"[②]。一方面由于高等教育过度重视为社会服务,知识的应用性被不适当强化,大学的人

---

① 杨东平.大学二十讲[M].天津:天津人民出版社,2009:251.
② 鲁洁.超越性的存在——兼析病态适应的教育[J].华东师范大学学报(教育科学版),2007(4):6.

文精神被学术资本主义压到了最低限度。大学不再重视培养人性,而是在培养"人才"或提供"人力资源"。另一方面由于高等教育系统深度地卷入了物质生活,效率主义主宰了大学的教学、科研以及为社会服务的职能。高深知识生产与物质生产的区分逐渐被淡化,价值合理性被目标合理性取代。高等教育系统中精神活动的合法性受制于政治正确性和经济正确性,人的工具化不可避免。"如果教育的目的是改善人,那么,任何不提价值问题的教育制度在措辞上是自相矛盾的。一个寻求坏价值的制度就是坏的。一个否认价值的存在的制度否认教育的可能性。"①当然,纯粹的哲学层面上,人本主义的价值崇高性可能不能解决任何现实问题,现代社会要完全恢复高等教育中基于闲逸的好奇所进行的高深知识生产与传播,恐怕也已不可能;但完全忽视人的认知理性发展的内在需要以及以知识本身为目的所进行的基础研究,完全从外部需要的角度强迫或诱致大学主要进行工具性或应用性知识的生产,对于高等教育的可持续发展也存在巨大的隐患。

  无论何时,教育都是一种人类的活动,具有属人性。一方面是人性决定了教育,有什么样的人性就会有什么样的教育,但另一方面又是教育让人成为人,有什么样的教育又会有什么样的人,而进一步有什么样的人又会有什么样的国家。正如柏拉图所说:"政府反映着人性。国家不是石块或木料做成的,而是它们公民的品性做成的:公民的品性决定事情的结果,并把任何事情都带动了。"②在特定国家里,教育与人性相比,哪一个更为根本呢?恐怕还是人性。表面上看是教育的弊端,根子上都有人性的影子。没有人性的根据,教育的影响就是无本之木,不能长久。问题的关键在于,人性是复杂的,很难厘清每一种教育现象背后的具体人性基础。但复杂并不等于不存在,相反,正是人性的复杂导致了教育的复杂。③ 就高等教育的适应性和

---

① 杨东平.大学二十讲[M].天津:天津人民出版社,2009:253.
② 杨东平.大学二十讲[M].天津:天津人民出版社,2009:252.
③ 王建华.教育及其研究的省思[J].现代大学教育,2014(3):1.

超越性而言,其根源就在于人性的两重性。一方面人性中有求知的好奇,总是会不满足于现在的生活,笛卡尔的"我思故我在"在某种意义上就表现了人在思想世界中的超越性存在。但另一方面我们又不得不承认,人总是有惰性的,习惯是一种强大的力量,通常情况下适应环境是求生存的重要途径。高等教育培养的人不能没有超越性,否则就不是真正高等的教育。但实事求是地讲,高等教育所培养的人也绝不可能全都是追求超越自我的人,社会的稳定和发展毕竟还需要大量适应社会现实需要的普通人。理论上,高等教育的目的是使人成为人,追求一种可能的生活。"动物凭借本能去适应环境,人则是通过实践改造超越环境。这是人与动物在和他们所处环境关系上的根本区别。"[①]但客观上,由于人性的复杂,每一个人都不一样,无论如何,高等教育都不可能使所有人都像苏格拉底那样去追求可能的幸福生活,而排斥现实的庸俗生活。高等教育所培养的人才总是要先在当下的社会中生存和生活,绝不存在一种人在当下的社会无法发挥作用,而只能在未来工作和生活。就像我们每一个人都必须首先生活在当下,至于未来,那主要由人的发展的可持续性来支撑,而不是完全靠高等教育的培养。

当然,强调高等教育客观上要培养适应社会发展需求的人并不意味着高等教育要主动积极地适应社会,放弃超越性的追求,而是要有选择地适应,即要为了超越而适应,不能为了适应而适应。对于高等教育与社会的关系,既要尊重事实也不应弃守价值。只有坚持对于超越性的价值追求,保持高等教育与社会之间必要的张力,才能避免高等教育由适应社会变成过度适应社会或依附于政府。当前无论在哪个国家,在社会(主要是政府)为高等教育设定的制度框架内,适应都是一种普遍的选择。这不是人的主观意愿而是实践的逻辑。由于实践本身受到制度环境的约束,制度化的教育必然是适应论的,不适应的教育会被社会改造,甚至被废除。所不同的是,有

---

① 鲁洁.论教育之适应与超越[J].教育研究,1996(2):3.

的国家高等教育与环境之间适应得好(在适应中有超越,在超越中有适应),有的国家则适应得不好(为适应而适应)。追根溯源,正如古德莱德所说的:"'健康的国家才有健康的学校',而不是相反。"[①]如果是国家的体制本身不健康,却反过来批评高等教育适应论,那是不能令人信服的。就我国而言,真正应该反思的是高等教育系统过度适应于社会或依附于政府,以致行政权力支配高等教育,而不只是去抗议高等教育适应社会或批评高等教育的适应论。作为对实践的一种解释,理论毕竟只是理论。我们不能无视理论对于实践的影响,但也不能夸大理论的影响。既要看到实践背后理论的影子,也不能将实践的所有成功或失败完全归因为某种理论的作用。说到底,我国高等教育系统中存在的"病态适应"主要是一种体制病而非理论病,体制的问题终归要由体制改革来解决。尽管如此,近年来学界关于适应论的反思仍有其自身的价值。"批判的武器当然不能代替武器的批判,物质力量只能用物质力量来摧毁,但是理论一经掌握群众,也会变成物质力量,理论只要说服人,就能掌握群众;而理论只要彻底,就能说服人。所谓彻底,就是抓住事物的根本,但人的根本就是人本身。"[②]为推动并深化我国的高等教育体制改革,同样需要深刻的理论反思。某种意义上,没有关于适应论的深刻反思,我国高等教育的体制改革也很难成功。理论反思的目的绝不是简单地否定或重新肯定某种理论,而必须有所发展。理论发展的终极目标,即追求一种彻底的理论或真理。

总之,高等教育系统非常复杂,适应社会经济发展的需要只是高等教育活动的一个特征。高等教育的三大职能中,为社会服务主要强调的就是高等教育要适应社会经济发展的需要,而教学和科研则既要适应社会经济的

---

① 迈克尔·富兰.变革的力量——透视教育改革[M].中央教育科学研究所,加拿大多伦多国际学院,译.北京:教育科学出版社,2004:11.
② 中共中央马克思恩格斯列宁斯大林著作编译局.马克思恩格斯选集·第1卷[M].北京:人民出版社,1995:9.

发展又要与社会保持一定的距离。教学、科研如果完全根据社会经济发展的需要来开展,高等教育将会陷入适应论的误区;如果完全忽视社会经济发展的需要,为社会服务将会成为一句空话,高等教育自身的发展也将陷入困境。根据布鲁贝克的划分,强调高等教育要适应经济社会发展的需要,大致属于政治论哲学;强调高等教育基于高深知识的特殊性,要实现学术自治与自由,则基本属于认识论哲学。[①] 高等教育的这两种哲学都具有合理性,而且很难说哪一种哲学是矛盾的主要方面。在高等教育的历史上,政治论哲学和认识论哲学交替起作用,但更多的情况下是并存的。健康的高等教育系统要求政治论哲学与认识论哲学保持必要的平衡。高深知识的生产是首先以知识本身为目的还是主要指向于应用,没有固定的规则,不同国家、不同时期、不同国家的不同时期都会有不同的选择。不过,共同的底线是:关于高深知识的生产、传播与应用,无论是认识论的逻辑还是政治论的逻辑都不能走极端。二者在理性层面需要相互制衡而不是支配或对立。经验表明,某一时期如果高等教育哲学完全倒向任一方都会在下一个时期遭遇另一方报复性的反弹。

---

① 约翰·布鲁贝克.高等教育哲学[M].王承绪,等译.杭州:浙江教育出版社,1998:15.

第三节　增强高等教育理论的包容性

理论的建构一般有两种路径,一种是基于经验主义哲学,通过归纳总结的方法,以事实判断的形式进行呈现,强调实然;另一种是基于理性主义哲学,通过逻辑演绎的方法,以价值判断的形式进行呈现,强调应然。虽然实践中没有纯粹的事实,也没有纯粹的价值,但事实与价值之间的分野仍然存在。基于事实判断的理论强调经验和常识,基于价值判断的理论强调逻辑和理性。由于在经验和逻辑、常识与理性间经常存在难以消除的张力,经由不同路径建构出来的理论往往相互冲突。高等教育领域中很多基于事实判断的理论大多以经验为基础,无法经由严格的科学方法加以证实,因此,那些以价值判断为基础的理论,在逻辑上往往具有更强的说服力。再加之高等教育本身的超越性和大学自治、学术自由的价值合理性,关于高等教育的理论表述中"应该"总是比"必须"更具有正当性。但事实上,作为一种规范研究,"应该"同样隐含有某种"必须"的含义,同样带有价值强迫的意味。很多情况下,我们只是由于价值的认同而忽略了隐藏在"应该"背后的"强迫"。

学术研究中无论基于事实判断还是基于价值判断,任何一种高等教育理论的提出都必须经受逻辑与经验的双重检验,如果逻辑上正确与经验上正确相互冲突,一般而言经验要大于逻辑。[①] 那些基于经验的常识理性远胜过基于逻辑的哲学演绎。归根结底,在社会科学研究中,动态的实践而非静态的逻辑才是检验真理的真正标准。金岳霖先生在《知识论》里面讲过,"知

---

① 约翰·布鲁贝克.高等教育哲学[M].王承绪,等译.杭州:浙江教育出版社,1998:32.

识可以有'真',也可以有'通',他追求的知识境界是'真且通',如若真与通不能兼得,他宁可求其真。这里的真,按照金岳霖先生的解释,是'真正感',而不是逻辑的真"①。一个好的理论的提出,需要的不仅仅是认知理性,更需要实践智慧。严格来讲,如果缺乏足够的实践智慧,对于高等教育秩序的任何理论概括都是一种理性的冒险。因为,没有任何一种理性表达是不存在问题的。原因就在于,理性以语言为载体,而语言总是历史性的、情境性的,语言的表述离不开历史情境,一旦脱离具体的语境,作为"符号"的语言或话语就会沦为一种仅仅具有逻辑性的"指号",而"指号"对于高等教育秩序的表达而言是没有意义的或意义有限。按黄宗智的说法:"任何理论,无论它的提倡者多么想自封为超越经验证据的科学理论,都得放在历史环境中去理解。意图普适的理论,其历史背景都是特殊的,与特殊理论的不同最终只在于其话语权力。"②任何一种高等教育理论的提出均受制于外在的制度环境,高等教育理论的解释力或正确与否并非由理论体系本身所决定,更不是由某个著名哲学家的某句名言所决定,而是具有很强的情境性和历史性。简言之,任何一种理论都产生于特定的历史情境,绝不存在一成不变或永远为真的理论。

随着历史情境的变迁和高等教育的发展,理论本身既有可能更新也有可能"衰变"。"任何真正的哲学都是自己时代精神的精华。"③任何有生命力的教育理论也都是自己时代精神的精华。从柏拉图的《理想国》到卢梭的《爱弥尔》再到杜威的《民主主义与教育》,莫不如此。由于历史变迁的不可逆,高等教育领域的理论之争实际上也反映了时代精神的分歧。"高等教育的界限埋嵌在历史发展中……高等教育哲学的许多方面也是随着历史的发

---

① 汪丁丁.转型期中国社会的社会科学研究框架[J].财经问题研究,2011(7):13.
② 黄宗智.连接经验与理论:建立中国的现代学术[J].开放时代,2007(4):10.
③ 郭华.解读"任何真正的哲学都是自己时代精神的精华"[J].昆明理工大学学报(社会科学版),2003(3):19.

展而逐渐显现的。"①因此,要弄清楚某个观点的是非曲直,就不能不认真考察其提出的时代背景和理论意图。只有理解了时代精神的变动不居、参差多态,才能理解高等教育领域不可能存在唯一正确的理论,通常彼此矛盾的理论都有其合理性或适用范围。虽然不同时代或同一时代的不同理论之间都天然地会存在竞争性,但在理论争鸣过程中,彼此的宽容至关重要。一个时代宽容度的大小决定了观念的可流动性和理论成长空间。逻辑上相互竞争或冲突的理论在一定条件下也可以相互支撑,互为补充。实践中没有哪个理论是完全成熟的,除非该理论自命为绝对真理,否则,任何批评都应留有回旋的余地。只要我们抱有真诚的态度,以学术本身为目的,而不是执着于个人的学术口味(taste)或方法论的偏好,理论总是可以不断被修正。高等教育的理论自觉需要的是相互包容而非彼此对立。

作为一种历史性的存在,高等教育领域任何一种理论的建构都不可能完全具备普遍性。根据哈耶克的描述,"将'复杂现象'区分于'简单现象'的认知特征在于,微观层次的行为主体不可能预见哪怕是服从最简单规则但数量极大的行为主体之间相互作用之后涌现出来的宏观秩序的样式,尽管他们可能事后理解这些样式"②。无论在哪个国家,高等教育系统本身由于"无序的合理化"③,都属于"复杂现象"而非"简单现象",绝对无法用一个理论性框架来分析所有部门的具体问题。无论何时,绝没有任何一个理论可以解释所有的高等教育活动。任何高等教育理论都具有情境依赖性,不同的理论有不同的适用范围或基于不同的学术传统,在适用范围或学术传统之内有解释力,超出这个范围或学术传统则没有解释力或解释力下降。以高等教育适应论为例,赫钦斯坚持自由教育的传统,认为高等教

---

① 约翰·布鲁贝克.高等教育哲学[M].王承绪,等译.杭州:浙江教育出版社,1998:3.
② 汪丁丁.复杂秩序涌现与现代世界诞生[J].读书,2013(11):47。
③ 伯顿·克拉克.高等教育系统——学术组织的跨国研究[M].王承绪,等译.杭州:杭州大学出版社,1994:310.

育适应环境是极端错误的。他认为:"适应论,目的是使学生适应他的自然、社会、政治、经济和文化环境,对社会带来最低限度的困难。"[①]"更加急迫的是我们注意到我们在世界上的使命是改变我们的环境,而不是使我们自己去适应它。如果在这个过程中我们变得不适应,这对环境来说就更糟。"[②]同样曾是世界一流大学的校长,阿什比的主张则有所不同。他以自己的高等教育生态学和大学的遗传—环境说(任何类型的大学都是遗传与环境的产物)作为基础,主张大学要适应环境和社会的需要。在《科技发达时代的大学教育》一书中,他指出:"德国的教育传统对于美国、英国、苏联和世界各国的大学,都有深刻的影响。但这些国家各按其不同的社会背景,使德国的传统适应本国的需要。因此,大学就不得不设法保持两者的平衡:既不使传统在适应上成为无定见的顺风倒,也不顽固而偏执不化。为了取得这种平衡,大学就必须主动进行改革并控制改革,从而适应社会需要,避免招致外力强制下的变革。"[③]"大学需要完成一种改革,一旦这种改革成功,一切其他改革都可迎刃而解。这就是养成自动地进行大学内部改革以适应社会的能力。"[④]由此可见,同样是关于高等教育适应论的探讨,不同学者完全可以有不同的见解。赫钦斯和阿什比的理论不存在谁对谁错的问题,准确地说,二者都是对的。在美国,高等教育是高度市场化的,赫钦斯反对适应环境当然具有价值合理性;而在英国,大学曾是极端保守的,阿什比主张大学要适应社会无疑也是明智的选择。不同的学术传统和历史情境会衍生出不同的理论解释。不同国家的学者基于不同的学术传统和制度环境对高等教育所做出的理论探讨,彼此间既存在竞争也需要相互包容。在对高等教育理论进行探讨时,只有从实践出发,"走出二元对

---

① 杨东平.大学二十讲[M].天津:天津人民出版社,2009:247.
② 杨东平.大学二十讲[M].天津:天津人民出版社,2009:250.
③ 阿什比.科技发达时代的大学教育[M].滕大春,滕大生,译.北京:人民教育出版社,1983:7.
④ 阿什比.科技发达时代的大学教育[M].滕大春,滕大生,译.北京:人民教育出版社,1983:20.

立的语境"①,方能提供令人信服的解释。

当前国内对于高等教育适应论的讨论或反思仅仅基于"理性的视角"②或"哲学的视角"③是不够的,必须从实践历史出发而不是从理论前提出发,必须注意到高等教育的复杂性与独特性。高等教育作为人类高级智识活动,实践性强于理论性,理论的自觉亦必须有其限度。理性的诱惑和科学的幻觉容易导致过度理论化,过度理论化也就意味着理论脱离实践,为理论而理论。布罗代尔曾言:"不妨把生活想象成一道巨大的难题,想象成一个方程式或一组部分地相互依存、部分地相互独立的方程式……要知道,这些方程式都十分复杂,充满了各种意想不到的惊奇,而我们时常都不能求得它们的'根'。"④在现代社会中,高等教育也是"一道巨大的难题","我们时常都不能求得它们的'根'"。在高等教育系统中,既有研究型大学也有社区学院,在研究型大学中既有本科生的通识教育也有高深的科学研究,在科学研究中既有最基础的也有高度应用性的。在现代社会中,高等教育既以高深知识为基础,又植根于世俗的社会生活;它如此地有组织,又如此地无序;既如此高深莫测又无比地世俗;既要服从和适应政治、经济形势和社会环境的全部变化,又要尽全力保持自身的个性,坚守一种独特的价值观。"2000 年左右,'适应性大学'(adaptive university)和'学习型组织'等术语开始流行。它们似乎反映出面对日益增加的复杂期望(Barnett,2000),以及日益复杂的控制、管理和决策过程,用 20 世纪 70 年代以后提出的任何一种单一的改革模式都不太可能成功地解决高等教育的治理问

---

① 黄宗智.走出二元对立的语境[J].中国改革,2005(1):76.
② 展立新,陈学飞.理性的视角:走出高等教育"适应论"的历史误区[J].北京大学教育评论,2013(1):95-125.
③ 展立新,陈学飞.哲学的视角:高等教育"适应论"的四重误读和误构——兼答杨德广"商榷"文[J].北京大学教育评论,2013(4):150-172.
④ 华勒斯坦,等.开放社会科学:重建社会科学报告书[M].刘锋,译.北京:生活·读书·新知三联书店,1997:1.

题(Dill,1999)。"①基于高等教育的这种高度复杂性,单纯争论哪一个理论是对或错没有实质性的意义。复杂的高等教育系统中各子系统既相互隔离又存在互动,高等教育系统既矛盾又统一。从实践出发的高等教育研究需要将注意力集中于高等教育实践中诸多的"悖论现象",在把握高等教育与社会的距离和关系方面,保持必要的张力与平衡至关重要,而不是"坚持以一种理论压倒另一种理论。……把片面的真实当作唯一的和全面的真实"②。就高等教育的适应论而言,它既不是绝对正确的,也不是绝对错误的。它既具有历史的进步性和现实的合理性,也具有明显的局限性。即便我们可以在逻辑上否定高等教育适应论的普遍性,经验上仍然无法否认适应本身的客观性。对于高等教育而言,适应永远是第一位的,适应论则是第二位的。除非我们能消除适应本身,否则适应论永远有它存在的合理性。当然,适应论作为一种理论能否成立及其理论价值并不完全取决于适应本身的客观存在,而取决于我们对于适应的正确理解。如果我们对于什么是适应产生了误解,那么适应论就可能导致某种实践错误。只有对适应本身有了彻底的、正确的理解,才有可能发展出更加合理的、有解释力的适应论。

　　总之,高等教育中的任何理论都是人为建构的,是思维规律对于社会规律的探究,具有情境性、历史性和可错性。按波普尔的说法,科学之所以为科学就在于其可以被证伪而尚未被证伪。③ 如果一种说法一经提出就不容修改或不能被证伪,那绝不是科学的理论而只能是宗教的信仰。高等教育适应论作为一种理论同样如此。我们不能想当然地将其视为超时空的、纯客观的"真理"或"谬误",而应从具体的实践历史和现代传统出发,从高等教

---

① 乌尔里希·泰希勒.迈向教育高度发达的社会:国际比较视野下的高等教育体系[M].肖念,王绽蕊,主译.北京:科学出版社,2014:17.
② 黄宗智.认识中国——走向从实践出发的社会科学[J].中国社会科学,2005(1):85.
③ 卡尔·波普尔.科学发现的逻辑[M].查汝强,等译.杭州:中国美术学院出版社,2008:49.

育发展的特殊社会背景出发来理解其具体的含义。无论如何,高等教育都是一个实践性较强的领域,完全依靠认知理性、通过演绎的方法很难得出有价值的理论,要正确理解高等教育,需要基于常识理性和实践智慧。目前在我国作为一种理论,高等教育的适应论在逻辑上虽不严谨、系统,但符合人们的常识判断和高等教育发展的实践历史以及现代传统,具有相对的合理性。当然,和其他理论一样,高等教育适应论也具有其历史性和情境性,只有回到特定的历史情境,并基于一种"理想言辞情境"[①]才能真正理解其作为一种理论进步在哪里,不足又在哪里。

---

① 尤尔根·哈贝马斯.交往行为理论:第1卷[M].曹卫东,译.上海:上海人民出版社,2004:267.

第十四章
政策驱动改革及其局限
——兼议"双一流"建设

在我国,高等教育改革与教育政策密切相关。各种问题都需要政府出台政策来加以解决,任何一项改革背后都要有相关政策作为依据。近几十年来,我国高等教育发展几乎完全为政府主导的改革所驱动,而每一项改革的背后又都和政府的重大政策的出台密不可分。由政府主导改革、以政策驱动改革成为我国高等教育改革和发展的典型模式。"回顾我国高等教育改革历程,国家是改革发展不可替代的核心主体,政策是促进改革的推手。"[①]在政府的主导下,围绕重点建设和选优激励两个焦点,以政策驱动改革既促进了我国高等教育的快速增长,也埋下了一些"隐患"。政策驱动的改革既体现了管制灵活的优点也暴露出了政策实施"软约束"的缺点。主要问题表现在,随着政策的变迁和热点的转移,我国高等教育领域浅层的变革过于频繁,而其背后某些带有根本性的体制问题则被掩盖。着眼于我国高等教育的可持续发展,由政府主导、以政策驱动改革的传统模式亟须调整。重启高等教育改革需要回归改革之道,扩大高校自身的改革自主权。一个国家发达的高等教育系统的形成,除政府的政策支持外,还要通过改革以重建大学的主体性,充分发挥大学的能动性,使大学从被动改革到自主创新。

---

① 刘晶.政策助推高等教育改革——纪念《中共中央关于教育体制改革的决定》颁布30周年论坛观点述评[J].复旦教育论坛,2015(5):62.

第一节　政策驱动改革的表现

一般来说,教育改革中常用的政策工具有命令、诱导、能力建构、制度改革和舆论动员。命令主要依据的是法定权力,诸如立法和规定等。诱导包括吸引公众关注政策的目标等战略,经常辅之以额外的补贴。能力建构则建立在这样的信仰之上,即政策采纳需要一套通过培训等途径建立起来并支持的制度能力和体制。制度改革强调的是改革结构来支持特定的政策。舆论动员指的是政府为改变参与改革者看待制度的方式所做的努力,以及通过非强制性外部压力而对实践进行的干预。① 以上政策工具在我国高等教育改革实践中都有运用,但基于体制的比较优势,我国高等教育改革偏好使用"命令""诱导"和"舆论动员"作为政策工具,"能力建构"和"制度改革"实际应用不多。"直接行政一直是我国政府运用权威工具推行高等教育政策的主要形式。从形式上看,直接行政主要表现为行政命令,用一个标准的措辞来描述就是'计划'。"② 究其原因,改革实践中我国高等教育政策选择偏好重点建设,而在激励策略的选择上又侧重"选优"而非"去劣"。③ 围绕重点建设和选优激励,政府最常用的两个政策抓手,一个是资金投入("胡萝卜"),另一个就是权力配置("大棒")。对于政策实施而言,有资金作为"诱饵",有权力作为"后援",无论"命令""诱导"还是"舆论动员"都容易在较短时间内实现政策目标。相比之下,"能力建构"和"制度改革"则要更多依赖

---

① 莱文.教育改革——从启动到成果[M].项贤明,洪成文,译.北京:教育科学出版社,2004:152.
② 吴合文.改革开放以来我国高等教育政策工具的演变分析[J].高等教育研究,2011(2):10.
③ 张楚廷.两种做法,两种观念,两种结果——评"百篇优秀博士论文评选"[J].大学教育科学,2010(2):110.

于改革对象的主动性,较难在政府主导的改革进程中被政策有效驱动。

长期以来,我国高等教育改革的政策选择之所以始终围绕着"重点建设"和"选优激励",一个重要原因就是体制上的路径依赖。一个"决定"不能解决问题就出台另一个"决定",一个"纲要"不能起作用就发布另一个"纲要",一个"意见"不行就再出台"若干意见"。换言之,当政府的政策或改革实践出现了"制度疲劳",决策者在推出新政策时多倾向于"新瓶装旧酒"或"换汤不换药"。所谓"换汤"("新瓶")可使高等教育改革能够紧贴现实需要、与时俱进,实践者和改革者会有新鲜感;所谓"不换药"("旧酒")则意味着政府始终可以按照自己的逻辑来掌控高等教育改革和发展的主动权。毕竟,对于一项政策的实施而言,其背后的思想越是新颖、越是深刻,就越难以实施。① 相反,既有体制下,一项政策若不涉及深刻的思想问题而只是利益的分配,简单的宣传就可以实现舆论动员。近年来在我国高等教育领域,"211 工程"和"985 工程"相关政策文件的被废止,以及"双一流"建设的启动就是如此。经过多年的实践,政府已经意识到"211 工程"和"985 工程"存在的诸多弊端,出现了"制度疲劳"。《统筹推进世界一流大学和一流学科建设总体方案》(本章以下简称《总体方案》)就指出:"重点建设也存在身份固化、竞争缺失、重复交叉等问题,迫切需要加强资源整合,创新实施方式。"但"双一流"建设一经实施,就又有陷入"211 工程"和"985 工程"建设路径依赖的危险。最后公布的"双一流"建设高校入选名单,原"985 工程"高校全部入选"世界一流大学"建设名单,非"985 工程"的"211 工程"高校除 3 所被"照顾"入选"世界一流大学"建设 B 类名单外,其余则悉数入选"世界一流学科"建设高校。另外,遵循"211 工程"和"985 工程"建设"做加法、不做减法"的原则,此次另有 25 所"非 985、211 工程"高校入选"世界一流学科"建设高校名单。对于政府而言,启动"双一流"建设旨在克服"985 工程"和"211 工程"建

---

① 莱文.教育改革——从启动到成果[M].项贤明,洪成文,译.北京:教育科学出版社,2004:150.

设的弊端。《总体方案》和《统筹推进世界一流大学和一流学科建设实施办法(暂行)》(以下简称《实施办法》)也一再强调体制、机制创新;反复重申"双一流"建设入选高校和学科要"有进有出,打破身份固化,不搞终身制"。但事实上,各高校对此次改革的回应仍是"211工程"或"985工程"式的思维,即创造各种有利条件、抢占政策制高点,争取入围。和以往的历次改革一样,对于"双一流"建设,各高校特别关注的仍然只是所在学校或学科能否进入相关名单,如何进入名单,一旦进入了名单可以得到多少资金支持,而对于改革本身可能会导致的高校内部的时间、注意力、人力和资金如何向新的优先目标重新组合,入选了"世界一流大学"建设名单的高校有多大可能成为真正的世界一流大学,入选了"世界一流学科"建设名单的学科有多大可能建成世界一流学科等根本性问题,少有人真正关注或感兴趣。

"双一流"建设政府提供资源至关重要,但资源的提供只是创造了使用的机会,只有很好地使用资源才能真正提升高校的办学实力和高等教育系统的竞争力。如果在"双一流"建设中政府只负责分配和监管资金,相关政策中的体制、机制变革将很难影响高校的办学实践。"大凡改革都忌讳过分的约束或过度的期待。"[1]目前"双一流"建设就面临"过分的约束"和"过度的期待"。所谓"过分的约束",即能否进入"双一流"建设高校名单,受制于非学术因素的影响;所谓"过度的期待",即改革的目标很高远,政策的"口气"很大,但改革的行动却很迟缓。即便现在改革启动了,很多高校实际上仍在按惯性运行。"在政策导向的项目选择中,应始终强调时间的敏感性。"[2]作为国家层面的重大改革举措,"双一流"建设《总体方案》2015年10月24日发布,《实施办法》2017年1月24日出台,而"双一流"建设高校和学科的名单2017年9月21日正式公布,紧接着是各入选学校陆续公布(学科)建设方

---

[1] 香山健一.为了自由的教育改革——从划一主义到多样化的选择[M].刘晓民,译校.北京:高等教育出版社,1990:69.
[2] 刘复兴.国外教育政策研究基本文献讲读[M].北京:北京大学出版社,2013:16.

案。随着"双一流"建设高校和学科名单及(学科)建设方案的公布、相关资金的下拨,表面上看,相关改革的内容和目标似乎得到了落实,但事实上,真正的改革可能远未开始,能否建立建设高校有进有出的动态调整机制才是真正的考验。随着第一个建设周期结束,"双一流"建设高校和学科若仍是"有进,没有出""有增,没有减",那么"211 工程"和"985 工程"建设中的"身份固化、竞争缺失"问题仍将延续。就像过去的"211 工程"衍生出"211 高校","985 工程"催生出"985 大学"一样,"双一流"建设也极有可能造成"世界一流大学"建设高校和"世界一流学科"建设高校的新阶层。尽管这种局面或结果是政策制定者极力要避免的。[1]

现有体制下,与西方国家的改革相比,我国高等教育改革受政治或政策的约束较多。与经济领域的改革相比,我国高等教育改革至今仍未突破指令性计划的窠臼。[2] 强政治约束的高等教育政策(改革)有积极的一面,也有消极的一面。我们既不能低估也不能高估政府的政策对于高等教育改革与发展的重要性。出于政治需要,政府会在资金和政策上大力支持高等教育发展,这是有利的一面;同样出于政治的需要,政府也会在意识形态上严格控制大学的办学,这是不利的一面。"在此过程中,政治与经济的问题被转化成教育管理的问题。"[3]近年来,在政治激励与财政投入政策的双重刺激下,我国高等教育的发展被国家主义取向的政府改革所控制。在国家主义而非自由主义的改革逻辑下,大学的办学在"政治上需要'维稳',在学术上需要'评优',经济上需要'创收',这些既为办学创造条件,但也要占去很多

---

[1] 教育部、财政部、发改委七答"双一流"建设,就特别指出:此次遴选认定所产生的是"建设"高校及"建设"学科,重点在"建设",是迈向世界一流的起点,而不是认定这些学校和学科就是世界一流大学和一流学科,能否成为世界一流大学和一流学科还要看最终的建设成效。
[2] 张应强.我国高等教育改革的反思和再出发[J].深圳大学学报(人文社会科学版),2016(1):141.
[3] Thomas S. Popkewitz.教育改革的政治社会学:教学、师资培育及研究的权力/知识[M].薛晓华,译.台北:巨流图书股份有限公司,2007:146.

精力,难免影响办学"①。现有体制框架下,为了满足"维稳"的需要,指令性的计划体制(对于政府)成为必须;为了迎合"评优"的需要,短期的功利主义(对于大学)成为理性的选择;而为了"创收","单纯财政视角的改革"②大行其道。时至今日,我们的改革虽然在局部引入了市场激励,但高等教育体制的主体部分仍是昔日计划管理体制的延续或衍生,相关改革仍然是为了强化计划管理的合理性、合法性,甚至是优越性,而不是尝试去改变它。现行体制下,政府具有全能主义倾向,改革进程为政府所主导,改革空间被政策所"锁定",政府的政策成为指导高等教育改革的最高权威,改革的时间表、路线图、目的地及游戏规则均由政府的政策规定。"目前中国大学的状况是有目标、有经费,但是在大学治理和管理体制上并没有太大变化。教育部作为政府主管部门仍然控制招生名额、专业设置、项目审批、学费审批、学科评估、学位审批等一系列办学日常决策。这与经济领域中政府不再干预企业日常决策形成鲜明对比。"③究其原因,在政策驱动下,高等教育改革只能更多顺从于政府机构科层运作的惯习而非依循学术或教育发展的规律。

---

① 钱颖一.大学的改革(第一卷·学校篇)[M].北京:中信出版社,2016:11.
② 马国川.杨东平:教育改革,从80年代再出发[N].经济观察报,2009-03-09.
③ 钱颖一.大学的改革(第一卷·学校篇)[M].北京:中信出版社,2016:189.

第二节 政策驱动改革的局限

我国高等教育改革的模式就是政策驱动,政府通过出台不同的政策来主导或引导高等教育改革和发展的方向。[①] 在具体政策选择上,我国高等教育改革始终被"重点建设"和"选优激励"政策所主导。在政策"接力"中,通过不同形式和类别的重点建设,我国高等教育发展取得了巨大成就,但也埋下了不少"隐患"。"教育政策越多,对政策效用的怀疑也越多。"[②]通过国家重点学科建设、"211 工程"、"985 工程",我国部分高校和学科逐渐接近世界一流,但还有更多的高校和学科仍然处于较低水平。在重点建设和选优激励的影响下,我国高等教育发展的不平衡已经成为影响高等教育公平、甚至于社会公平的重大问题。"条块分割的管理组织结构降低了政府行政效率,部门与部门之间的权力划分、利益矛盾,导致政策制定和执行事倍功半。"[③]虽然一些政策能够部分地改变高等教育发展的制度环境,但不能改变环境的所有方面。此外,根据官僚体制的逻辑,政府更关心改革的象征性意义,而不是带给学校和学生的实际影响。[④] 因此,面对高等教育改革和发展取得的成就时,我们不能夸大政策的实际作用;面对高等教育改革发展中存在的现实问题时,也不能忽视政策驱动改革本身的局限性。高等教育改革和发展的政策效果与它的局限性不是一个"零和游戏"而是相互渗透。[⑤]

[①] 卢乃桂,陈霜叶.20 世纪 90 年代以来中国高等教育改革中市场角色的研究[J].教育研究,2004(10):33-37.
[②] 刘复兴.国外教育政策研究基本文献讲读[M].北京:北京大学出版社,2013:181.
[③] 刘晶.政策助推高等教育改革——纪念《中共中央关于教育体制改革的决定》颁布 30 周年论坛观点述评[J].复旦教育论坛,2015(5):64.
[④] 莱文.教育改革——从启动到成果[M].项贤明,洪成文,译.北京:教育科学出版社,2004:162.
[⑤] 刘复兴.国外教育政策研究基本文献讲读[M].北京:北京大学出版社,2013:52.

实践中,高等教育改革若过度依赖政府主导和政策驱动会存在致命的缺陷。一方面政府对于改革充满自负,倾向于高估政策的实际影响力,以为想到就可以做到;另一方面高校对于改革缺乏积极性和能动性,满足于落实政府的政策,很少反思政策本身是否符合高等教育改革和发展的规律。"决策者们把政策当作他们设法要创造的结果的主要决定因素,从而通过其活动来设计解决问题的方案,但我们知道这种情况是不可能的。政策的影响处于选择的边缘……与决策中包含的漂亮话相比,公共目标的等级以及它们对选择的影响总是缺乏一贯性和连续性。"[①]现有体制下,政府既负责发起改革、出台政策,又负责对改革进行评价并终结政策。关于政策的实施效果,最后的裁判仍然是政府。第三方评价要么缺乏独立性,要么缺乏权威性。具体的办学者很少有机会参与关于高等教育改革的决策,而决策者也很少真正地了解高等教育办学的具体实践。"决策者很有可能对他们想要改变的组织的现状一无所知,对组织的文化和能力也知之甚少。有效的实施可能需要其他重要资源,政府既不愿意提供,也可能根本没有。"[②]改革过程中政府官员基于抽象的政治考量和国家需要来决定高等教育改革与发展的方针政策,哪些政策成为优先目标有时全凭政治运作或政府官员的个人偏好,这种状况不可避免地削弱了高等教育改革的效果或影响力。

　　萨卡洛普洛斯认为,改革失败的原因在于,"预期的政策没有被执行"以及政策是建立在"美好的愿望"而不是"研究证实了的因果关系"的基础上。[③]但事实上,无论如何努力,也无论提供了多么科学的证据,一项特定政策的实施不可避免地会遭遇阻力,政策失灵或失真原本就是改革的一部分。毕竟,凡涉及高等教育改革的公共政策不可避免地要兼顾不同利益群体的利益,并协调相互对立的价值观。"如果改革没有立足于对政策目标群体行为

---

① 莱文.教育改革——从启动到成果[M].项贤明,洪成文,译.北京:教育科学出版社,2004:30.
② 莱文.教育改革——从启动到成果[M].项贤明,洪成文,译.北京:教育科学出版社,2004:154.
③ 刘复兴.国外教育政策研究基本文献讲读[M].北京:北京大学出版社,2013:82.

假设的正确认识,在实施当中就会偏离当初设定的政策目标。"[①]有时为了顾及政策的可接受性,政策的科学性或质量不可避免地要打折扣,改革的目标往往较为抽象,以便不同的利益群体各取所需、利益均沾。仍以"双一流"建设为例,根据《总体方案》,其改革目标原本很清晰,即到2020年,若干所大学和一批学科进入世界一流行列,若干学科进入世界一流学科前列;到2030年,更多的大学和学科进入世界一流行列,若干所大学进入世界一流大学前列,一批学科进入世界一流学科前列,高等教育整体实力显著提升;到21世纪中叶,一流大学和一流学科的数量和实力进入世界前列,基本建成高等教育强国。但政策一旦付诸实施,从文本走向实践,就不得不兼顾各方利益,最终入选"世界一流大学"建设名单的高校达42所,入选"世界一流学科"建设名单的高校95所(其中有3所高校包含两个独立校区),总计140所高校的465个学科被遴选为要建设的世界一流学科。仔细分析入选学校与学科的名单会发现,政策目标中原本定位清晰的世界一流大学不得不降格为国内一流大学,所谓的世界一流学科也不得不降格为国内一流学科,甚至是校内一流学科;即便如此,还要协调不同省份、不同地域、不同类型、不同部门的高校和学科。其结果,入围了"世界一流大学"建设名单的高校并非都具备了建设世界一流大学的条件,入围了"世界一流学科"建设名单的学科也并非都具备了建设世界一流学科的基础。为了照顾既得利益和区域平衡、部门平衡,有些入围"世界一流大学"建设名单的高校其办学水平和建设条件甚至低于没有入围的,有些入围"世界一流学科"建设名单的学科在国内甚至都不是一流。据专家在有关媒体上披露,在"双一流"建设高校名单拟定过程中,根据内部的遴选标准,第一轮投票后,所有符合条件学科自动生成了一份建议名单,包括421个学科,涉及99所高校。但最终名单较这份"符合条件"的名单又增加了38所学校,44个学科。新增的38所学校没有

[①] 吴合文.改革开放以来我国高等教育政策工具的演变分析[J].2011(2):14.

符合条件的学科,只能"自定"①。之所以会出现这种情况,某种意义上反映了政策驱动改革本身固有的困境。毕竟,基于政策本身的政治性和公共性,政府不可能完全按照学术的标准来推动"双一流"建设高校的遴选。对于政府而言,"双一流"建设作为一项高等教育政策,需要统筹改革与发展、继承与创新、大学与学科、效率与公平等多种关系;相关政策的实施,除了学术的目标之外还需要有政治的考量,除了卓越的标准之外还必须有公平的视角。

---

① 谭畅.谁属于一流学科?"双一流"遴选专家投的是条件[N].南方周末,2017-09-28.

第三节　回归改革之道

改革开放以来,"改革"逐渐成了一种特殊的意识形态和公众努力的目标,反对改革会意味着政治不正确。"大学里改革主义者所扮演的角色是将专业的知识与组织的需求结合在一起,以提升国家、社会,以及经济制度之效率。他们坚信理性的、行政管理性的安排,以及资料收集能够界定、解决社会性议题,并成为主导性的理念。此外,社会价值与特殊利益需求间所产生的冲突会慢慢地消弭,而道德性的哲学、神学及政治经济学会被更明确的心理学、团体组织、经济学、政治学,以及学校教学所取代。这些工具性之考量突显出社会认识论的转变,那就是规范性及哲学性策略已经转变成改革主义者所倾向的具体实际性知识。"①实践中改革举措越引人注目,越证明工作力度之强劲,也就意味着发起改革的人将来能收获更多的政治资本。② 但事实上,无论在哪个领域,改革绝不是越多越好,也不是力度越大越好,更不是改革就一定比不改革好。"改革有风险,我们必须承认潜在的问题。"③当改革误入歧途时,对于改革的抵制还是一件好事情。

我国高等教育改革由政府主导,依靠政策驱动。这种政策驱动、政府主导的改革有一个显著特点,即周期性。由于政治的周期短,教育的周期长,为了即时的效果,由政府发起并负责实施的政策往往是短期性的变革,持续

---

① Thomas S. Popkewitz. 教育改革的政治社会学:教学、师资培育及研究的权力/知识[M]. 薛晓华,译. 台北:巨流图书股份有限公司,2007:119.
② 理查德·埃尔莫尔. 二十位教育先行者对教育改革的反思[M]. 张建惠,译. 北京:商务印书馆,2017:22-23.
③ 理查德·埃尔莫尔. 二十位教育先行者对教育改革的反思[M]. 张建惠,译. 北京:商务印书馆,2017:100.

的体制改革往往被不断推后。近几十年来,我国高等教育改革的周期与政府的任期具有高度相关性。每一届或几届政府总是倾向于选择一些改革项目,而放弃另一些改革项目。由于政府的任期有时间限制,所以每一届或几届政府所主导的高等教育改革往往更关注短期的结果。在有限的政策窗口和改革时段,任何高等教育问题要转化为政策并不完全取决于它在高等教育发展中的重要性,而是取决于能否引起政府或政治家的注意或重视。一个高等教育议题只有在政府认为是问题时才能成为政策,1999年我国高等教育扩招政策的出台就是如此。一旦政府认为高等教育的规模是问题或规模问题可以作为政府解决其他问题的抓手,扩大规模就成为政策的关键变量。至于突然扩招是否符合高等教育改革和发展的规律反倒是次要的问题。但事实上,在高等教育规模扩张过程中,"倘若学生追求的学位因水平降低或过分专业化而减少作为证书的价值,那么受高等教育机会的增加对于数百万新大学生就没有多大意义;倘若我们不能利用学生进校时带来的高度热情和决心,那么,受高等教育机会对于那些来自中小学教育基础差,社区环境贫困的学生来说就没有多大意义。同样对整个国家,倘若高等学校设置的是一些支离破碎的职业性课程,那么增加高等教育机会同样没有多大意义"[①]。"双一流"建设同样如此。作为国家大战略,"双一流"建设对于我国高等教育的发展至关重要。但事实上,无论如何能够入选建设名单的高校永远是少数。倘若整个国家的高等教育体制没有因"双一流"建设得到进一步完善,那么因"双一流"建设而发动的种种改革只能看作是权宜之计,无法保障整个高等教育系统的持续改进。真正的高等教育改革应围绕高等教育的基本问题,关注体制"本身"的重要性,为学生的全面发展服务。改革不应总是将国家的概念引入高校,并试图通过高等教育改革来解决各种社会问题。在改革过程中"作为国家统治行为的教育"和"作为服务性的

---

① 吕达,周满生.当代外国教育改革著名文献(美国卷·第一册)[M].北京:人民教育出版社,2004:29.

教育"应该明确地、严格地加以区别①。高等教育改革如果不考虑教育自身的价值和边界,而只追求高等教育之于社会的最大功用,就和仅仅为了追求秩序而将整个社会军事化一样是不负责任的。

由于高等教育本身的公共性和非营利性,政府在高等教育改革中的作用有其特殊性。与经济改革相比,高等教育改革牵涉的利益相关方更多。此外,高等教育改革本身还是社会其他领域改革的据点和媒介。政府的统筹或居间协调至关重要。无论哪个国家的经济改革,经济学家基于经济学原理会有基本的共识。从发现经济中存在的问题,到提出可能的解决方案,思路或路径相对清晰,且具可比性。高等教育改革有所不同。由于涉及文化传统和政治体制等敏感性问题,对于政府在高等教育改革过程中应扮演的角色,分歧远多于共识。高等教育改革的合法性可能是意识形态的,也可能是来自于实际需求,还可能是两者都有,或者是与两者都没关联。② 在政策的驱动下,高等教育改革实践既不能忽视手段—目标理性的重要性,也不能否认改革自身的偶然性。"有时分子更大,政策为细致的策略所推动;有时分母更大,政策主要是意外的和不可预料的事情的结果。"③理性的规划与实施的不确实性成为政策驱动改革本身所固有的矛盾。由于易受政策热点的影响,有时候高等教育的改革甚至并不完全是基于高等教育的现实问题,而是基于政府关于高等教育改革的想象。改革的推进有时并非完全因为实践中有改革的实际需要,甚至也不是因为改革本身是正确的,而是基于官员或行政部门对于改革有自身的需要。伴随政策的不断出台,"改革成了一项常态性议题,同时也成了一种借以发展出理性、社会善行,以及制度运行之

---

① 香山健一.为了自由的教育改革——从划一主义到多样化的选择[M].刘晓民,译校.北京:高等教育出版社,1990:60.
② 莱文.教育改革——从启动到成果[M].项贤明,洪成文,译.北京:教育科学出版社,2004:82.
③ 莱文.教育改革——从启动到成果[M].项贤明,洪成文,译.北京:教育科学出版社,2004:23.

现代化的仪式"①。由于政府偏好以政策驱动改革,在高等教育改革中还会出现"名义上的改革"或"文件上的改革"。这些所谓的改革多满足于政策文本中漂亮的大话在政府与高校之间传来传去,而没有任何实质性动作。在政策实施过程中,为了宣传的需要,政府官员和高校领导喜欢把"原则""方针"之类的漂亮话作为改革的替代物在各种会议上讲来讲去,改革只在文本上受到了抽象重视,决策者很少去了解高等教育底层发生的真实情况。政策文本中的"原则"和"方针"之类的套话、大话与高等教育改革的实际运作形成巨大反差,对所谓的改革形成一种巨大的"反讽"。

回归常识理性,我们对于改革必须有一种实事求是的态度,不能把主观的期望当成客观的成绩,更不能把行政权力的肯定或政府的表扬作为高等教育改革的目标。"在回应政策时,我们仍然需要结合具体情景做出整合和建构,同时也需要化解来自其他方面对政策的期待。所有这一切都需要创造性的社会行动,而不是机械的反应。"②在政策实施的主观能动性和服从于权力之间,高校应谨慎地保持一种动态的平衡。高等教育改革既不能违反政府的政策也不能亦步亦趋,而应有所选择。"尽管教育政策本身的形成和变化也包含了不同利益集团和力量的协商,甚至是冲突与妥协等,但就总体上看,教育政策仍然反映了政府对教育的要求,体现了政府的意志。由于教育政策的这种基本属性,所以教育政策的数量及其变化客观上也反映了政府对教育活动的一种控制和主导的力度。显然,教育政策的数量越多,它表明政府对教育活动的控制或主导程度越大。"③高等教育事关思想自由,改革切忌事无巨细,政策也不是越多越好。改革不能集中于强化政府控制或施加外部压力,而是要通过改革来不断增强高校的办学自主权以及大学教师

---

① Thomas S. Popkewitz.教育改革的政治社会学:教学、师资培育及研究的权力/知识[M].薛晓华,译.台北:巨流图书股份有限公司,2007:177.
② 刘复兴.国外教育政策研究基本文献讲读[M].北京:北京大学出版社,2013:51.
③ 史朝.政策转型:高等教育改革研究的一个视角[J].煤炭高等教育,2010(1):7.

发展的专业自治权;真正改变高等教育实践的不是改革议程的诸多细节,而是隐藏在改革举措背后的理念的力量。"从政策原本的期望和要实现的目标考察,成功的先例很少;变革的梦想很少能成为现实;并且渐进性政策对历史发展的主流几乎没有什么影响。精心策划的行动的确也能影响历史进程,但干涉历史发展的精英们往往无法预料发展的方向,或者这种发展是由很多无法预料的因素积累形成的。"[1]着眼"双一流"建设"三步走"的战略目标,面对迅速扩大的改革范围,政府必须意识到以政策驱动改革的局限性,尽量减少各类政策的数量、提高政策质量,真正做到深入推进高等教育"管办评"分离,不断深化高等教育"放管服"改革,将更多的办学和改革自主权交给大学自身。

---

[1] 刘复兴.国外教育政策研究基本文献讲读[M].北京:北京大学出版社,2013:29.

第十五章
如何建设促进政策创新的高校智库

　　智库的核心使命是促进政策创新,高校智库建设也要始终围绕这个核心。近年来,我国政府积极推动创建中国特色新型高校智库,其目的就是为了促进政策创新。但实践中,由于种种原因,高校智库并未能很好地实现政府部门关于中国特色新型智库建设的政策目标。具体而言,当前我国高校智库建设主要存在以下问题:① 智库建设的计划性过强;② 政策研究的科学性不足;③ 大学智库的独立性欠缺;④ 大学智库的公共性偏弱;⑤ 政策创新的协同性较差。我国高校智库建设要真正实现促进政策创新的组织目标,需要针对上述五个方面存在的具体问题进行认真反思,并切实改进。

第一节　智库建设的计划性

在我国，智库是一个新生事物，以前政府部门虽然也有一些服务于政策决策的研究机构，但并未以智库命名，也未以智库的标准进行规范。近年来，伴随政府决策科学化与民主化被正式提上议事日程，智库作为一个介于政治、知识、经济、媒体之间的新兴领域被引入我国，成为社会各界关注的焦点。但由于我国没有现代智库的传统，对于何为智库缺乏深入的了解，对如何建设智库也没有成熟的经验。对于大学智库而言，更是如此。1994年北京大学创立中国经济研究中心，1999年清华大学公共管理学院与社科院共同成立了国情研究中心，才标志着大学智库在我国正式出现。自改革开放以来，我国大学一直是教学和科研两个中心，其主要职能是人才培养和科学研究，社会服务能力，尤其是参政能力一直较弱。长期以来，我国公共政策的制定一直是政府的职责，大学较少直接参与。近年来，建设中国特色新型智库之所以成为热点，并掀起高校智库建设的热潮主要是由于政府政策的驱动。2014年为深入贯彻落实党的十八大、十八届三中全会精神，以及习近平总书记关于加强智库建设的重要批示和刘延东副总理在"繁荣发展高校哲学社会科学，推动中国特色新型智库建设"座谈会上的重要讲话精神，推进中国特色新型高校智库建设，为党和政府科学决策提供高水平智力支持，教育部专门制定了《中国特色新型高校智库建设推进计划》。在政府行政权力主导下，我国大学智库如雨后春笋般出现。据有学者估计，目前我国的大学拥有近千家可以称为智库的研究机构。[①] 为迎合政府的政策，实践中很多大学或直接把校内重点文科研究机构改组为智库，或按政府的意图将相关

---

① 胡光宇.大学智库[M].北京：清华大学出版社，2015：136.

学科的研究人员简单进行"拼凑"或"组合",然后就对外称之为"某某智库"。当前在我国大学里,无论是作为实体的智库还是作为虚体的智库,从数量上看都在蓬勃发展,但行政的色彩和计划性十分浓厚,真正能够围绕某一专业领域,为政府提供高质量、针对性强的政策建议,并能产生广泛政策影响的机构极为有限。借鉴国外一流大学智库建设的经验,我国大学智库的建设和发展不应为了数量繁荣而牺牲政策科学研究自身的特点。像大学智库这样的新领域,如果无法在政策研究的质量和影响力上取得大的突破,很快就会沦为政府和大学眼中的"鸡肋",失去存在的意义。

大学智库大致有两种不同存在方式,一种是以智库名义专门建立的应用性政策研究机构,另一种则是因长期从事政策研究或应用性政策研究而被认为具有智库的性质。不同国家大学智库的存在方式差异较大。"把中西方智库的形成打个比方,西方智库的发展过程就像一棵树的成长,是由树种在适宜的环境下'生长'起来,更多地是一个'内生'的自然过程;我国智库的发展过程则像盖楼,先搭起外部框架,然后进行内部装修,更多是一个外部塑造的人为过程。'种树式智库'与'盖楼式智库'并无质的优劣差别,实际上,'盖楼'应该更快一些,但如果简单地贪功求快,简单地以指标要求短时间内实现数量上的增加,就容易出现'急躁冒进'式的行动偏离,所以,'盖楼式智库'建设确实需要精细地谋划好'外框架'和'内装修',确保楼房既外形美观又适用宜居。"[①]美国大学里的智库大多是自然生长的,即大学的政策研究机构因为依靠专家及其思想对公共政策的决策过程产生了影响而被认为在性质上和功能上相当于智库,但这类研究机构同时也承担教学和学术任务,并培养研究生。与美国不同,我国的大学智库则是基于某种明确的政策目的或政治使命,在政府和大学的行政权力主导下,有目的、有计划建立的或制度化或非制度化的大学二级研究机构。这些机构的研究以为政府决策服务或影响政府的政策决策为导向,以促进公共政策创新为目的,致力于

---

① 秦惠民,解水青.我国高校智库建设相关问题及对策研究[J].中国高校科技,2014(4):18.

充当大学高深知识生产与政府科学决策、民主决策之间的桥梁,力争把知识与权力、学术与政治、思想与现实、研究者与决策者结合在一起。[①] 中美两种不同模式的大学智库各有利弊。自然生长型的智库具有较高的独立性与自治性,其不足之处在于:很难摆脱学院文化的影响,即便是应用性的政策研究仍然偏重理论分析,而非解决现实问题。相比之下,我国大学里人为建构型的智库则从其诞生之日就被赋予了明确的政策创新使命,应用或实用取向非常明显;但由于行政权力的介入过深,计划性过强,这些机构的政策研究过程往往缺乏足够的独立性与科学性,为了满足诸多利益相关者(政府、大学、公众、政策专家、政策制定者、决策者)"解决现实问题"的强烈诉求,加之政治意识形态的可能干预,大学智库政策研究的专业性不可避免地受到侵蚀,智库本身的权威性会受到公众的质疑。

受计划体制约束,我国大学智库的出现有其特殊性,除极少数例外,大多数智库均不是"自然生成"的,而是有目的、有计划地"人为建构"的。究其原因,一是我国大学原本缺乏建立智库的传统,二是现有体制下,长期以来政府对于科学决策和政策创新没有紧迫感。近年来,随着改革的不断深入和思想的不断解放,政府逐渐意识到了科学决策、民主决策以及政策创新的重要性,开始有意识地强化智库建设。在行政权力的驱动下,大学为回应政府的政策需求,更为了争夺可能的利益(资源),在原有教学和研究机构的基础上组建各种各样的智库就成为"理性"选择。但在有些大学,由于缺乏政策科学研究的学术基础以及智库运作的制度传统,新成立的大学智库往往是有名无实,那些以获得领导批示为目的的所谓研究报告或咨询报告,大多是基于对政府政策意图或决策倾向的猜测而临时"炮制",而不是基于长期的政策科学研究而得到的重大发现。按照迪克森的界定,"智库是相对稳定的独立于政府决策机制的政策研究和咨询机构。其研究现实问题,以科学

---

① 胡光宇.大学智库[M].北京:清华大学出版社,2015:138.

研究方法为基础,以沟通知识与权力、架设科学技术和政府决策的桥梁为目标"①。长期以来,我国大学里人文社会科学的研究偏重于教学研究,即研究主要服务于教学,尤其是研究生教学,研究成果多以论文发表的形式呈现,主要用途是为了评职称以及满足科研考核;应用性的政策研究较为匮乏,更谈不上形成某种价值传统和政策流派。在政府行政权力及资源配置的强力驱动下,很多新成立的大学智库由于缺乏学术根基或底蕴,大多是形式主义的,有些智库的研究者实际上也是不能胜任的。部分大学智库凭借任务式的政策研究课题谋生存,其成果更多还是凭借大学的"光环效应"来获得一种政策正当性或合法性。一旦大学的光环褪去,很多所谓的研究成果更像是"学术泡沫"而非"政策科学"。

基于机构设置的计划性,中国特色新型高校智库建设带有浓厚的计划体制的色彩。所谓"计划体制",即政府凭借手中的行政权力就可以单方面决定高校组织、制度与管理等方面重大事项上的顶层设计,高校主要面向政府,根据政府的政策需要而非社会或市场需要办学。在现有教育和学术体制下,以项目制管理为抓手,政府全面控制了大学的学术生产与传播。作为智库的一种,独立性原本应是大学智库的基本特征。但现有治理结构下,政府控制着大学智库的"输入"(经费和项目)和"输出"(研究成果)。政府给智库下达研究任务或招标课题,智库则给政府提供符合其需要的政策建议。政府需要研究什么样的问题,智库就可以提供什么样的成果。表面上看,以智库为平台,大学与政府实现了"双赢",但实质上,这种"问题解决"模式(problem-solving model)的政策研究存在着重大的缺陷。"决策者期望社会科学家能提供以经验为基础的证据或研究成果,以便解决既定的政策问题。当各团体间目标不一致时,期望研究者仅仅通过提供'事实'就能解决问题,这简直是盲目乐观。"②建设一流的大学智库需要自由竞争的政策市场和思想市场。智库的研究成果需要在

---

① 张新培,赵文华.研究型大学与高水平智库协同发展及启示[J].中国高教研究,2014(8):7.
② 刘复兴.国外教育政策研究基本文献讲读[M].北京:北京大学出版社,2013:104.

政策(思想)市场上自由竞争,而不能总是由政府"命题",智库"答题",领导批示,相关部门来落实。现有体制下,由于缺乏自由竞争的政策(思想)市场,政府的政策决策主要或只能在科层制的"管道"内部循环,科学决策和政策创新充满偶然性或不确定性。如果计划体制以及与之相适应的计划思维不变,如果大学智库不能真正成为独立的思想中心,无论在大学里建立多少智库,都很难真正促进政策创新。根本原因在于,计划体制下政府对于"异端思想"的容忍度低,对于"政策窗口"缺乏时间敏感性,在事业单位体制以及人员编制的约束下,智库以及智库研究者发表"独到见解"的动机也会显著降低,按部就班或循规蹈矩不可避免。有时甚至是决策者已经做出决策,然后再授意智库进行研究,并用智库的研究结果来支持他们的政策立场。"大学智库治理由依附逻辑向均衡逻辑转型的核心特质是由简单直接的直线型聚合向多线型的聚合转变,即由原来政府控制'两头'的'政府政策需求—智库政策研究—政府采纳推行'直线型,向政府控制最终出口的'不同智库政策研究—同一政策博弈—政府采纳推行'多线型形态转化,变化的核心在于通过决策前充分的'政策研究和博弈'实现决策均衡。"[①]大学智库治理要实现从依附逻辑向均衡逻辑的转变,在根本上还取决于政府决策体制的改革以及大学与政府关系的调整。如果政府的决策体制、机制无法真正做到科学化、民主化,如果大学与政府的关系依然是行政隶属性的而非平等的,那么在事业单位的体制框架内,大学智库只能是依附于大学和政府的附属机构而非独立机构,更谈不上作为独立法人。

总之,在我国,建立大学智库是政府的有计划的需要,对于大学而言,应该"可以建立"智库,也"可以不建立"智库,绝不能"变异"成"必须建立"智库。智库是大学为社会服务的一种手段,而非大学组织自身不可分割的一部分,更不是大学的目的。大学的本质在于追求真理、培养人性,而智库的使命则是服务社会、促进政策创新。政策是利益博弈的产物,而真理则是不

[①] 张宏宝."中国模式"新型大学智库治理体系的建构与发展[J].华南师范大学学报(社科版),2015(6):86.

容妥协的。作为世俗社会的一部分,大学也不可避免地要为国家利益或意识形态代言,而不可能完全成为纯粹的真理之城或思想中心。在理想的境况下,大学智库应基于科学研究的扎实证据为政府提供政策创新的建议;但在实际情形中,由于政策创新的时间敏感性,加之决策机制本身的非科学性,大学智库有时很难根据科学研究的基本原则去为政策创新寻找有效的证据,而会更多地倾向于阐述政府的政策或领导人的意志,更有甚者,为了满足政府政策决策合法性的需要,大学智库还会以专家个人或智库整体的名义为政府的决策"背书"。"智库的专家现在更多地表现出口若悬河的社交技巧,而且十分善于同媒体打交道,以此来推销他们的研究并期望可以更深入地影响政府政策的制定。他们更深入地参与到各种政治活动中,近十年来新成立的,尤其是鼓吹型智库提供的价值越来越低。当人们在政治上发出了太多的噪音和提出了太少的建设性意见之后,这些机构就成为政治回音室的一部分,而不是提供可选择的政策分析和创新知识的来源。"[1]这种状况的存在,无论对政府还是对大学都是不利的。对于政府而言,大学智库的"奉迎"只能是一种象征性的满足,由于缺乏真正的创新,长此以往会有损于政府统治和政策本身的合法性;对于大学而言,作为大学组织的一部分,大学智库若长期从事这种"非科学"甚至"反科学"的政策研究,也会损害大学整体追求真理的理念,有碍于大学本身的卓越。如果大学智库的建立真的是为了促进政府决策的科学性和政策创新,必须将重点放在真正高质量的政策科学研究上,只有真正高质量的政策研究成果才能对政府决策有所启发,才能促进政策创新。

---

[1] 胡光宇.大学智库[M].北京:清华大学出版社,2015:49.

第二节　政策研究的科学性

政策研究是一门实践性很强的学问,既讲究政治智慧又基于科学,具有很强的专业性。学科建设意义上的优秀的学者或科学家与智库需要的优秀的政策研究者之间绝不能画等号。托马斯曾使用深度访谈、人种志观察和档案记录法研究智库政策专家,发现其职业发展的影响因素包括理性自由辩论、理解政治战略、传播思想和募集资金的能力,并使用学者、政策助手、政策企业家和媒体专家去描绘智库专家的角色,兼顾和协调这些职能是政策专家特质的核心。[①] 我国大学里人文社会科学研究领域虽汇聚了一大批优秀的学者,但这些学者大多从事学理研究或基础研究而非政策研究,甚至不研究政策问题。虽然科学研究能力和方法具有通用性,但在政策问题上,基于"专业化"准则的"学科细分"更加重要。"决策环境越来越复杂,只有做到学科细分才能提供更高质量的研究成果,而不是'大而全'的研究结果。"[②] 如果忽视了政策研究的科学性或政策科学研究的专业性,仅以资源或利益作为"诱饵",驱使原本从事学理研究和基础研究的学科专家改行做政策研究或研究政策,恐怕会事与愿违。这既无法提高政府决策的科学性,也很难促进政策创新。智库作为大学的一个组织机构容易建立,但能够胜任智库工作的、长期从事政策研究的专业政策研究人员,尤其是那些具有"企业家精神"的政策科学研究者却很难招之即来。大学智库的研究工作如果没有足够专业的政策科学研究者,尤其是愿意为政策创新全力以赴的"政策企业

[①] 张新培,赵文华.谁在为著名高校智库工作——基于人员任职经历的结构化网络分析[J].清华大学教育研究,2014(6):59.
[②] 胡光宇.大学智库[M].北京:清华大学出版社,2015:82.

家",而只是以智库的名义"投"政府"所好",那么大学智库不可能成为优秀的智库,长此以往甚至会失去存在的意义。

一般而言,智库的政策研究属于应用性研究,但并不意味着智库所有政策研究成果必须立即得到应用。"大学智库评价体系既应该考察大学智库对政府决策的影响力,也应该综合评价其在学术界的影响力、对社会公众的影响力以及人才培养等方面。如果仅仅是为了政府决策服务,那么大学智库就失去了其存在的本真价值。"①智库既要为满足公共决策的需要提供政策方案或分析报告,也要为满足经济社会发展的需要生产公共政策方面的专业性知识,大学智库更兼有人才培养的职能。因此是否得到应用或采用不能成为评价政策研究成果优劣的唯一标准;和基础研究一样,科学性仍然是检验政策研究成果好坏的最重要的标准。从根本上说,政策科学研究所要解决的仍是"认识"问题,而应用则是"行动"问题。从认识到行动,需要考量的因素有很多,实践中并非所有具有科学性和可操作性的政策研究成果都会得到政府的采纳或应用,对于那些没有被采纳或暂时未能被应用的"政策源流",只要科学性没有问题,大学智库就应持续深化相关研究,不断重申该研究对于政策创新的重要意义,并通过适当的传播平台或媒介扩大其影响。根据美国智库发展的经验,"从政策过程来说,虽然政府一次只能采纳一家或几家智库的成果或方案,但其他智库并不因为自己的成果没有被采纳而放弃,而是继续研究等待下一次机会。这种现象带来的好处就是,它从不缺少代替或修正在施行过程中效果不佳政策的方案,即使有坏政策,它的影响也非常短暂,从而让民众不会产生用政策之外的方式来解决现实问题的冲动"②。与美国相比,受传统政治文化和既有决策体制的影响,当前我国大学智库在政策研究中功利主义倾向较为严重,对于热点问题或短期政策(权宜之计)的关注较多,对于战略性问题或国家长远利益的关注较少。政

---

① 任强.学术与政治:大学智库与政府的互动逻辑[J].教育评论,2015(9):26.
② 谷贤林,刑欢.美国教育智库的类型、特点与功能[J].比较教育研究,2014(12):5.

府对于智库成果的评价过于强调领导的批示,基于领导的指示,那些即刻能够转化为政策的研究成果会得到较多的关注,而对于那些未能经由领导批示而被及时采纳的政策研究成果则缺乏科学的评价方法和承认方式。

  从时间敏感性上看,智库的政策研究大致有两种,一种是应急性的,另一种是持续性的。应急性的政策研究多针对突发事件或热点问题,争取能在极短或较短的时间内为政府的决策提供具有可行性的方案;持续性的政策研究关注长远的战略性问题,是智库的安身立命之本。毕竟"政策取向的首要重点是人类社会的基本问题,而不是当下的热点问题"[①]。大学智库要成为一流智库必须围绕人类社会的基本问题,从政策科学的角度切入进行更多的基础研究。当前在功利主义的氛围下,对基础研究总是无显著成果的不耐烦情绪,促使一些人建议政策研究的重点应该重新回到应用研究上来,因为应用研究可以在改进政策方面产生直接效益。可是如果不深化我们对政策过程本身的认识,提高和改进政策效果是无捷径可走的。问题并不是我们的基础研究太少,而是通常与政策创新相关的基础研究太少。[②] 与官方智库和民间智库相比,大学智库在高深知识生产、传播方面具有显著优势,更应侧重于长期性、战略性、引领性的政策研究,将学理研究和现实议题相结合,兼顾研究的政策性与科学性,并从既有政策实践和科学规律出发,提出新的政策主张以促进政策创新。值得警惕的是,当前"缺乏前瞻性的战略思想是中国智库相当普遍存在的问题。国内一些智库多是'一招一式'的应急性对策占主导,缺少适当超前服务于长远的政府决策的探索和创新,因而把握现实全局或发展趋势的成果不多。要按照适度超前的原则,增强战略思维能力,以富有前瞻性的政策建议,展现智库的核心竞争力"[③]。要建设

---

① 刘复兴.国外教育政策研究基本文献讲读[M].北京:北京大学出版社,2013:13.
② 刘复兴.国外教育政策研究基本文献讲读[M].北京:北京大学出版社,2013:72.
③ 荆林波.从西方智库观念偏颇看如何建好中国智库——兼评美国宾夕法尼亚大学《全球智库报告》[J].党建,2016(3):28.

一流的大学智库必须有清晰的战略定位,必须持续从事某一领域的政策研究和学术研究,通过专业化策略提高核心竞争力,以形成稳固的学术价值传统和政策流派。对于智库而言,无论是应急性的课题还是持续性的项目,政策研究都必须以证据为基础,而不能有违政策科学研究的基本原则。政策虽然与政治密切相关,且具有高度的实践性,但政策研究的基础只能是政治科学而非政治意识形态。政策研究中绝不能简单地将政治与意识形态画等号。政策具有政治性,甚至是意识形态性,但政策是政策,政治是政治,意识形态是意识形态,绝不可肆意混淆。基于政治科学或意识形态的考量,有时政策的科学性和可操作性之间会偶有冲突,有时可接受性而非专业性也会成为影响政府政策选择或政策决策的决定性因素,但智库的职责是政策研究而非民意测验或政治利益的博弈,政策科学的底线必须坚守。"高校智库建设应该避免成为与政府利益联合的'政策王国'。在决策咨询的过程中要保障所遵循的价值观念能够反映公众的价值观念,尽量把决策的伦理后果降到最低。在价值观与决策依据发生冲突时,应明确讨论价值判断的合法性,避免咨询的科学性受到威胁。"[①]对于大学智库来说,政策质量的标准要优先于政策的可接受性,大学智库的政策建议一定要建立在"研究证实了的因果关系"的基础上而不能建立在"美好的愿望"的基础上。"科学家在执行一个项目时并不必然牺牲客观性。非客观性的价值在于决定该去实现什么终极目标。一旦这个决定做出了,学者就要带着最大的客观性开始工作并且用尽所有可用的方法。"[②]归根结底,大学智库的影响力要取决于政策成果的质量,而质量的核心就是研究本身的科学性。科学政治化的质疑会使智库专家在政策决策咨询中的权威性急剧下降,因此,必须"维持科研领域与决策领域的相对分离,研究问题来源于社会生活,甚至直接来源于决策领

[①] 王莉,吴文清.地方高校智库建设的逻辑分析——基于地方政府治理模式创新的探讨[J].清华大学教育研究,2013(6):114.
[②] 刘复兴.国外教育政策研究基本文献讲读[M].北京:北京大学出版社,2013:15-16.

域,研究过程要赋予科研领域相对独立性,尊重科学研究和政府管理系统各自的逻辑"[①]。大学智库的政策研究也必须尊重科学的规律和方法而非遵循市场或民主的逻辑。政府的政策选择需要考虑民意或政策的可接受性,但智库的政策研究却只能基于科学的、有效的证据,而不能为了满足政府的政治或意识形态的需要而肆意进行科学的社会建构,否则智库的政策研究将因科学性的缺乏而失去权威性,甚至是合法性。

---

① 王莉,吴文清.地方高校智库建设的逻辑分析——基于地方政府治理模式创新的探讨[J].清华大学教育研究,2013(6):113.

第三节　大学智库的独立性

在我国,智库主要有官方、民间与大学三种不同类别。官方智库的优势是与政府关系密切,研究成果转化为政策的渠道畅通;民间智库的优势是独立性强,在政策研究课题的选择上有较大的自由度,可以为政府提供多样化的政策理念和决策思路;大学智库介于官方智库和民间智库之间,兼有"比较优势"与"比较劣势"。其优势在于,大学拥有丰富的人力资源、强大的科研实力以及较高的社会美誉度,这些可以为大学智库的运行与发展奠定扎实的组织基础;其劣势在于,大学缺乏运作智库的经验和从事政策研究的传统。在大学本身缺乏办学自主权的前提下,智库的独立性不可避免地受到伤害。对于围绕学科建设的基础研究而言,论文发表经由同行评审,政府的行政控制尚有缓冲的空间;但对于智库的应用性政策研究,同行评价被领导批示所替代,行政权力将直接介入并影响政策研究的实施。在政府的庇护下,极短的时间内,大学智库的数量和规模就可以实现快速增长,智库的成果也可以屡屡得到领导指示;但同样由于政府的行政干预,大学智库的独立性及其研究成果的质量与影响力可能无法得到更广泛的社会承认。这会不利于智库的长远发展。作为世界一流智库,布鲁金斯学会的座右铭就是:"高质量、独立性和影响力。"布鲁金斯学会理事会主席约翰·桑顿认为,这三条是智库必须坚守的核心价值,也是判断能否成为高水平智库的关键所在[1]。由于历史和现实的原因,我国大学缺乏自治与自由的文化传统及制度空间。近年来,各级政府倡导并推动大学建立中国特色的新型智库,其目的

---

[1] 杨玉良.大学智库的使命[J].复旦学报(社科版),2012(1):3.

不是要建立思想市场或政策市场,而更多地是出于一种工具性或功利性目的,即为政府的政策决策提供"科学"依据或专家"证词"。在事业单位体制下,大学是政府的附属机构,行政上属于上下级关系。作为大学内的一个二级机构,智库不可能有独立的法人地位,只能经由大学被动地接受政府的"指示"和"批示"。在此背景下,大学智库的政策研究很容易沦为依靠政府的政策课题谋生存的机构,无形之中使我国大学原本就充满功利主义的人文社会科学研究更加庸俗化。有学者通过分析"冷战"期间美国"苏联学"逐步沦落为"克里姆林宫学"的历程,指出了学术研究泛智库化的严重后果。在"冷战"期间,美国诸多智库关于"苏联学"的研究,由于混淆了学术和意识形态的界限,学界(知识)与政界(权力)的张力逐渐消失,"在这样的研究机制中,从'遏制'战略出台伊始,许多重要政策皆是由智库或政界提出、学界论证和演绎的;大量的苏联学家根据需要,在大学、政府、智库之间轮换。这造成学界、政界、智库在苏联研究领域表面上能相互协作,研究成果不仅作用于学术界,更直接为军事情报和国家安全效力,但在这样的机制中,实际上培养出一大批功利主义对待苏联的'苏联学家',其大部分成果是没有学术价值的,无法为其他学科所分享"①。当前大的国际环境虽然已不同于"冷战"时期,但"苏联学"沦为"克里姆林宫学"的教训对于缺乏独立性的我国大学智库的发展仍然具有警示意义。

与官方智库相比,大学智库的主要优势就在于独立性,即相对独立地对政府的政策提出批判与建议,以实现政策创新。但现实中,受制于大学与政府间的行政隶属关系,我国大学智库在独立性上十分欠缺,在具体运行过程中既依附于大学又依附于政府。"大学智库治理从属于政府和学校行政,没有树立并恪守体现自身问题、政策和政治源流的价值传统,也没有

---

① 林精华.学术研究泛智库化之后果:作为国际政治学的美国"苏联学"[J].社会科学战线,2014(4):93.

形成能够独立运行的制度化治理体系。"①究其根源,我国大学智库的创立本身就是大学与政府"共谋"的结果而非大学本身政策科学研究成果转化的自然结果。实际运行中,无论是资金来源还是组织建制,大学智库都要受制于或依附于政府和大学。大学成立智库主要是为了响应政府建立中国特色新型智库的政策诉求而非自身政策科学研究的内在逻辑使然。由于缺乏智库建设的传统,政府主管部门和大学领导对于大学智库的性质与功能也缺乏理性认识,一厢情愿地认为,大学有人力资源的优势,当然就可以胜任智库的工作。但事实绝非如此。智库建设绝不是组织一批专家、学者给政府政策提建议那么简单,智库的根本价值在于促进政策创新、思想创新,即以政策的科学研究为基础,积极向政府建言献策,以实现政策创新和思想引领。大学的本质是自由地追求真理,高质量的思想产品和政策建议是大学智库必须追求的目标。当前由于对政府和大学的双重依附,我国大学智库的政策研究经常沦为阐释政策或政策解读,即把作为一门科学的政策研究偷换为了以政策作为研究或解释的对象,以为只要以专家的身份解释或解读政策就是政策研究。其结果,"存在着政策科学一词被滥用的危险——越来越多的致力于解决人类社会难题的个人、组织,把政策科学作为一种方便的代号,来指代对他们来说最重要或最令他们感兴趣的任何活动"②。大学智库之所以为智库绝不仅仅是要解读或解释政策,更不能以专家或第三方的身份为政府的决策"背书",而是要以政策研究的科学性和智库组织的独立性为基础来研究政策。当然,强调政策研究的科学性和智库组织的独立性并非有意忽视政策的实践性或政治性而偏执于科学主义和自由主义。相反,坚守政策研究的科学性与智库组织的独立性,只是提醒我们必须充分考虑科学自身内在的和社会性的限度。大学智库的政

---

① 张宏宝."中国模式"新型大学智库治理体系的建构与发展[J].华南师范大学学报(社科版),2015(6):85.
② 刘复兴.国外教育政策研究基本文献讲读[M].北京:北京大学出版社,2013:23.

策科学研究必须恪守自身的学术传统或学科范式,必须基于科学的方法和有效的证据,而非滥用政策科学的概念来提供独立的政策见解,从而才能"为基于证据的改革营造一个良好的环境"①。

与西方政治制度中的三权分立不同,我国政府的政策决策奉行民主集中制,在这种体制下,大学智库的研究成果一旦获得政府或领导人的信任便很容易产生规模效应。实践中,通过在关键问题上为关键人物提供关键信息和建议②,大学智库关于政策创新的建议可以快速转化为社会生产力,产生巨大的正外部性政策效应。但现有体制下,由于大学智库缺乏独立性和自治性,智库的政策研究很容易被政府的行政权力或领导人意志所左右,一旦政府或领导犯了大的方向性错误,政策决策的负外部性同样也十分巨大,甚至会酿成社会灾难。这种境况的出现是由决策体制造成的,不能完全归罪于大学智库;但从政策伦理与政策科学的角度看,大学智库也不是完全无辜的。对于一流的大学智库而言,做对的事情远比把事情做对更重要。那么如何保证做对的事情而不只是把事情做对呢?增强大学智库的独立性是关键中的关键。"政策取向不能与那种认为社会科学家应该舍弃科学并且全身心投入政治实践的浅薄想法相混淆。也不应与那种认为社会科学家应该把他们的大部分时间用于为政策制定者提供当前问题的建议的观点相混淆。不断壮大的社会科学的所有的资源,都应该用来解决我们文明的基本冲突。"③换言之,大学智库基于科学研究的基本原则独立自主地进行政策研究远比把政府下发的政策课题圆满完成更重要。

---

① 刘复兴.国外教育政策研究基本文献讲读[M].北京:北京大学出版社,2013:122.
② 胡鞍钢.建设中国特色新型智库[J].清华大学教育研究,2013(5):4.
③ 刘复兴.国外教育政策研究基本文献讲读[M].北京:北京大学出版社,2013:12.

第四节 大学智库的公共性

智库的核心使命是促进政策创新,而政策制定与实施的主体是政府。因此智库与政府有密切的关系。一方面为了公共利益,智库只能为政府服务,而不能沦为私人智囊;另一方面同样为了公共利益,政府的"外脑"也只能是组织化的智库,而不应是私人顾问。近年来,我国政府大力推进建设中国特色新型智库,与政府决策模式的转变以及对国家治理体系和治理能力现代化的诉求密切相关。在计划经济体制下,政府决策主要依靠官僚系统自身的力量,政策实施则主要依靠行政命令驱动。改革开放以来,随着市场经济体制的建立和不断完善,总体性社会不可避免地面临瓦解,公民社会日益成熟,诸多利益相关方愈来愈深地卷入政策制定和实施过程中,成为对政府行政权力的必要的制衡。在此背景下,单靠政府官僚系统自身的人才与知识储备或单个的知识精英已经很难满足决策科学化、民主化的要求,基于科层体制或政治模式的政策决策质量已不足以应对日益复杂的社会问题。在此背景下,建立智库就成为必需的选择。大学作为高深知识生产的制度化场所,且具有为社会服务的职能,比较容易通过知识精英群体的组织化,来应对政府政策创新以及决策科学化和民主化的公共需求。作为强化大学为政府服务职能的组织载体,大学智库一方面可以基于知识转化拓展大学为社会服务的职能,另一方面也可以通过应用性政策研究满足政府政策创新的知识需要。大学智库的建立既实现了智库本身的多元化,也拓展和丰富了大学为社会服务的职能。作为知识与权力之间的转换器以及公民社会的一部分,大学智库可以强化政府决策层和公民社会之间的联系,并通过专业知识生产来影响政府公共政策的制定。"在政策分析市场中,智库提供的产品是政策思想、专家知识、建议甚至是批评,而政府、媒体和公众等都是政策分析市场中的需求者和消费者。"[1]作为大学的一部分,大学智库必须坚守公共性原则。大学智库所从事的政策研究主要是与政府、企业以及大众密切相关的公共政策,而不能被私人利益驱动,为私人产业或某一行业代言。大学智库在政策立场上有"左""右"之别,但其出发点与最终目的应是公共利益,无论何时,对私利的追求都会威胁智库专家及其研究结论的独立性。当前伴随学术资本主义的蔓延,高等教育系统不断商业化,大学自身的非营利性与公共性不断受到市场化的侵蚀。在介入政府政策制定的过程中,大学智库不可避免会面临金钱与权力的双重诱惑。任何政策调整无不涉及利益冲突以及资源的重新分配。作为政府决策的智力支持系统之一,大学智库需要介入政策博弈。政策博弈过程中,不同利益群体会有不同的代言人,不同的代言人会基于不同的目的通过不同的渠道向政府进行游说。大学智库作为公民社会的一部分,其政策研究必须始终坚守公共性的底线,始终为公共利益发声,为人民代言。

中国传统社会素有"谋士"的传统,"士为知己者死"突出的就是一种私人感情。智库是现代社会的一种组织架构和制度设计,它不是个人政治效忠的工具,而是凭借知识精英的组织化,通过政策科学研究促进公共政策的创新来实现公共利益或国家利益的最大化。智库的出现反映了古典国家与现代国家在决策时寻求智力支持方式的根本差别。古典国家是"家天下",智囊或谋士主要效忠于统治者个人;现代国家被建构为公共产品的提供方,是"公天下"。在现代国家,智库作为一种组织机构只能为公共利益服务。为了公共利益,智库既要避免成为政府政策合法化的工具又要避免介入党派政治利益的纷争。中国历史上传统的智库建设多是私人性或非制度化的,而现在我们要建设的中国特色新型智库必须是公共性智库,讨论的是公

---

[1] 文少保.高校智库服务政府决策的逻辑起点、难点与策略——国家治理能力现代化的视角[J].中国高教研究,2015(1):35.

共事务或公共政策。大学是典型的公共组织,大学智库应该发挥思想引领作用,对一些公共政策进行公开讨论。"公开讨论对智库发展是非常重要的,如果中国的智库还继续以私人性的,秘密的,或者是特殊渠道的形式存在,这样的智库可能对某个领导人,某个人的政治发展有好处,但未必对人民有益。……中国的智库发展不能只专注于专业性、技术性和解决问题的强大性这些方面,还应该站在公民社会的角度,而不是完全与政府同声共气,应该保持一定距离,距离产生美。"[①]改革开放以来,我国经济建设和四个现代化取得了巨大的进步,但国家治理体系和治理能力的现代化仍然"在路上"。根据社会转型理论,我国尚处在从传统社会向现代社会转型的过程中,作为民族国家,政治常识的自由与民主观念虽已日趋普及,并成为社会主义核心价值观的一部分,但传统政治文化的影响仍不可小觑。"面对目前我国社会转型期公众对社会公正、公平的强烈诉求和'专家'、'知识'在社会服务中不断遭遇的信任危机,大学智库须力戒成为政府以外的其他赞助者和利益集团的代言人,以防背离大学智库公益性的基本要务。"[②]在实现国家治理体系和治理能力现代化的进程中,大学智库除直接为公共政策创新提供政策建议外,还肩负有政治文明的启蒙责任,即以政策理念向公共政策的转化实践为平台,让政策(政治)科学的专业知识被非专业人士(普通公民)所接受。

[①] 张胜军.中国高校智库建设离不开创新机制[J].管理观察,2015(5):77.
[②] 侯定凯.人文社会科学的知识转化机制探析——兼论优质大学智库的培育[J].复旦教育论坛,2011(5):38.

第五节 政策创新的协同性

政府的政策决策对于政策创新至关重要。大学智库的政策研究成果只有经由政府的政策决策才有可能促进政策创新。一方面是因为政策创新需要政府的行政主导,另一方面是因为无论哪个智库的政策研究成果本身存在某种局限性,政府作为智库研究成果的消费者在相关研究成果转化的过程中都有"纠偏"和"筛选"的义务。大学智库受大学自身科研惯习的影响,在政策研究中习惯于用理论眼光分析实践问题,即便是应用性的政策研究也极易被学科知识精英按自己的学术偏好纳入不同的理论范式来加以分析,从而不可避免地导致"政策失真"。在我国,现有大学智库大多是新成立的,智库的很多研究者,缺乏政策制定与实施的感性认识和实践经验,学术训练都是以学科知识为中心。比较习惯的知识生产方式是做课题、写论文、发论文,与外部社会,尤其是政府进行互动的能力相对较弱。这种情况极易导致大学智库的政策研究人员局限于自我的学科知识体系和认知结构,使原本致力于应用的研究不接地气,当然也就无法促进政策创新。"研究者和决策者之间出现紧张关系和交流发生困难是在所难免的。研究者总是把那些向他们提供存在手段的人叫作'可敬的敌人',而决策者认为研究者总是自行其是而不愿意帮助解决各种亟待解决的问题的人。"[①]因此,大学智库建设在顶层设计时一定要为实践领域的专才留有制度空间,努力从高素质的政策从业人员那里汲取个人经验、提炼隐性知识,以纠正布迪厄所说的"学

---

① 刘复兴.国外教育政策研究基本文献讲读[M].北京:北京大学出版社,2013:110.

究眼光"可能导致的谬误,①避免书生式的"清谈"可能"误国"。"不同任职经历人员有其独特的职业特征及其附属机构所蕴含的符号资本、文化资本和各种社会资本,他们集结于高校智库,进行创新性政策相关知识的生产、传播和应用,不仅促进高校智库组织与政府、媒体、商业及其他非营利性社会组织等有效沟通,也更容易理解公共政策的诉求,提升组织运行绩效和政策影响力。"②基于此,美国智库在制度设计上有所谓的"旋转门"机制,日本智库在组织方式上也有"派出研究员"制度,其目的都是方便政策实践领域的专才与理论界的知识精英在政策研究过程中取长补短,共同努力促进政策创新。"政策的有效性与参与政策制定的专家团队在学科、背景上的异质性有很大的关联。同质性极强的政策制定网络,因其成员所拥有的知识、信息、价值观比较相近,容易达成一致意见,却可能无法反映真实、复杂的社会要求。"③对我国大学智库建设而言,急需建立内外两道"旋转门"以沟通政策理论与实践。外部旋转门位于大学智库与政府政策决策部门之间,政府的政策决策专才可以进入智库参与政策科学研究,同时智库的政策研究专家也可以有机会进入政府决策的核心部门,参与政策决策;内部旋转门则位于大学智库与大学内部其他学术性系科之间。为了应对日益复杂的社会问题,智库的政策研究需要越来越多学科的学者参与其中。内部旋转门的存在可以让有志于政策研究的多学科的知识精英进入智库,同时也让智库内部的政策研究者有机会重回学术性系科,从事教学和科研工作。

为了促进政策创新,大学智库与政府之间绝不是政策市场中简单的供求关系,更不是知识市场上的"买卖关系",而更多的是分工与协作关系。"智库可以挂靠于其他机构,也可以独立存在,但它是永久性的组织而不是

---

① 沈国麟,李婪.高校智库建设:构建知识生产和社会实践的良性互动[J].新疆师范大学学报(哲学社会科学版),2015(4):48.
② 张新培,赵文华.谁在为著名高校智库工作[J].清华大学教育研究,2014(6):65.
③ 谷贤林.智库如何才能对教育实践产生影响——以卡内基教学促进基金会为例[J].清华大学教育研究,2012(6):43.

临时性的委员会。它们独立于政策制定人与大学,为社会的公共利益服务,但是又在两者之间充当着重要的桥梁作用,将严谨的学术话语转化为可为社会公众与政策制定者理解的现实话语。"[1]在分工协作过程中,大学智库负责政策研究(知识),政府负责政策决策(权力),二者(知识与权力)之间的良性互动是政策规划网络有效运行的基础,其共同目标是促进政策创新。作为"现代国家决策链"上不可或缺的一环[2],提出政策理念并以基于证据的政策研究为决策者提供智力支持是大学智库的基本任务。"智库承担的共同任务就是探索和推广短期看来尚不可行的政策建议,逐步让政策制定者认识到它的价值,使之有足够的支持者,并最终成为政策法律。"[3]大学智库政策研究的最重要的功能就是通过提出独立的政治或政策见解以及富有战略性与前瞻性的政策思维,以对政府的现有政策及其政策决策机制形成挑战。

  智库的健康发展需要良性的竞争与合作。一种是大学智库与官方智库、民间智库的竞争与合作,另一种是大学智库之间的竞争与合作。在现有体制下,大学智库与官方智库、民间智库由于行政的隶属关系和主管部门的不同,基本上被隔离开来。体制内不同层级的政府拥有与之相应的政策研究机构作为官方智库;大学智库则以大学的行政隶属关系决定其服务的面向,部属大学的智库主要面向中央政府的各部门,地方大学的智库则主要面向地方政府的各部门。部属大学智库与地方大学智库间、部属大学智库彼此间以及地方大学智库彼此间都缺乏公平竞争与合作的制度性平台。民间智库属体制外,虽可免除行政隶属关系的影响,但其与官方智库、大学智库之间由于体制的区隔,既谈不上竞争,也很难合作。要实现不同类型智库之间以及同一类型智库内部的良性竞争与有效合作,需要政府破除政策研究中从"指示"到"批示"的线性模式,促进"议题网络"的搭建,将全国甚至全球

---

[1] 任玥.试论我国大学智库功能发展的困局——中美比较的视角[J].高校教育管理,2014(4):31.
[2] 胡光宇.大学智库[M].北京:清华大学出版社,2015:106.
[3] 苏江丽.美国大学智库的功能及其对我国大学智库建设的启示[J].探索,2015(6):183.

范围不同领域的智库专家通过某项议题聚集起来,就特定的政策问题进行讨论。① 具体来说,当政府产生对于政策创新或改进的需求时,可以在适当的制度平台上公开发布相关政策议题,由智库以志愿的方式自由探索,或由政府以招标的方式选择若干符合要求的智库同时展开政策研究,最后以科学的决策流程从中筛选出最佳的政策方案作为政府政策决策时的备选。经由这样一个政策博弈的过程,既可以避免政府由于对某一智库的"偏听偏信"可能造成的决策失误,也可以对所有智库产生积极的激励作用。现代社会无论何种问题都日益复杂,面对复杂的社会问题,由于人的有限理性的硬约束,任一智库的政策方案都会存在盲点。克服"盲点"的唯一办法就是借鉴哈贝马斯的"交往理性"原则,鼓励更多的智库参加同一政策议题的研究。不同类型、不同立场的智库的协同不仅可以提供不同的政策备选方案,而且会呈现出不同的"政策理念",经由理念的"碰撞"会更加有利于促进政策的创新。

为了促进政策创新,需要破除体制性壁垒,在官方智库、民间智库与大学智库间建立互通的政策平台或议题网络,不同智库的政策研究成果可以通过相互竞争以实现政策博弈,最大可能反映更多利益相关者的诉求。政府的决策应综合不同智库政策研究成果的可取之处,以实现政策的"集成创新"和"协同创新"。政策创新是一个系统工程。无论何种智库,能够做的只能是政策研究的理论创新,政策创新实践的主体只能是政府。智库创新性的政策研究成果可以促进或催化政府的政策创新实践,但绝不能也不应直接成为政策方案。在政策研究中科学政治化是不对的,但政策实践中政治科学化也不可取。在促进政策创新过程中政府必须发挥行政主导的作用,以行政权力协调政策本身的科学性与政治性之间的张力。"从中国大学智库治理的现实来看,政府在政策研究阶段过早介入,或在政策决策阶段介入

---

① 胡光宇.大学智库[M].北京:清华大学出版社,2015:38.

太晚,都有弊端;只有'政策博弈'环节才是政府介入的最佳联结点。在充分博弈的基础上,政府有权终结'政策博弈',以实现'政策决策',这是政府的使命和责任。"①换言之,促进政策创新需要政府与智库间的创造性的社会行动,而非机械式的刺激—反应。在"政策博弈"过程中,如果政府"懒政",放弃政策决策的权力,抑或智库越过政策研究的科学边界,代替政府拟定具体政策,都是不恰当的,甚至是有害的。

当前在我国,大学智库发展的一个最大困境就是,无法在知识与权力之间保持必要的张力,无法在政策的科学性和政治性之间维持平衡。对于大学智库来说,要么研究成果远离政府的决策,难以满足政府的需要,要么就是过度卷入决策过程,丧失了研究的独立性。对于政府来说,决策过程中"一把手""一言堂"现象仍很常见,"程序正义"在决策科学化与民主化方面仍没有得到足够重视,"政策博弈"的情况还较为少见。政府决策较多依赖官方智库的建议加领导人个人的判断,大学智库与民间智库很难介入政府决策的过程。在某些特定政策议题上,政府有时也会求助于大学智库或民间智库,但也多是单向的行政委托或政府采购,很少会选择"政策博弈"的路径,而是以统一思想的名义尽量避免不同的政策立场发生直接冲突。"对于处在转型期的中国来说,应该重视大学决策思想库的构建。首先,应在观念和政策上允许独立的有各种不同倾向的大学思想库存在。它们从各自的立场和价值观出发为政府提供不同的决策意见和方案,彼此之间的竞争一方面使政府决策者受益,另一方面也促使不同的思想库不断优化自身的智力结构。"②在制度设计上,多方参与的"政策博弈"优于政府和特定智库的直接合作。多方参与保证了政策理念和方案的多元性,一旦某项政策方案在实施中出现了问题,可以立即启动其他备选政策方案。此外,由"政策博弈"所

---

① 张宏宝."中国模式"新型大学智库治理体系的建构与发展[J].华南师范大学学报(社科版),2015(6):87.
② 胡光宇.大学智库[M].北京:清华大学出版社,2015:167.

形成的良性竞争机制也可以避免利益群体的固化以及智库与政府的可能"共谋"。如果政府单独与某一智库长期合作，彼此的利益输送不可避免。出于组织自利的本性，政府和智库也会相互为对方的失误开脱。相反，在多方智库共同参与"政策博弈"的情境下，每一智库为了在竞争中获胜，必然会尽力提出最优的政策方案，提供给政策制定者和决策者选择。这种竞争机制既可以避免个别智库对于政策议题的垄断，也可以使政府能够更加深入地了解政策议题本身的复杂性、多面性，决策时会更加审慎。

总之，正如"罗马不是一天建成的"，一流的大学智库也不是一天建成的。中国特色新型高校智库的建设也不能急于求成。作为新生事物，我国大学智库建设既有"后发优势"，也面临"后发劣势"。"智库间的竞争非常激烈，一些有影响力的智库其思想在进入政府决策的通道方面已经非常通畅，新成立的智库要达到这样的影响力则面临很大困难。"[①]在实践中，大学充足的人才资源、多学科优势和广泛的国际交流并不必然意味着每一个优秀的学者都能够成为优秀的政策专家，也不意味着其可以胜任智库的工作，更不意味着大学只要成立了智库就一定会成功。"政策研究的独特之处就像其改进政策的贡献一样，要有一种科学的态度，需要尽力区分政策的辩护者和分析者，区分社会评论家和政策科学家，区分政治的行动主义和政策的专业贡献，区分理智活动的价值分析和人类需要的价值信仰。"[②]当前在以美国为代表的高等教育强国，大学智库的确占据重要地位，其对政策创新的贡献丝毫不逊色于官方智库和民间智库。在有些发达国家，大学智库不但可以左右政府的政策决策，而且可以通过提出前瞻性的思想和创新性的概念来引领社会思潮和政策舆论。但在我国，智库建设的热潮才刚刚兴起，大学智库也的确远没有想象的那么重要，很多大学所谓的智库仍不过是一个制度性

---

① 胡光宇.大学智库[M].北京:清华大学出版社,2015:31.
② 刘复兴.国外教育政策研究基本文献讲读[M].北京:北京大学出版社,2013:30.

"摆设"或"装饰",更像是临时性机构而非永久性组织。由于政府和大学对于大学智库的发展缺乏长远的战略规划,智库本身对于政策研究的科学性也缺乏敬畏之心。很多匆忙之间成立的大学智库无论在政府决策渗透力、政策影响力、社会舆论引导力方面,还是在国际学术话语权方面尚乏善可陈;由于缺乏高质量的政策研究成果,在促进政策创新方面表现乏力,公众对于大学智库不可避免地存有潜在的不信任感。究其根本,政府和大学没有按现代智库的标准建设大学智库,而是采用贴标签的方式或行政的手段来设置智库。面向未来,我国大学智库要成为真正意义上的现代智库或一流智库,必须在以下几个重要方面切实发挥智库应有的功能,而不能只是徒有智库之名。具体而言:一是基于政策科学理论,敏锐地发现重大问题,并基于政策的时间敏感性,提前做好研究或预研究工作,主动提供政策建议,走在决策的前面,而不只是坐等政府下达研究任务或课题;二是围绕政府的重大政策决策,以通俗的方式准确地向民众传播政策的科学内涵和专业知识;三是定期提供基于客观事实和数据的政策评估报告,及时发现政府政策实施中可能存在的问题,并通过适当的渠道向政府反馈或向全社会公开发布;四是将社会边缘阶层的声音传送到决策层,为他们争取基本权益,最大限度地保证政府决策的公平和公正。[①]

---

① 侯定凯.人文社会科学的知识转化机制探析——兼论优质大学智库的培育[J].复旦教育论坛,2011(5):36.

结　语

　　按事物发展的一般规律,总要先知晓"是什么""为什么",然后才能知道"怎么做"。改革的问题同样如此。在实践中,那些失败的改革或许各有各的理由,但那些成功的改革其原因却基本是相同的,即对于存在的问题,在弄清原因的基础上,改革的举措能够切中要害。在世界范围内,自20世纪80年代以来,改革似乎成了高等教育领域革除积弊的"万灵药"。但伴随着改革的推进,有些国家的高等教育步入了"黄金时代",而有些国家的高等教育反倒陷入了"多事之秋"。就我国而言,源于20世纪80年代的改革开放促成了高等教育系统的恢复重建和现代大学的复兴,也拉开了不断深化高等教育改革和对外开放的序幕。40年来,通过改革开放,中国高等教育发展取得了举世瞩目的伟大成就,但也遗留了,甚至滋生了一些潜在的问题。当前随着综合改革的深入推进和高等教育问题的日趋复杂,很多时候由于不清楚我们面临的根本问题是什么,更不明白问题背后的真正原因是什么,在政策驱动改革、改革驱动发展的思维惯性下,为改革而改革的现象不可避免,甚至层出不穷。要避免为改革而改革这种现象不断发生,就要尊重高等教育发展的规律、大学的传统和改革的逻辑,遵循"是什么""为什么""怎么做"的一般原理。只有首先弄清楚了当前高等教育发展中存在的根本问题是什么以及为什么会存在这些问题,改革才有可能针对这些问题和原因对症下药。在高等教育改革不断走向深化和综合的当下,重估高等教育改革并非否定高等教育改革,更不是要反对高等教育改革,而是要在充分认识和肯定我们的改革取得伟大成就的基础上,反思高等教育改革还有哪些可以完善和持续改进的地方。无论如何,人都不是天使,我们的高等教育改革也不可能是完美的。无论在理论上还是实践中,总是会存在这样或那样的问题。作为研究者,我们的责任就是冷静地思考,从纷繁复杂的问题中找出某种内在逻辑或"类似规律",并从实践出发,为进一步的改革或改革的改革提供可能的建议。

一、改革要从根本问题出发

高等教育发展中面临的问题很多,但最根本的问题可能只有一个,那就是"为了高等的教育"。但比较吊诡的是,在实践中根本问题的重要性往往会被热点问题的紧迫性所遮蔽。换言之,理论上越是重要的,实践中往往又越是不重要。究其根本,理想和现实发生矛盾时,人为了眼前的利益总是更容易向现实妥协。就高等教育的理想或本质而言,最根本的问题是"为了高等的教育",即通过高等教育使学生成为"受过高等教育的人"。在某种意义上,"为了高等的教育"既是高等教育的本质要求,也是高等教育发展的终极目的。如果高等教育的发展或改革不是"为了高等的教育",而是为了经济发展、阶层流动或政治稳定,那么高等教育很容易失去"灵魂"或"被终结"。作为一种必然结果,高等教育的发展或改革有很大的可能会有益于经济发展、阶层流动和政治稳定,但无论如何,客观的结果不能也不应被错置为主观的目的,否则就容易倒果为因。

"为了高等的教育"既是高等教育改革和发展的理念,也是高等教育自身的理想。对此,从理论上不难理解,在实践中作为一种常识也不难接受,难的是如何实现。现代以降,随着高等教育在经济社会发展中重要性的日益增加和凸显,高等教育的功能或职能也逐渐增多。为了满足社会发展的各种需要,通过不断改革,高等教育机构所扮演的社会角色愈来愈多元。在多元化的角色扮演过程中,原本显性的功能(为了高等的教育)日益隐性化,原本非正式的功能(为社会服务)日益制度化。客观来讲,在创新驱动发展的新时代,将满足经济社会发展作为高等教育改革和发展的合法性来源,原本无可厚非。当前的问题出在"非此即彼"以及"零和博弈"的思维方式上。

具体而言，改革实践中大学为了满足经济社会发展的需要往往忽视"为了高等的教育"的重要性，为了创新创业而偏离了立德树人的宗旨。历史上，为了凸显对科学研究的重视，现代大学忽视了本科教学和人才培养，使"教学与研究的统一"成为"迷思"；当下，着眼于短期利益的应用研究，我们又忽视了为了长远利益的基础研究，从而使得大学的原始创新日益乏力。面向未来，高等教育改革需要辩证思维而非比例思维，改革需要在矛盾的"对立统一"中追求"统一"，而不是在不同任务间进行"轻"与"重"的权衡。成功的高等教育改革绝不是在"此"和"彼"之间进行"轻"和"重"的单项选择，也不是在"彼"和"此"之间进行某种妥协或折中，而是要同时追求两个或多个表面上看起来相互对立、实质上相互促进的目标，并同时做到最好。

| 结 语 |

二、议题的选择应有利于高等教育发展

高等教育作为人类的根本实践之一,改革的关键在于"真实"而不在于"独特"。为了高等的教育,改革需要的不是花样翻新而是要脚踏实地。改革过程中要构建真正的高等教育,无法回避教学与科研的统一,更离不开自由的思想市场与大学的可治理性。不过,仅有明确的目标或目的并不能确保改革的成功。很多时候若改革的路径与目标不相匹配,还会出现"南辕北辙"的错误。历史和实践表明,那些卓越的组织,无论大学还是企业,都是"通过有目的的、却又不可预见的进化方式发展"[①]。长期以来,我国的高等教育改革总强调体制、机制,算得上目标明确,但改来改去体制、机制的变化十分有限。近20年来,虽然从政府到大学都大力倡导并积极介入现代大学制度建设,但大学治理能力和治理体制的现代化仍任重道远。究其根本,改革本身存在局限性,隐藏在改革背后的思维方式、具体做法,天然地限制着改革目标的实现。由于顶层设计上忽视了大学的主体性和高等教育发展的特殊性,改革的推进完全由行政权力主导。在计划体制的行政框架下,不管我们有什么样美好的愿景,实现愿景的方式只有一条,即"计划"。换言之,无论何种改革都是政府计划好的,改革的目的地、路线图、时间表都由官方提供。大学只是执行政府高等教育政策或改革方案的基层组织,是被改革的对象而不是改革的主体。在这样的体制下,改革的客观结果和主观愿望间不可避免地会发生背离。而为了实现某种既定目标,政府会通过不断推出新的政策,以驱动改革不断走向深化。最终,改革的逻辑为高等教育外部

---

① 托马斯·彼得斯,罗伯特·沃特曼.追求卓越:美国优秀企业的管理圣经[M].戴春平,等译.北京:中央编译出版社,2000:104.

的功利目标所"俘获","高等的教育"或"人性的培养"在改革过程中仅具有象征性或理论合法性。改革作为一种权宜之计,原本就是一种设计思维。基于设计思维的改革强调方案的合理性及可行性,容易忽略实施的复杂性与政策的情境性。很多高等教育的改革方案或政策文本通常是"看上去很美",但实施起来极容易失真。

以高等教育领域的重点建设为例。所谓"重点建设"原本是资源匮乏条件下,政府发展经济的一种特殊手段。改革开放后,这种计划经济时代发展经济的经验被引入高等教育领域,重点大学建设被重新提上日程。重点大学建设启动之后,国家重点学科建设顺理成章地作为重大举措也被提出。随后,作为国家重点建设政策的升级版和制度化,"211工程"建设和"985工程"建设先后推出,从而在根本上重塑了我国高等教育的等级体系。近年来,以"211工程"和"985工程"建设成果为基础,为实现基本建成高等教育强国的战略目标,"双一流建设"成为未来30年我国高等教育改革发展的重中之重。通过对重点建设政策的简单梳理可以看出,我国高等教育的改革和发展始终控制在政府手中。40年来,由政府出台政策,以政策驱动改革,以改革促进发展是高等教育改革发展的基本逻辑。作为政府意志的一种体现,政策驱动改革具有必然性和必要性。作为规模庞大的巨型组织,没有政策的驱动,高等教育改革难以启动;没有政府行政权力的介入和巨额资金投入,启动后的改革也难以走向深入。但这并不意味着,只要政府出台了相关政策,并提供了必要的资金支持,就可以实现改革的目标。高等教育改革是一项十分复杂的事情,改革有诸多利益相关者,目标并不单一,内部甚至会相互矛盾。有时或有些改革只是实现了政府的目标,大学和社会并不满意;反之亦然。40年来,我国高等教育改革极大促进了高等教育的外延式发展和办学条件的改善,满足了政府对于高等教育的政治期待和经济社会发展对于人力资本的需求。近十几年来,党和政府对于高等教育内涵式发展愈发重视,但"高等教育内涵式发展"仍是一项"未竟的改革"。因此,十九大报告才提出,"要加快一流大学和一流学科建设,实现高等教育内涵式发展"。

应该承认,近五年来,我国高等教育质量建设卓有成就,为高等教育内涵式发展打下了扎实基础,但同时也要清醒地认识到,我国高等教育发展质量和效益还不高,创新能力还不强,离人民群众要求接受越来越好的优质高等教育的需求仍存在较大差距。根据2015年国务院印发的《统筹推进世界一流大学和一流学科建设总体方案》提出的总体目标:到2020年,若干所大学和一批学科进入世界一流行列,若干学科进入世界一流学科前列。到2030年,更多的大学和学科进入世界一流行列,若干所大学进入世界一流大学前列,一批学科进入世界一流学科前列,高等教育整体实力显著提升。到21世纪中叶,一流大学和一流学科的数量和实力进入世界前列,基本建成高等教育强国。与国家"双一流"建设的战略相呼应,十九大报告明确提出,从2020年到21世纪中叶可以分为"两个阶段"来安排:第一阶段,从2020年到2035年,在全面建成小康社会的基础上,再奋斗十五年,基本实现社会主义现代化;第二阶段,从2035年到21世纪中叶,在基本实现现代化的基础上,再奋斗十五年,把我国建成富强、民主、文明、和谐、美丽的社会主义现代化强国。"双一流"建设的总体目标与新时代中国特色社会主义发展战略高度吻合。"加快一流大学和一流学科建设,实现高等教育内涵式发展"可以为实现"两个一百年"奋斗目标和中华民族伟大复兴的中国梦提供持续不断的有力支撑。

面向未来,通过内涵式发展建设高等教育强国,除需要若干所世界一流大学和一大批世界一流学科作为塔尖,还需要普及化的高等教育体系作为坚实基础。近五年来,随着全面建设小康社会的不断推进和各领域综合改革的不断深化,我国高等教育发展规模达到空前高度,高等教育大众化进入中后期,普及化高等教育时代即将到来。据2017年全国教育事业发展统计公报,全国共有普通高等学校和成人高等学校2 913所,各类高等教育在学总规模达到3 779万人,高等教育毛入学率已达45.7%。纵向来看,高等教育发展成就巨大,但横向比较,与那些高等教育发达国家仍存在不小差距。比如,从劳动人口中接受高等教育人数的比例看,我国劳动年龄人口接受高等教育的比例仍然偏低,与那些实现普及化的高等教育强国相比仍存在较大差距。有统计表明,2015年我国劳动年龄人口接受高等教育的比例达到15.83%,而2014年美国25岁及以上年龄人口为20 928.7万人,其中接受高等教育的人口比例达到58.57%。[①] 针对当前我国高等教育发展不平衡不充分的问题,十九大报告提出"健全学生资助制度,使绝大多数城乡新增劳动力接受高中阶段教育、更多接受高等教育",极富战略意义。

面向2035年和2050年,在建设社会主义现代化强国进程中,要实现城乡新增劳动力"更多接受高等教育"的目标,普及高中阶段教育,尤其是普通高中教育就成为重要的政策选择。在实现高等教育普及化过程中,扩大普通高中入学机会是捍卫高等教育入学机会公平的基础工程。2015年中共十八届五中全会首次将"普及高中阶段教育"写入中共中央全会审议通过的文件中,2017年《高中阶段教育普及攻坚计划(2017—2020年)》提出,到2020年我国高中阶段教育毛入学率达到90%的发展目标。根据《中华人民共和国2017年国民经济和社会发展统计公报》,2017年我国高中阶段毛入学率为88.3%。不过需要注意的是,由于我国经济社会整体发展不平衡不充分,我国高中阶段教育发展也存在不平衡不充分的问题,东中西部高中阶段毛入学率差异明显。未来高中阶段教育发展是否均衡,尤其是初中升入普通高中学生的比例是否合理,是关乎我国高等教育机会公平的关键性因素。总体上看,现阶段我国高中教育,尤其是普通高中教育规模还相对偏小,初中生升入普通高中的比例仍相对偏低。从1990年至2016年,我国初中阶段毕业生进入高中阶段教育的总体升学率虽然不断提高,但仍仅有排名靠前的一半初中生有机会升入普通高中,近一半的学生在普通高中入学考试中

---

① 别敦荣.普及化高等教育的基本逻辑[J].中国高教研究,2016(3):33.

被淘汰和分流到中等职业教育。其结果是,初中升普通高中的概率与普通高中升普通高校的概率差距悬殊。未来要建设教育强国和高等教育强国,实现高等教育的普及化,使更多人接受更多的高等教育,必须进一步扩大高等教育入学机会;而要扩大高等教育入学机会就必须扩大义务教育后学生接受高中教育,尤其是普通高中教育的机会。只有通过深化教育改革,真正"普及高中阶段教育,努力让每个孩子都能享有公平而有质量的教育",才能实现十九大报告所提出的"使绝大多数城乡新增劳动力接受高中阶段教育、更多接受高等教育"的目标,才能为在21世纪中叶把我国建设成为高等教育强国奠定坚实的基础。

三、对高等教育改革的期许

改革开放 40 年来,我国高等教育发展可谓"奇迹"与"危机"并存。所谓"奇迹"是指 1999 年以来,我国高等教育在极短的时间内实现了高等教育的大众化,极大改善了办学条件,提高了高等教育毛入学率,且高等教育质量稳步提升,虽有就业压力但并未造成严重的社会问题。所谓"危机"是指我国虽然是世界第一的高等教育大国,但 40 年来高等学校一直无法培养出杰出人才。近年来,科研论文的发表数量虽多,但原创性的重大成果较少,一些关系国计民生的重大核心技术仍受制于人。从深化高等教育改革的角度应如何看待这种类似悖论的现象呢?我国高等教育发展"奇迹"与"危机"并存的根源又在哪里呢?

改革开放以来,尤其是 1999 年扩招以来,我国高等教育快速发展的主要动力在于政府的强力介入和大力支持。通过加大资金投入、出台政策、调动中央和地方政府发展高等教育的积极性,我国高等教育系统在短时间内实现了迅速扩张,基本上满足了经济社会发展对于人才的需要。20 世纪 90 年代以来,通过不断深化改革,在中央和地方政府的大力支持和推动下,先是民办高校蓬勃兴起,继而是独立学院的发展壮大,再加之学费改革和后来公立高校向银行贷款建新校区的金融创新,使得我国高等教育在由政府创设的市场机制下快速发展。最终,在政府相关规划的指引下,各省市高等教育大众化的目标均提前实现,迅速进入了后大众化阶段。在大众化的过程中为了避免由于规模急速增长而可能带来的质量和就业问题,同样在政府主导下,本科教学工作水平评估和高等学校教学质量和教学改革工程先后展开。虽然对于第一轮教学评估的实际作用以及质量工程建设的成效,社会各界的评价众说不一。但从事后的效果来看,此次教学评估和质量工程建设,还是有力促进了高等学校办学条件的改善和教学工作的规范化,基本保障了高等教育质量,稳定了毕业生就业率。民办高校、独立学院和高校贷款问题也同样如此。每一项改革虽然在逻辑上和理论上都存在这样或那样的瑕疵,一开始社会各界也都有批评,但后来的事实还是证明,政府的这些举措对于我国高等教育改善办学条件,实现大众化、迈向普及化,成为世界第一的高等教育大国确实起到了决定性的作用,并为建设高等教育强国奠定了坚实基础。

40年来,高等教育改革发展的伟大成就不容否认。不过,相关的问题也不容忽视。政府的强力介入和大力支持虽然对于我国高等教育改革和发展起到了积极作用,促成了我国高等教育发展的"奇迹",但消极影响同样无法回避,也不容回避。长期以来,在政策驱动改革的惯性作用下,政府对于高等教育的超强控制既弱化了高校办学自主权,也强化了高等教育发展对于政府的过度依赖。在现有体制下,所有重要资源几乎都集中在政府手中,并经由政府的计划进行分配。政府的相关计划或政策直接控制着高等教育发展的命脉。其结果,在一个由行政权力支配的社会里,由于资源依赖的刚性,高校不可避免地会沦为政府的附庸,面向社会依法自主办学名存实亡。在政府的超强控制下,由于权力的逻辑盖过学术的逻辑,大学的官场化或行政化成为一种常态。在此背景下,希望经由行政部门推动并实现"去行政化"改革无异于"与虎谋皮"。

由于"奇迹"与"危机"并存,且根源同一,当前我国高等教育改革面临关键性的抉择。一方面,现有改革中的高等教育体制具有其他一切垄断的政府体制所具有的一切优势;另一方面,这种类政府的体制设计又有着明显的计划体制所固有的劣势。换言之,当前我国改革中的高等教育体制是一种不稳定的体制,具有两面性。作为一种过渡性的体制安排,它既有可能通过进一步的深化改革建成中国特色、世界一流的现代大学和现代大学制度,实现高等教育治理体系和治理能力的现代化;也有可能将不合理的制度安排固定化或合法化,从而造成高等教育体制的退化或恶化。由于体制改革事关利益的重新分配和权力格局的重新调整,要真正建立起中国特色、世界一流的现代大学和现代大学制度,实现高等教育治理体系和治理能力的现代化并不容易;由于政府和大学自身的自利性,加之其他利益集团的阻挠,出现第二种情况(即体制改革倒退)的可能性同样存在。近年来,中央政府虽然在"全面改革六十条"中明确了深化教育领域综合改革的大方向,2017 年中共中央办公厅、国务院办公厅也印发了《关于深化教育体制机制改革的意见》,要健全促进高等教育内涵式发展的体制机制,但由于体制改革要求政府首先改革它自己,因此,高等教育体制改革的前景仍然充满不确定性。

面向未来,如果真的要致力于建设高等教育强国,高等教育改革就必须有一种高质量的制度框架(良好的法人治理结构)作为支撑,不能用一种临时性的制度安排或政策来"应付"。当前我国高等教育改革对现行大学制度和高等教育治理结构缺乏深刻的理论反思,由于计划体制下路径依赖和制度环境的锁定效应,高等教育改革往往只是为改革而改革或修修补补,缺乏系统思考和长远规划。此外,由于受到政治意识形态和"维稳"心态的影响,政府对于高等教育的控制还一直在加强。政府控制下的市场机制不但无法在高等教育资源配置中发挥基础性作用,反倒导致了我国高等教育改革和发展中的急功近利(短期功利主义)。"为对付 5%的害群之马而设立的制度使 95%兢兢业业工作的工人士气低落。"[1]基于某种政治论的逻辑,在政府眼里似乎高等教育的集权管理与大学自治、学术自由并不矛盾,政府的意愿是在自己的直接控制下建成中国特色、世界一流的大学,基本建成高等教育强国。但高深知识和大学的发展有其内在的逻辑和客观的规律,处理大学与政府的关系必须尊重大学自治与学术自由的基本原则。对于政府而言,也

---

[1] 托马斯·彼得斯,罗伯特·沃特曼.追求卓越:美国优秀企业的管理圣经[M].戴春平,等译.北京:中央编译出版社,2000:58.

许想做什么就可以做什么,但绝不是想要什么就能有什么。在高等教育的世界里,绝不是我们想要世界一流大学就能有世界一流的大学,也绝不是我们需要高等教育强国就能成为高等教育强国。在高等教育改革过程中,如果我们过于强调中国特色或所谓的国情,有可能会误导高等教育改革。为了高等教育改革的成功,我们必须承认并尊重高等教育自身的发展规律,毕竟规律本身不以人的意志为转移。

当然,任何时候高等教育改革都是一个渐进的过程,不能急于求成,更不能不顾现实的国情走向改革的对立面或反对改革。最重要的是,在改革的大潮中,不放弃自己的独立思考。当我们赞扬改革时,应该停下来问一下,我们赞扬什么样的改革。我国高等教育改革面临的问题错综复杂,利益纠葛千丝万缕,牵一发而动全身。当前至关重要的不是推出更多的改革方案或加大改革宣传、统一思想,而是要坚定高等教育体制改革的方向。历史和实践表明,只要方向正确,假以时日高等教育的改革就有成功的希望。如果方向错了,依赖政府的超强支持,一流大学和高等教育强国建设或许可以取得阶段性成功,但由于缺乏可持续的创新能力和高质量的制度架构作为支撑,高等教育发展的"奇迹"终将被改革的"危机"所取代。

主要参考文献

[1] Diana M. Green. What is quality in higher education? [M]. Buckingham: SRHE and Open University Press,1994.

[2] Tony Becher. Disciplinary perspectives on higher education[M]// Clark B. R., Neave, G. R. The encyclopedia of higher education. Oxford: Pergamon Press, 1992.

[3] 阿什比.科技发达时代的大学教育[M].滕大春,滕大生,译.北京:人民教育出版社,1983.

[4] 马克思.1844年经济学哲学手稿[M].北京:人民出版社,1985.

[5] 弗·鲍尔生.德国教育史[M].滕大春,滕大生,译.北京:人民教育出版社,1986.

[6] 杰里·加斯顿.科学的社会运行——英美科学界的奖励系统[M].顾昕,等译.北京:光明日报出版社,1988.

[7] 张人杰.国外教育社会学基本文选[M].上海:华东师范大学出版社,1989.

[8] 阿图托夫,等.教育科学发展的方法论问题[M].赵维贤,等译.北京:教育科学出版社,1990.

[9] 鲍尔斯,金蒂斯.美国:经济生活与教育改革[M].王佩雄,等译.上海:上海教育出版社,1990.

[10] 香山健一.为了自由的教育改革——从划一主义到多样化的选择[M].刘晓民,译校.北京:高等教育出版社,1990.

[11] 弗斯顿伯格.非营利机构的生财之道[M].朱进宁,等译.北京:科学出版社,1991.

[12] 雅斯贝尔斯.什么是教育[M].邹进,译.北京:生活·读书·新知三联书店,1991.

[13] 约翰·杜威.我们怎样思维·经验与教育[M].姜文闵,译,北京:人民教育出版社,1991.

[14] 卢增绪.高等教育问题初探[M].台北:南宏图书有限公司,1992.

[15] 葛守勤,周式中.美国州立大学与地方经济发展[M].西安:西北大学出版社,1993.

[16] 瞿葆奎.教育学文集(第1卷)[M].北京:人民教育出版社,1993.

[17] 伯顿·克拉克.高等教育系统——学术组织的跨国研究[M].王承绪,等译.杭州:杭州大学出版社,1994.

[18] 贝尔纳.科学的社会功能[M].陈体芳,译.北京:商务印书馆,1995.

[19] 中共中央马克思恩格斯列宁斯大林著作编译局.马克思恩格斯选集·第1卷[M].北京:人民出版社,1995.

[20] 亨利·罗索夫斯基.美国校园文化——学生·教授·管理[M].谢宗仙,等译.济南:山东人民出版社,1996.

[21] 费尔南·布罗代尔.资本主义的动力[M].杨起,译.北京:生活·读书·新知三联书店,1997.

[22] 弗里德里希·奥克斯特·冯·哈耶克.通往奴役之路[M].王明毅,等译.北京:中国社会科学出版社,1997.

[23] 华勒斯坦,等.开放社会科学:重建社会科学报告书[M].刘锋,译.北京:生活·读书·新知三联书店,1997.

[24] 黄仁宇.资本主义与二十一世纪[M].北京:生活·读书·新知三联书店,1997.

[25] 罗伯特·赫钦斯.民主社会中教育上的冲突[M].陆有铨,译.台北:桂冠图书股份有限公司,1997.

[26] 涂又光.中国高等教育史论[M].武汉:湖北教育出版社,1997.

[27] 马克斯·韦伯.学术与政治:韦伯的两篇演说[M].冯克利,译.北京:生活·读书·新知三联书店,1998.

[28] 赵黎青.非政府组织与可持续发展[M].北京:经济科学出版社,1998.

[29] 郭于华,等.事业共同体:第三部门激励机制个案研索[M].杭州:浙江人民出版社,1999.

[30] 夸美纽斯.大教学论[M].傅任敢,译.北京:教育科学出版社,1999.

[31] 苏力.规制与发展:第三部门的法律环境[M].杭州:浙江人民出版社,1999.

[32] 王绍光.多元与统一:第三部门国际比较研究[M].杭州:浙江人民出版社,1999.

[33] 弗里德里希·奥克斯特·冯·哈耶克.致命的自负[M].冯克利,等译.北京:中国社会科学出版社,2000.

[34] 杰弗瑞·戈比.你生命中的休闲[M].康筝,译.昆明:云南人民出版社,2000.

[35] 里贾纳·赫兹琳杰,等.非营利组织管理[M].陈江,王岚,译.北京:中国人民大学出版社,2000.

[36] 毛寿龙,李梅.有限政府的经济分析[M].上海:上海三联书店,2000.

[37] 爱弥尔·涂尔干.道德教育[M].陈光金,等译.上海:上海人民出

版社,2001.

[38] 奥尔托加·加塞特.大学的使命[M].徐小洲,陈军,译.杭州:浙江教育出版社,2001.

[39] 伯顿·克拉克.高等教育新论:多学科的研究[M].王承绪,徐辉,等译.2版.杭州:浙江教育出版社,2001.

[40] 伯顿·克拉克.探究的场所:现代大学的科研和研究生教育[M].王承绪,译.杭州:浙江教育出版社,2001.

[41] 巴里·巴恩斯.局外人看科学[M].鲁旭东,译.北京:东方出版社,2001.

[42] 刘易斯·科塞.理念人:一项社会学的考察[M].郭方,等译.北京:中央编译出版社,2001.

[43] 罗伯特·赫钦斯.美国高等教育[M].汪利兵,译.杭州:浙江教育出版社,2001.

[44] 蒙田.蒙田随笔全集(上)[M].潘丽珍,等译,南京:译林出版社,2001.

[45] 潘懋元.多学科观点的高等教育研究[M].上海:上海教育出版社,2001.

[46] 世界银行,联合国教科文组织高等教育与社会特别工作组.发展中国家的高等教育:危机与出路[M].蒋凯,主译.北京:教育科学出版社,2001.

[47] 藤田英典.走出教育改革的误区[M].张琼华,许敏,译.北京:人民教育出版社,2001.

[48] 亚伯拉罕·弗莱克斯纳.现代大学论——美英德大学研究[M].徐辉,陈晓菲,译.杭州:浙江教育出版社,2001.

[49] 约翰·杜威.民主主义与教育[M].王承绪,译.北京:人民教育出版社,2001.

[50] 约翰·亨利·纽曼.大学的理想[M].徐辉,等译.节本.杭州:浙江

教育出版社,2001.

[51] 陈洪捷. 德国古典大学观及其对中国大学的影响[M]. 北京:北京大学出版社,2002.

[52] 邓正来. 市民社会理论的研究[M]. 北京:中国政法大学出版社,2002.

[53] 怀特海. 教育的目的[M]. 徐汝舟,译. 北京:生活·读书·新知三联书店,2002.

[54] 拉塞尔·雅各比. 最后的知识分子[M]. 洪洁,译. 南京:江苏人民出版社,2002.

[55] 欧内斯特·博耶. 关于美国教育改革的演讲[M]. 涂艳国,方彤,译. 北京:教育科学出版社,2002.

[56] 斯蒂芬·鲍尔. 教育改革——批判和后结构主义的视角[M]. 侯定凯,译. 上海:华东师范大学出版社,2002.

[57] 约翰·布鲁贝克. 高等教育哲学[M]. 王承绪,等译. 杭州:浙江教育出版社,2002.

[58] 汪丁丁. 我思考的经济学[M]. 北京:生活·读书·新知三联书店,2003.

[59] 布尔迪厄. 国家精英:名牌大学与群体精神[M]. 杨亚平,译. 北京:商务印书馆,2004.

[60] 费夫尔. 西方文化的终结[M]. 丁万江,曾艳,译. 南京:江苏人民出版社,2004.

[61] 克里希那穆提. 一生的学习[M]. 张南星,译. 北京:群言出版社,2004.

[62] 莱文. 教育改革——从启动到成果[M]. 项贤明,洪成文,译. 北京:教育科学出版社,2004.

[63] 理查德·雷文. 大学工作[M]. 王芳,等译. 北京:外文出版

社,2004.

[64]吕达,周满生.当代外国教育改革著名文献(美国卷·第一册)[M].北京:人民教育出版社,2004.

[65]迈克尔·富兰.变革的力量——深度变革[M].中央教育科学研究所,加拿大多伦多国际学院,译.北京:教育科学出版社,2004.

[66]迈克尔·富兰.变革的力量——透视教育改革[M].中央教育科学研究所,加拿大多伦多国际学院,译.北京:教育科学出版社,2004.

[67]尤尔根·哈贝马斯.交往行为理论:第1卷[M].曹卫东,译.上海:上海人民出版社,2004.

[68]雷蒙·威廉斯.关键词:文化与社会的词汇[M].刘建基,译.北京:生活·读书·新知三联书店,2005.

[69]乔治·凯勒.大学战略与规划:美国高等教育管理革命[M].别敦荣,主译.青岛:中国海洋大学出版社,2005.

[70]伊曼努尔·康德.论教育学[M].赵鹏,何兆武,译.上海:上海人民出版社,2005.

[71]埃伦·康德利夫·拉格曼.一门捉摸不定的科学:困扰不断的教育研究的历史[M].花海燕,等译.北京:教育科学出版社,2006.

[72]弗雷德里克·博德斯顿.管理今日大学:为了活力、变革与卓越之战略[M].王春春,赵炬明,译.桂林:广西师范大学出版社,2006.

[73]冈尼拉·达尔伯格,等.超越早期教育保育质量——后现代视角[M].朱家雄,译.上海:华东师范大学出版社,2006.

[74]胡建华,陈列,周川,龚放.高等教育学新论[M].新世纪版.南京:江苏教育出版社,2006.

[75]莱特·米尔斯.白领:美国的中产阶级[M].周晓虹,译.南京:南京大学出版社,2006.

[76]马歇尔·麦克卢汉,斯蒂芬妮·麦克卢汉,戴维·斯坦斯.麦克卢

汉如是说:理解我[M].何道宽,译.北京:中国人民大学出版社,2006.

[77] 矢野真和.高等教育的经济分析与政策[M].张晓鹏,等译.北京:北京大学出版社,2006.

[78] Thomas S. Popkewitz.教育改革的政治社会学:教学、师资培育及研究的权力/知识[M].薛晓华,译.台北:巨流图书股份有限公司,2007.

[79] 弗兰克·罗德斯.创造未来:美国大学的作用[M].王晓阳,蓝劲松,译.北京:清华大学出版社,2007.

[80] 哈瑞·刘易斯.失去灵魂的卓越:哈佛是如何忘记教育宗旨的[M].侯定凯,译.上海:华东师范大学出版社,2007.

[81] 马尔科姆·泰特.高等教育研究:进展与方法[M].侯定凯,译.北京:北京大学出版社,2007.

[82] 西蒙·马金森,马克·康西丹.澳大利亚企业型大学的权力结构、管理模式与再创造方式[M].周心红,译.杭州:浙江大学出版社,2007.

[83] 比尔·雷丁斯.废墟中的大学[M].郭军,等译.北京:北京大学出版社,2008.

[84] 哈里·法兰克福.论扯淡[M].南方朔,译.南京:译林出版社,2008.

[85] 卡尔·波普尔.科学发现的逻辑[M].查汝强,等译.杭州:中国美术学院出版社,2008.

[86] 克拉克·克尔.大学之用[M].高铦,等译.北京:北京大学出版社,2008.

[87] 王晓辉.全球教育治理:国际教育改革文献汇编[G].北京:教育科学出版社,2008.

[88] 希拉·斯劳特,拉里·莱斯利.学术资本主义:政治、政策和创业型大学[M].梁骁,黎丽,译.北京:北京大学出版社,2008.

[89] 雅罗斯拉夫·帕利坎.大学理念重审:与纽曼对话[M].杨德友,

译.北京:北京大学出版社,2008.

[90] 弗里德里希·包尔生.德国大学与大学学习[M].张弛,等译.北京:人民教育出版社,2009.

[91] 汉娜·阿伦特.人的境况[M].王寅丽,译.上海:上海人民出版社,2009.

[92] 索尔斯坦·凡勃伦.学与商的博弈:论美国高等教育[M].惠圣,译.上海:上海人民出版社,2009.

[93] 涂又光.涂又光文存[M].武汉:华中科技大学出版社,2009.

[94] 雅克·巴尔赞.艺术的用途和滥用[M].严忠志,译.杭州:浙江大学出版社,2009.

[95] 杨东平.大学二十讲[M].天津:天津人民出版社,2009.

[96] 杰勒德·德兰迪.知识社会中的大学[M].黄建如,译.北京:北京大学出版社,2010.

[97] 罗纳德·埃伦伯格.美国的大学治理[M].沈文钦,等译.北京:北京大学出版社,2010.

[98] 潘懋元.潘懋元文集 卷一·高等教育学讲座[M].广州:广东高等教育出版社,2010.

[99] 让-皮埃尔·戈丹.何谓治理[M].钟震宇,译.北京:社会科学文献出版社,2010.

[100] 托比·胡弗.近代科学为什么诞生在西方[M].周程,于霞,译.北京:北京大学出版社,2010.

[101] 王建华.多视角的高等教育质量管理[M].广州:广东高等教育出版社,2010.

[102] 雅克·马里坦.教育在十字路口[M].高旭平,译.北京:首都师范大学出版社,2010.

[103] 艾伦·布卢姆.美国精神的封闭[M].战旭英,译.南京:译林出版

社,2011.

[104] 陈平原.作为学科的文学史[M].北京:北京大学出版社,2011.

[105] 大卫·帕尔菲曼.高等教育何以为"高":牛津导师制教学反思[M].冯青来,译.北京:北京大学出版社,2011.

[106] 理查德·唐金.工作的历史[M].谢仲伟,译.北京:电子工业出版社,2011.

[107] 让-弗朗索瓦·利奥塔尔.后现代状态:关于知识的报告[M].车槿山,译.南京:南京大学出版社,2011.

[108] 史蒂夫·富勒.智识生活社会学[M].焦小婷,译.北京:北京大学出版社,2011.

[109] 谢桂华.高等学校学科建设论[M].北京:高等教育出版社,2011.

[110] 弗兰克·纽曼,莱拉·科特瑞亚,杰米·斯葛瑞.高等教育的未来:浮言、现实与市场风险[M].李沁,译.北京:北京大学出版社,2012.

[111] 弗里德里希·尼采.论我们教育机构的未来[M].周国平,译.南京:译林出版社,2012.

[112] 列奥·施特劳斯.古今自由主义[M].马志娟,译.南京:江苏人民出版社,2012.

[113] 罗纳德·巴尼特.高等教育理念[M].蓝劲松,译.北京:北京大学出版社,2012.

[114] 马克斯·韦伯.新教伦理与资本主义精神[M].马奇炎,陈婧,译.北京:北京大学出版社,2012.

[115] 斯坦利·阿罗诺维兹.知识工厂:废除企业型大学并创建真正的高等教育[M].周敬敬,郑跃平,译.北京:高等教育出版社,2012.

[116] 徐贲.统治与教育:从国民到公民[M].香港:牛津大学出版社,2012.

[117] 阿拉斯戴尔·麦金太尔.依赖性的理性动物:人类为什么需要德

性[M].刘玮,译.南京:译林出版社,2013.

[118] 李工真.大学现代化之路[M].北京:商务印书馆,2013.

[119] 李维安,王世权.大学治理[M].北京:机械工业出版社,2013.

[120] 刘复兴.国外教育政策研究基本文献讲读[M].北京:北京大学出版社,2013.

[121] 罗纳德·哈里·科斯,王宁.变革中国:市场经济的中国之路[M].徐尧,李哲民,译.北京:中信出版社,2013.

[122] 玛丽·道格拉斯.制度如何思考[M].张晨曲,译.北京:经济管理出版社,2013.

[123] 帕翠西亚·冈伯特.高等教育社会学[M].朱志勇,范晓慧,译.北京:北京大学出版社,2013.

[124] 汪丁丁.新政治经济学讲义:在中国思索正义、效率与公共选择[M].上海:上海人民出版社,2013.

[125] 威廉·克拉克.象牙塔的变迁:学术卡里斯玛与研究性大学的起源[M].徐震宇,译.北京:商务印书馆,2013.

[126] 吴稼祥.公天下:多中心治理与双主体法权[M].桂林:广西师范大学出版社,2013.

[127] 吴敬琏,马国川.重启改革议程:中国经济改革二十讲[M].北京:生活·读书·新知三联书店,2013.

[128] 乔纳森·科尔.大学之道[M].冯国平,郝文磊,译.北京:人民文学出版社,2014.

[129] 乌尔里希·泰希勒.迈向教育高度发达的社会:国际比较视野下的高等教育体系[M].肖念,王绽蕊,主译.北京:科学出版社,2014.

[130] 徐复观.青年与教育[M].北京:九州出版社,2014.

[131] 朱永新,马国川.重启教育改革——中国教育改革十八讲[M].北京:生活·读书·新知三联书店,2014.

[132] 董成龙. 大学与博雅教育[M]. 北京:华夏出版社,2015.

[133] 胡光宇. 大学智库[M]. 北京:清华大学出版社,2015.

[134] 刘仲敬. 守先待后:思想、格局与传统[M]. 桂林:广西师范大学出版社,2015.

[135] 斯泰宾. 有效思维[M]. 吕叔湘,李广荣,译. 北京:商务印书馆,2015.

[136] 徐贲. 阅读经典:美国大学的人文教育[M]. 北京:北京大学出版社,2015.

[137] 张五常. 科学与文化:论融合中西的大学制度[M]. 北京:中信出版社,2015.

[138] 郭位. 心件:大学校长说教育[M]. 北京:中信出版社,2016.

[139] 钱颖一. 大学的改革(第一卷·学校篇)[M]. 北京:中信出版社,2016.

[140] 克莱顿·克里斯坦森,亨利·艾林. 创新型大学:改变高等教育的基因[M]. 陈劲,盛伟忠,译. 北京:清华大学出版社,2017.

[141] 理查德·埃尔莫尔. 二十位教育先行者对教育改革的反思[M]. 张建惠,译. 北京:商务印书馆,2017.

后　记

本书原拟的名字是《为了高等的教育：议题与愿景》，最后确定为《重估高等教育改革》。但当写下"重估"两个字时，还是吓了一跳。因为，我一下子想到了尼采的"重估一切价值"。我当然没有能力像尼采"重估"一切价值那样来"重估"我们的高等教育改革。本书收入的相关文章不过是记录了在改革的时代，自己作为高等教育研究的从业者，对于高等教育改革的一些零星思考。我们时代的高等教育处在转型之中，问题错综复杂，改革犹如走迷宫，没有一劳永逸的成功，只有坚持不懈的努力。面对变动不居的高等教育改革及改革中层出不穷的问题，作为研究者不可能置身事外。

王小波在小说《白银时代》中曾讨论过"什么是真正的小说"。他的结论是："撇开写得好坏不论，小说无所谓真伪。如你所知，小说里准许虚构，所以没有什么真正的小说。但它可以分成你真正要写的小说和你不想写的小说。还有另外一种区分更有意义：有时候你真正在写小说，但更多的时候你是在过着某种生活。……我们坐在办公室里，不是在写小说，而是在过写作生活。"按第一种区分，本书中的文章都是自己真正想要写的。但对于第二种更有意义的区分，我就没那么自信了。虽然书中的文字都是自己写下的，也是真正想要写下的，但我不确定，自己写下这些文字时，是真正想要研究高等教育改革，还是仅仅在过一种高等教育研究的生活。像王小波说的，"真正在写小说"和在写作公司当"写手"有所不同，真正从事科学研究和过一种科研生活也会有所不同。真正从事科学研究或投身于科学研究，需要有一种追求真理的热情或迷狂，即"为科学而生活"。而过"科研生活"则简单得多，即将科研作为谋生的手段，靠科研而生活，至于通过科研工作能否发现真理，所发现的真理能否改变社会或创造价值则是次要的。

在学术职业高度制度化的今天，王小波的两分法，会让人有些尴尬。有一次在"一席"上听到严歌苓关于"职业作家"的演讲，使我对学术研究和科研生活有了不一样的理解。严歌苓在演讲一开始就谈道："在这么长时间的写作生涯里，我总是这样告诉自己，我和所有按点上班的律师、会计们一样，到了点我就坐在写字桌旁边。我对写作是一种很平常的心态：我是靠写字来养家糊口的。"与王小波追求自由的志趣相比，严歌苓的职业态度更接近日常。毕竟，在真实的生活中，作为作家，为小说而生的少，靠写字来养家糊口的多；同样，作为学术研究者，为科学而生的少，靠科研而生活的多。不过，无论"靠写字来养家糊口"还是"靠科研而生活"都是世俗社会的常态，并不是什么坏事。世俗生活中，我们可能缺少了对生活或真理的迷狂，但只要做事情够职业、够专业，同样可以有所创造，并有益于社会。

本书关于高等教育改革的"重估"，虽竭尽全力仍难以企及王小波那样的"独立之精神""自由之思想"，但于我而言，本着职业和专业的精神，"修辞立其诚"的底线却一直不敢逾越。作为学术从业者，由于这样或那样的原因，或许我无法全部写下自己真正想要写下的，但我至少可以不写自己不想写的。在小说《山本》的后记中，贾平凹不无自嘲地写道："意识形态有意识形态的规范和要求，写作有写作的责任和智慧，至于写得好写得不好，是建了一座庙还是盖了农家院，那是下一步的事，鸡有蛋了就要下，不下那也憋得慌。"诚哉斯言！回到本书关于高等教育改革的研究，无论是因为对于真理的"迷狂"而研究高等教育改革，还是因为从事高等教育研究所以研究高等教育改革,书中的文本一旦写下,其传达的意义都不会有所不同。作为"世界3"(world 3)的一部分,文本是一种奇妙的东西,它会有它自己的命运。

最后,作为作者,书能够出版总是件令人高兴的事。无论如何它都为思想的流传和知识的扩散提供了机会。在此感谢南京师范大学出版社的戴联荣副总编、负责人王艳老师和本书的责编丁婧的关心和支持。同时,也感谢江苏高校协同创新计划南京师范大学立德树人协同创新中心为本书出版提供的资助。

王建华
2018 年 5 月 1 日于仙林茶苑